I0797470

RÉALISMES ANCIENS ET NOUVEAUX

PROBLÈMES ET CONTROVERSES
Directeur : Jean-François COURTINE

RÉALISMES ANCIENS ET NOUVEAUX

édité par

Jocelyn BENOIST

Ouvrage publié avec l'aide
du CNRS (LIA CRNR – UMR 8103)

PARIS
LIBRAIRIE PHILOSOPHIQUE J. VRIN
6 place de la Sorbonne, V[e]
2018

Imprimé en France

ISSN 0249-7875
ISBN 978-2-7116-2849-0

www.vrin.fr

INTRODUCTION

LE RÉALISME EN QUESTIONS

Il y a toujours de bonnes raisons de se méfier des slogans en philosophie, encore plus peut-être dans le contexte de la pensée dite « continentale » qui fonctionne communément par ordres et contre-ordres et par effets de mode. D'où une suspicion légitime devant la subite floraison de proclamations réalistes semblant caractériser ces dernières années la scène philosophique européenne au moins. Un tel retournement a quelque chose de paradoxal. Dans les deux grandes traditions académiques de la philosophie européenne sur le continent – l'histoire de la philosophie britannique appellerait sans doute d'autres réflexions –, l'allemande et la française, le « réalisme » a pendant longtemps été censé représenter la position stupide ou impossible [1]. L'intelligence – ou, pour les Allemands, le souffle de l'Esprit – était nécessairement du côté de l'idéalisme. Le « réalisme » ne jouait guère que le rôle de cette posture de la conscience naïve que, par définition, il faudrait dépasser. Une certaine rhétorique caractéristique sans doute aussi de ce qu'Austin et Bourdieu ont appelé la « position scolastique » en philosophie, finissait, à la limite, par en faire une figure du « non-philosophique » – voire de la pure et simple haine de la philosophie. Dans une certaine philosophie académique, qui fait encore de la philosophie la reine des sciences – sans comprendre que, se faisant, elle diminue la philosophie autant et plus que les sciences – voire, bravant hardiment la ligne du non-sens, « la Science » – comme s'il y en avait *une* – l'anti-réalisme de principe s'identifie dans une large mesure à la défense des prérogatives de l'institution philosophique.

1. On saluera, en ces matières comme en d'autres, le rôle d'éclaireur critique de Jacques Bouveresse, qui a su faire entendre une voix réaliste en philosophie dans un contexte qui y était peu favorable. *Cf.* notamment J. Bouveresse, *Le philosophe et le réel. Entretiens avec Jean-Jacques Rosat*, Paris, Hachette, 1998.

Il faut ici clarifier un point. La nécessité d'une critique réaliste d'une certaine posture philosophique ou façon de faire de la philosophie ou de croire en faire, nécessité qui constitue le ressort puissant d'un certain engagement réaliste en philosophie, ne s'identifie nullement à quelque rejet que ce soit de la philosophie, mais, au contraire, a la nature d'une *exigence* et renvoie positivement à une très haute idée de la « philosophie ». Critiquer la posture scolastique du philosophe, comme le fait exemplairement dans le présent volume Ronan de Calan, c'est aimer la philosophie et la vouloir meilleure. C'est aussi et d'abord un geste de philosophe, de philosophe qui *se soucie* de la philosophie, au lieu de se laisser porter par son image toute faite ou par la mythologie qu'il s'en serait construite. Or, se soucier de la philosophie, c'est d'abord prendre conscience du fait qu'elle n'existe pas toute seule, qu'*il n'y a pas que la philosophie*. Tel est un des sens premiers du motif réaliste, dans sa puissance de dérangement, d'exposer la philosophie à son dehors : ce dehors de ce qu'elle n'a pas fait et qu'elle a à prendre en compte dans ses raisonnements et analyses.

Il semblerait qu'une confusion surgisse fréquemment à ce niveau. En face des thuriféraires de la philosophie pure, autrement dit purifiée de tout autre contenu qu'elle-même, c'est-à-dire finalement de tout contenu [1], se dressent, sur un arrière-plan finalement assez commun – il faut que la philosophie soit *tout* ou qu'elle ne soit *rien*, c'est-à-dire en fait qu'elle trouve alors un ailleurs pour recycler son *tout* – les tenants du supposé dépassement de la philosophie. Parfois des collègues d'autres disciplines, ou se voulant tels, s'étonnent de ce que, compte tenu des distances marquées par rapport à la philosophie – en réalité, par rapport à une certaine conception de la philosophie, qui en fait la discipline-reine, c'est-à-dire aussi l'emprisonne dans ce rôle – on puisse continuer de discuter avec Aristote, Frege ou Wittgenstein. Mais pourquoi faudrait-il arrêter ce travail d'élucidation conceptuelle dont ces auteurs et d'autres nous donnent les moyens, et qu'on appelle « philosophie », et y substituer autre chose ? Il faut bien plutôt simplement garder en vue qu'il a revêtu et peut revêtir de nombreuses formes, dont certaines que probablement nous ne pouvons soupçonner encore, et surtout qu'il ne constitue qu'un discours disciplinaire et, au-delà, purement et simplement qu'un discours, *parmi d'autres*, qui doit demeurer conscient de l'existence de ces autres

1. Il faudrait, de ce point de vue, déployer sur le concept de « philosophie pure » un travail analytique parallèle à celui effectué par Ronan de Calan sur celui de « littérature pure » dans *La littérature pure. Histoire d'un déclassement*, Paris, Cerf, 2017.

discours et réfléchir sur eux, ce qui veut dire aussi et d'abord prendre le temps de les écouter, leur laisser la parole. Cela ne signifie pas que le discours philosophique n'ait pas ses propres normes, qui le singularisent et qu'il peut être bon de préserver. Pour ma part, j'en attends toujours quelque chose – de la clarté – et je me méfie de l'invocation rituelle d'un discours « autre » auquel il faudrait passer et dont les motifs ne relèvent généralement de rien d'autre que de la projection sur la figure d'un « Autre » mythifié d'une mauvaise philosophie, c'est-à-dire en fait de concepts on ne peut plus philosophiques au sens traditionnel du terme, mais insuffisamment analysés. Plutôt que d'attendre le grand Autre, il faut apprendre à vivre avec les autres (discours), les discours non-philosophiques ; cependant, à cette fin, il faut avoir l'humilité de rester philosophe. Cela ne préjuge pas, bien sûr, des multiples façons qu'il y a de l'être, dont certaines ne sont pas encore écrites.

Ne pas abandonner la philosophie ne signifie pas, tout au contraire, céder à cette illusion, qui la dénature, et toujours mortelle pour elle, suivant laquelle elle pourrait tout faire, et en premier lieu le travail des autres disciplines à leur place. Il s'agit là, bien sûr, d'une question essentielle eu égard à la signification exacte du motif réaliste en philosophie. La philosophie a-t-elle spécialement vocation à nous donner le réel et, si tant est qu'il y ait un sens à placer une telle demande sur elle, est-elle la mieux armée pour le faire ? Il y a toutes sortes de raisons d'en douter. Il serait assurément très étrange de faire porter à la philosophie le monopole de la relation au réel. Le premier pas vers une philosophie réaliste réside dans la prise de conscience du fait que nous, qui posons la question du réalisme et beaucoup d'autres questions encore beaucoup plus absurdes que celle-là, sommes de fait en rapport avec la réalité de multiples façons et que nous n'avons pas attendu la philosophie pour cela. Où se trouve la réalité, si ce n'est en amont et en aval des attitudes que nous adoptons et des discours que nous tenons de toute façon ? Certains d'entre eux, qui sont des attitudes et des discours de connaissance, ont pour visée spéciale de nous donner une prise théorique sur cette réalité et de la représenter. Pour ma part – mais là-dessus, peut-être, les différents « réalistes » divergeraient – je ne pense pas que ce soit le cas de la philosophie ni qu'elle en ait les moyens. Je ne crois pas à une connaissance métaphysique *a priori* du monde. Mon réalisme m'inclinerait plutôt à attribuer à la philosophie une fonction critique, de rappel ou de retour au réel, là où nos discours ont tendance à oublier leur ancrage fondamental en lui et ainsi à s'égarer – ce qui signifie aussi que la fonction première de la philosophie est largement auto-thérapeutique : elle a aussi et d'abord à soigner les illusions qui résultent d'une certaine mécompréhension de ce que c'est que faire de la philosophie, illusion peut-être intrinsèque à la pratique philosophique, mais sur laquelle elle a les moyens d'opérer un retour critique et dont elle peut dans une certaine mesure essayer de se guérir. Tel serait, à mes yeux, le sens d'un *réalisme critique*, cela non pas dans l'entente scolastique traditionnelle d'un réalisme on ne sait pourquoi tempéré par autre chose (je ne sais quelle question de « l'accès », comme si nous avions à accéder au réel de l'extérieur[1]), mais dans celle d'un réalisme qui s'identifie au geste critique lui-même : celui d'un retour au réel, là où il s'agit de mesurer les constructions de la pensée. La première marque du réalisme en philosophie, en ce sens-là du mot « réalisme », serait la renonciation explicite à l'idée que la philosophie ait à bâtir « le » monde : celui-ci, par définition, est toujours déjà là, en un certain sens (seulement) « nous l'avons toujours déjà », et la philosophie vient toujours *après*. Ou bien, peut-être, il faut, suivant la piste ouverte par Markus Gabriel, apprendre à se passer de cette catégorie du « monde »[2] – peut-être parce que justement, dans son emploi « métaphysique » au moins, elle présupposerait intrinsèquement qu'il y ait là quelque chose que la philosophie ait justement le privilège de construire.

À vrai dire, je ne suis pas tout à fait sûr, pour ma part, que nous puissions ou devions nous passer de la notion de « monde ». Son usage cosmopolitique en un sens qui probablement ne peut plus être kantien, notamment, me paraît essentiel, comme levier critique contre cette absence de monde qu'on appelle aujourd'hui « mondialisation »[3]. En revanche, un pas vers le réalisme en philosophie me paraît résider dans l'exercice d'une saine défiance vis-à-vis de ceux qui y prétendraient nous apporter le monde sur un plateau, comme si celui-ci pouvait sortir de la tête du philosophe telle Minerve de la tête de Jupiter. Il n'y a de monde qu'*a posteriori*, donc,

1. Sur « l'accès » comme faux-problème, c'est-à-dire problème mal posé, voir mes *Eléments de Philosophie Réaliste*, Paris, Vrin, 2011, p. 17 *sq*.

2. Voir M. Gabriel, *Pourquoi le monde n'existe pas*, trad. fr. G. Sturm, Paris, J.-C. Lattès, 2014.

3. J'ai pris conscience de cette signification du mot « monde » et de son absence en lisant le travail magistral de Salim Abdelmadjid sur *Un concept d'Afrique*, thèse de doctorat soutenue à l'université Paris IV Sorbonne le 20 novembre 2015. Salim Abdelmadjid donne précisément pour contenu au concept d'Afrique aujourd'hui l'inexistence de notre monde – mais en un sens qui, justement suppose la légitimité et l'importance du concept de « monde » et de la demande qui y est comprise. Le réalisme tel que je l'entends est celui qui peut porter et supporter des concepts tels que celui d'« Afrique » philosophiquement élaboré par Salim, c'est-à-dire leur faire droit en tant que concepts, à la rencontre du réel.

je suis bien d'accord avec Markus, en un certain sens – si ce qu'on attend d'un monde, c'est d'être *a priori* – pas du tout. Reste que, et il s'agit d'un point important eu égard à la signification philosophique générale du « réalisme », récuser la prétention démiurgique du métaphysicien, qui veut vous donner « le » monde depuis on ne sait où, n'invalide pas nécessairement toute aspiration philosophique à projeter *un* monde. Il est fort possible que celle-ci soit nécessaire pour exercer la critique nécessaire sur notre monde, et au premier chef, précisément, lui poser la question de sa capacité à constituer un monde, à en être un à proprement parler. Cette voix de l'idéal se fait entendre dans le présent volume dans la belle contribution de Dimitri El Murr, qui reconduit la philosophie à son exigence platonicienne de principe. Cette dernière, pour moi, ne saurait s'identifier au contraire du réalisme, mais constitue bien plutôt sa vérité : car que serait le réel – pour quoi *compterait*-il – sans l'idéal ? C'est dire que, en cela comme ailleurs, s'il faut récuser une certaine posture de surplomb, théorétique, de la métaphysique, l'enjeu du réalisme n'est pas, certainement, de prendre un congé sans retour du métaphysique, mais tout aussi bien de faire droit à la part, littéralement *illimitée*, de l'idéal dans le réel-même, et de réancrer ainsi la métaphysique, c'est-à-dire aussi de rendre ses ailes, sa fièvre et son combat, à notre habitation du réel.

S'il n'y a pas de raison de se priver de l'outil de la projection de mondes, qui peut s'avérer commode[1], ni, à plus forte raison, de l'anticipation passionnée *du* Monde, qui peut être tout à fait nécessaire, c'est en revanche au mythe de la grande Description univoque, ou de la méta-description résolutive, mettant définitivement à plat la diversité des façons de décrire, qu'il faut renoncer. De ce point de vue, à l'heure où fusent en tous sens les proclamations de réalisme, de façon un peu chaotique, il faut probablement introduire une distinction entre deux usages philosophiquement opposés du motif réaliste. D'un côté, on trouve une instrumentation du mot d'ordre réaliste suivant laquelle celui-ci s'identifie purement et simplement à l'ambition d'une souveraineté retrouvée de la philosophie en tant que métaphysique : discours *a priori* sur « ce qu'il y a » ; de l'autre, au contraire, le réalisme consiste à prendre la mesure de l'exposition des discours, à commencer par celui du philosophe, au réel, et à dissoudre le mythe de l'exil cosmique depuis lequel il y aurait un sens à effectuer ce genre de construction : en d'autres

1. Dans ce sens, voir la belle lecture du thème « irréaliste » goodmanien de la projection comme outil d'expérimentation pour le réalisme par A. Anne-Braun dans *Le monde en projet*, Paris, Presses Universitaires de la Sorbonne, 2018.

termes, à reconduire la pensée comme le langage à leur fondamentale inscription dans la réalité plutôt que de les placer dans une forme de vue de surplomb depuis laquelle ils pourraient constituer souverainement ladite réalité. L'aspiration métaphysique se voit dès lors si ce n'est annulée, en tout cas supprimée en tant que celle d'une « science recherchée » – c'est-à-dire au fond qui ne serait pas simplement une science et donc pourvue de conditions réelles comme toute science, mais une méta-science, affranchie de toutes conditions.

C'est certainement une des équivocités attachées aujourd'hui à l'expression à la mode « réalisme spéculatif ». Celui-ci, s'il prétend donner congé à la « métaphysique » en tant que doctrine de l'étant nécessaire [1], est encore traversé par l'inquiétude des modernes, qui est celle de « la Science » (comme s'il y en avait *une*, encore une fois), qu'il répète parodiquement en croyant en avoir trouvé l'adresse dans une figure mythologisée de la mathématique censée nous délivrer le réel-même (« l'Absolu »), hors-sens. Une telle spéculation se tient évidemment bien loin de la réalité des constructions et des opérations mathématiques qui, loin de manipuler des « signes dépourvus de sens » – mais, à en croire les spéculateurs, non de référents – donnent constamment à ces signes le sens qui est celui de leur usage. En déréalisant ainsi la mathématique, elle se place elle-même, pour ainsi dire, en métamathématique, en dehors du réel. Elle assume ainsi le rôle de l'héritière tardive d'un point de vue moderne qui, sur fond d'une hypostase de « la Science » qui éloigne cette science de son propre sens et constitue par rapport à elle une forme de fausse-conscience, a pour ainsi dire intercalé cette fiction de la Science – en lieu et place de sa réalité, qui nous installerait dans un rapport de plain-pied aux choses – entre nous et le monde.

L'intérêt du présent recueil, dans la diversité évidente même de ses voix, est, dans ce contexte où, par ce biais, semble dominer une fois de plus dans la pensée française un idéalisme qui pour ne pas dire son nom n'en est que plus puissant, de donner des éléments pour un réalisme qui, pour ne pas nécessairement être non-métaphysique – le mien n'autoriserait pas une telle négation, ce qui ne veut pas dire qu'il doive revêtir les traits d'« une métaphysique » – n'est en tout cas pas « spéculatif », c'est-à-dire ne confond pas *le réel* avec l'objet de « la Science », en premier lieu parce que son sens de la réalité – son « robuste sens des réalités », comme le dit Ali Benmakhlouf, reprenant et déclinant les mots de Russell – le conduit à se poser des questions quant à l'existence d'une telle « Science » en

1. *Cf.* Q. Meillassoux, *Après la finitude*, Paris, Seuil, 2006, p. 59.

un sens absolu et au sens qu'il y aurait à la rechercher. Ceci non pas au détriment des savoirs positifs, mais au contraire en pleine reconnaissance de leur légitimité et de leur importance pour la philosophie en tant qu'elle, précisément, n'est pas une science.

En vérité, la spéculation a de beaux jours devant elle. C'est que, probablement, elle répond à un besoin, mais ce besoin précisément représente la part *non réfléchie* en elle et plutôt que d'essayer de radicaliser encore la spéculation, d'aller vers toujours plus d'« absolu » – ce qui veut dire aussi toujours plus d'aveuglement – c'est ce besoin-même qu'il faudra interroger. Une approche réaliste – c'est-à-dire non « spéculativement », mais réellement réaliste – devrait certainement y aider.

Et en effet c'est à ce frémissement que font écho, dans leur grande diversité-même, les contributions de ce livre : celui, qui s'est fait sentir, chez des auteurs variés, depuis les années 2000, du retour, contre les poses post-modernes et les outrances spéculatives précisément de la pensée continentale, d'un certain souci du réel en philosophie. Maurizio Ferraris, dans son bel essai, retrace cette redécouverte dans des termes très personnels. Il évoque l'anti-réalisme de principe du point de vue herméneutique dominant dans une certaine phase de la pensée continentale, puis retrace le chemin de sa propre sortie de ce paradigme, suivant une route probablement emblématique pour toute une génération et dans laquelle, personnellement, à une dizaine d'années de distance, je pourrais aussi bien largement me reconnaître [1].

Trop longtemps, et probablement encore aujourd'hui dans de vastes portions de son champ, la pensée continentale s'est nourrie de ces fausses évidences suivant lesquelles il n'y aurait « pas de faits, mais que des interprétations », érigées au rang de vulgate, sans s'interroger sur l'arrière-plan de faits requis par toute interprétation, et sur lequel, logiquement, elle s'appuie. Il est assurément salutaire que des doutes critiques se soient finalement fait jour eu égard au confort post-moderne du scepticisme, qui est aussi la posture de ceux qui n'ont pas besoin du concept de réalité parce que les contingences de cette réalité-même les ont placés, dans le (non-)monde tel qu'il est, dans une position protégée, donc fictivement « hors-réalité ».

1. Je n'ai jamais été herméneute, mais j'ai été phénoménologue. Le chemin à franchir pour atteindre un point de vue réaliste en philosophie pourrait sembler plus court, tant que l'on croit que la « chose-même » est une approximation du réel. Il n'en est rien : le plus difficile, dans le réalisme, c'est en effet de dissiper les *ombres de la réalité*.

Réaffirmer la réalité des « faits », cependant, n'est pas tout. Autant que celle des faits, la question de la réalité est celle de ce que « nous » en faisons, et des problèmes de définition, de configuration et de reconfiguration attachés à ce « nous ».

Je ne sais pas si une telle idée constitue une ligne de partage possible entre un réalisme « ancien » et « nouveau ». À vrai dire, j'aurais tendance à en douter, tant le discours du vierge, vivace et bel aujourd'hui constitue un motif littéraire qui conduit, en règle générale, à un pur et simple déni de réalité. Les considérations présentées ici par Dimitri El Murr me semblent constituer une preuve éclatante du fait que nous ne sommes guère en mesure d'opposer notre réalisme critique à celui des Anciens, supposé dogmatique.

Si l'on voit bien quel enchaînement causal, enraciné dans le contexte intellectuel et, au-delà, idéologique, d'une certaine époque, a pu motiver et rendre absolument souhaitable le présent *revival* de positions réalistes, il est beaucoup plus difficile, bien sûr, de déterminer si ces positions présentent une unité relative, et encore plus de prétendre les distinguer de façon tranchée d'un réalisme réputé « ancien », s'il a jamais existé. De ce point de vue, je pense qu'on gagnerait à entendre le réalisme en philosophie plus comme un motif, ayant sa fécondité et sa nécessité propre, qu'une doctrine et, suivant l'intuition précédemment développée, avant tout et surtout comme un *principe critique* – qui nous affranchit d'une certaine mauvaise façon de faire de la philosophie ou de croire en faire. Je ne suis pas sûr, cependant, là-dessus plus que sur beaucoup d'autres sujets, que mes camarades seraient tous d'accord avec moi. Et en un sens, c'est là le sujet de ce livre. Son propos est de donner un coup de sonde dans la complexité et la variété de ce qu'on peut appeler aujourd'hui – mais également en se tournant, dans une vue rétrospective, vers le passé tel que les débats d'aujourd'hui nous donnent une prise renouvelée sur lui – « réalisme », en circulant de figures supposées « anciennes » dudit réalisme à celles « nouvelles » ou se présentant comme nouvelles, et d'incarnations plus continentales à des instanciations plus analytiques de ce désir philosophique de réalité – qui, j'aime à le penser, est le désir philosophique tout court. En faisant varier ainsi les points de vue, il s'agit de se donner une prise conceptuelle sur ce motif réaliste redevenu central dans la configuration philosophique actuelle, pour ainsi dire aux quatre coins de la philosophie et de l'histoire de la philosophie contemporaine et que ne rassemble peut-être guère plus qu'un air de famille. Si la philosophie, aujourd'hui, présentait les contradictions mais aussi les liens variés, plus ou moins lâches mais existants, d'une famille, ce serait cependant déjà beaucoup. C'est évidemment loin d'être le cas. La philosophie, aujourd'hui comme hier, est traversée par un profond dissensus sur ce qu'est la philosophie. En abordant une question *critique*, comme celle du réalisme, on ne peut l'ignorer. Il ne s'agit pas ici de masquer les différences, mais d'essayer d'en jouer pour, dans leurs écarts, essayer de faire voir quelque chose.

J'ai choisi de faire commencer le recueil par la contribution de Mathieu Eychenié parce qu'il me semble que, si l'on tente d'historiciser la question du « retour » apparent du réalisme aujourd'hui, en décollant le regard de l'actualité et en la resituant dans le temps plus long auquel elle appartient, elle est indissociable de celle de la crise du dispositif représentationaliste des modernes et du concept qui en est corrélatif, celui d'objet, au moins entendu au sens épistémique du terme. Le réel n'est pas l'objet. Et il n'est pas dit non plus que la notion d'« objet » fournisse le meilleur cadre pour exercer une prise épistémique sur lui [1]. À cet égard, je crois qu'on peut se montrer sceptique devant les réalismes qu'on pourrait qualifier de néo-conservateurs, qui consistent simplement à défendre les droits de l'objet face au risque de son éventuelle subjectivation. L'*objectivité* est bien sûr un ingrédient important du réalisme. Cependant, elle ne suffit pas : telle me paraît être l'intuition porteuse de la possibilité d'un réalisme aujourd'hui, c'est-à-dire d'un réalisme qui aille au-delà de l'idéalisme de principe des modernes, qui confondent la réalité et la vérité – ce qui a eu pour conséquence indésirable que, une fois la seconde tombée sous les coups de boutoir des post-modernes, il n'est finalement rien resté de l'idée de la première non plus. D'où l'importance, pour un programme philosophique de type réaliste, du retour généalogique effectué par Mathieu Eychenié en quelque sorte à la source de l'anti-réalisme moderne. Son analyse, dans un dialogue serré avec la lecture heideggérienne de Scot, dont elle relativise la portée, met en évidence l'écart creusé par la problématique de Scot entre « réel » et « présence », cet écart paraissant constitutif du concept-même de « réalité ». On trouve là le paradoxe du « réalisme » des Modernes, que la réalité y apparaisse comme toujours déjà perdue ou, pour ainsi dire, à distance. Il semblera pertinent de faire l'hypothèse que les diverses

1. Evidemment, il faudrait faire un sort aux *usages non-épistémiques de l'objet* et à la montée en puissance d'un tel motif dans la pensée et les pratiques, notamment artistiques, du XXe siècle, qui joue un rôle conducteur pour la réflexion de Tristan Garcia (dont je regrette de ne pas avoir un texte à publier ici). *Cf.* T. Garcia, *Forme et objet. Un traité des choses*, Paris, P.U.F., 2011. Un tel phénomène, quant à lui, constitue certainement un aspect de la problématique réaliste telle qu'elle vient battre en brêche l'idéalisme des modernes dans le second XXe siècle. Il s'agit, cependant, d'un *autre emploi* du concept d'« objet ».

formes de « nouveaux réalismes » aujourd'hui soient motivées par le désir de résorber ou surmonter un tel écart ou de le réarticuler d'une façon qui en change radicalement la signification, en le rapportant à des conditions *réelles*. Le réel au-delà du jeu spectral de la présence et de l'absence et des présupposés inhérents à la problématique de la présentification, ce serait certainement là une formulation possible d'un programme pour un véritable « réalisme », libéré des fantômes de ce que certains ont un peu pompeusement nommé « la métaphysique » ; mais, sans doute, je me laisse emporter au-delà de ce que Mathieu Eychenié a voulu dire avec la prudence de l'historien. Son enquête généalogique, du moins, aussi subtile que radicale, semble ouvrir la porte pour une telle réflexion.

Etienne Bimbenet, qui est sans nul doute aujourd'hui un des acteurs les plus originaux du débat sur le réalisme, offre dans ce recueil une contribution extrêmement synthétique et d'une grande portée. Il me semble sauver ce qu'il y a à sauver de la phénoménologie, en rencontre avec d'autres pensées comme le pragmatisme et l'ethnométhodologie, en posant la question de notre usage du réel et de notre capacité à donner un sens à cette catégorie. Suivant l'orientation générale de ses recherches ces dernières années [1], il met en évidence le *réalisme* en tant qu'invention humaine et monopole de l'humanité. On remarquera bien sûr qu'une telle thèse n'implique pas que la *réalité*, quant à elle, soit une invention humaine, ou alors il faut s'entendre sur ce que signifie ici « réalité ». *A priori*, il semblerait, en la matière, qu'il faille distinguer « réalité » et « concept de "réalité" ». Cependant, peut-être un des effets de l'analyse d'Etienne Bimbenet est-il de nous montrer que, s'il faut les distinguer, on ne peut néanmoins pas entièrement séparer « réalité » et « concept de "réalité" » : du sens de « réalité » de la réalité ferait partie qu'il y ait des êtres qui en aient le concept. Cette idée, qui fait signe vers une forme d'idéalisme transcendantal, suscitera en moi comme en beaucoup d'autres réalistes plus métaphysiciens qu'Etienne une certaine résistance – le « réalisme » n'a-t-il pas vocation à trancher le nœud gordien et à nous faire sortir du présupposé de la priorité des concepts, attitudes ou pratiques, au sens de leur supposée *priorité sur la réalité* ? Pourtant, quoi de plus réaliste que l'idée que la réalité ait à s'apprendre et à se pratiquer, si on veut parvenir à faire sens d'elle en tant que réalité ? que « le sens de la réalité » (toujours lui) ne soit pas de droit divin, mais soit fondamentalement acquis et suppose un apprentissage réel ? L'impressionnante démonstration d'Etienne Bimbenet tire précisément sa

1. *Cf.* notamment Et. Bimbenet, *L'invention du réalisme*, Paris, Cerf, 2015.

légitimité de son ancrage dans un donné, psychologique, sociologique, anthropologique qui lui confère une frappe de réalité tout à fait unique. C'est depuis l'intérieur même du réel que la question de la constitution du réel se pose. Que cette contribution nous offre ainsi un des visages, et non des moindres, du réalisme aujourd'hui est indiscutable.

Dans sa contribution à la tonalité très personnelle, dont j'ai déjà dit un mot, Maurizio Ferraris retrace son itinéraire et fraie une route pour ainsi dire de l'antiréalisme du XXe siècle finissant au néo-réalisme du XXIe. Son débat avec l'herméneutique de l'école de Turin et sa fille ingrate, la « pensée faible », devient exemplaire du parcours de toute une génération et, à plus d'un titre, donne des clés pour la compréhension de notre présente situation philosophique – si tant est que l'exercice typiquement idéaliste qui consiste à « caractériser une époque » ait un sens. Ce texte théorique de grande portée vaut cependant aussi et d'abord par le déplacement qu'il indique très bien au sein de la perspective-même de l'auteur depuis sa rupture avec l'herméneutique continentale traditionnelle il y a vingt ans. Du premier changement de focale, de l'histoire et de la culture vers la nature et la perception[1], on est passé à une reconquête de la sphère de l'interprétation entendue elle-même en termes réalistes. La question se pose alors d'« une herméneutique rénovée et différente de celle à laquelle [on] avai[t] dit adieu », une *néo-herméneutique réaliste*. Au-delà de la critique initiale des illusions du conceptualisme, le nouveau motif conducteur devient que « l'interprétation soit avant tout une activité, un faire, qui précède les concepts au lieu de les suivre et de les appliquer ». C'est dire qu'on ne peut plus se contenter du retournement originel du primat moderne de l'épistémologie en un primat inverse qui, tel quel, pourrait paraître réactionnaire[2], de l'ontologie, prétendant fonder la vérité sur l'être après avoir cru pouvoir réduire celui-ci au simple reflet de celle-là, mais on doit poser la question de la technologie nécessaire pour qu'il y ait « vérité », c'est-à-dire que celle-ci émerge dans l'être. Ainsi, l'idée du « faire vérité » permet-elle de penser la ré-*inscription* de la vérité dans la réalité[3], non pas comme un enracinement mais comme

1. Sensible notamment dans M. Ferraris, *Estetica razionale*, Milan, Raffaello Cortina, 1997 et surtout *Il mondo esterno*, Milan, Bompiani, 2001, ouvrage fondamental du tournant réaliste à l'orée du XXIe siècle qui attend toujours son traducteur.

2. Si en tout cas le sens de l'ontologie, c'est-à-dire qu'il y a à *faire ontologie*, et non seulement son contenu, n'est pas alors lui-même questionné avec les moyens du réalisme.

3. Une telle inscription est évidemment inséparable du motif de la documentalité, porteur de toute l'œuvre récente de Maurizio : voir M. Ferraris, *Documentality*, Fordham University Press, 2013.

une production, une *fabrication*. Cette évolution permet certainement d'envisager un « nouveau réalisme », au sens d'un réalisme qui aurait intégré en lui, constitutivement, le sens de la nouveauté, en faisant même son motif essentiel.

Dans sa contribution, l'autre grand représentant du « nouveau réalisme », Markus Gabriel, apporte un certain nombre de clarifications fondamentales pour poser, aujourd'hui, la question de la réalité. D'une façon peut-être opposée à ce qu'avait pu soutenir Maurizio Ferraris à un stade antérieur de sa pensée [1], Markus rejette l'idée que le cœur de la position réaliste en philosophie puisse résider dans l'affirmation de « l'existence du monde extérieur ». Il soutient même, en conformité avec son travail précédent [2], qu'une telle affirmation est en fait tout à fait dépourvue de sens. Son propre réalisme, loin de passer par le fait de poser le monde, suppose qu'on se défasse de cette illusion et qu'on aille chercher la réalité là où elle est *localisée* : dans des champs de sens distincts et à chaque fois déterminés [3]. La force de ce « nouveau réalisme » repose certainement en premier lieu dans sa capacité de faire droit au grain du réel, au lieu d'essayer de le réduire à un modèle unique. À cet égard, une des leçons les plus frappantes qu'on puisse retenir du texte de Markus, me semble-t-il, est qu'il n'y aurait pas de sens à réserver le label de « réalité » à un ou à un nombre défini de sens d'être privilégié(s). Le sens de la réalité est fondamentalement ouvert et il ne faut pas confondre la question du réalisme et celle du naturalisme, ou avec celle d'une éventuelle complémentation du naturalisme par d'autres compartiments d'être, plus ou moins bien établis – comme s'il y avait lieu de montrer que ceux-ci sont « aussi réels que la nature » – comme on le voit trop souvent aujourd'hui. Loin tout autant du naturalisme que de l'anti-naturalisme métaphysique, le réalisme est bien plutôt ouverture des sens de l'être et mesure prise de la diversité des sens qu'il y a à être réel.

Cette libération de la question du réalisme de toute forme de réductionnisme – et un réductionnisme métaphysique ne vaudrait pas

1. *Cf.* encore une fois *Il mondo esterno*. Il se pourrait toutefois que la thèse, philosophiquement « naïve », ou supposée telle, de « l'existence du monde extérieur », ne constitue que la surface de ce livre, dont le centre de gravité réside plutôt dans la mise en évidence lumineuse de la facticité du perçu. À vrai dire, ce qui me gêne dans le titre, quant à moi, ce n'est pas tant la notion de « monde », contre laquelle je ne suis pas sûr de partager toutes les préventions de Markus – en tout cas pas à tout point de vue – mais celle d'« extérieur ». Car extérieur *à quoi* (si on est réaliste) ?

2. *Cf.* M. Gabriel, *Pourquoi le monde n'existe pas*, *op. cit.*

3. Pour l'exposé de cette ontologie des « champs de sens », voir M. Gabriel, *Fields of Sense*, Edimbourg, Edinburgh University Press, 2015.

mieux, ici, que le réductionnisme physique – représente certainement un gain considérable. Elle fait sortir la discussion de l'ornière scolastique dans laquelle elle est trop souvent embourbée, notamment dans le monde anglophone : celle de la discussion s'il faut être réaliste en ce qui concerne la morale mais pas en ce qui concerne les tartes aux pommes (par exemple). Comme si le réalisme se monnayait ainsi – comme s'il y avait un grand fourre-tout de la réalité et la question était *a priori* de savoir ce qu'on allait mettre dedans ou non. Alors que la réalité, suivant les champs de sens, *se diversifie* et la question, plutôt que de savoir si tel ou tel genre de choses, *a priori*, sont réelles ou non, est de déterminer ce qui, dans un champ de sens donné, compte comme réel ou non.

La question pourrait se poser de savoir si la notion de « neutralité » est la plus adéquate pour qualifier ce réalisme. En effet, sa leçon la plus immédiate paraît être, précisément, que le réel n'est jamais « neutre » mais toujours réel qualifié. De quel point de vue pourrait-il y avoir neutralité, dès lors, si ce n'est d'un point de vue, en quelque sorte, *méta-théorique* ? Mais le réalisme ne contresigne-t-il pas, précisément, l'inconsistance d'un tel point de vue ? Le réalisme, n'est-ce pas, dès lors, définitivement, la *sortie de la neutralité* ? N'est-ce pas paradoxalement aussi et d'abord ce que la critique d'un réalisme métaphysique opérée par Markus Gabriel nous apprend à penser ?

L'essai de Frédéric Fruteau de Laclos vient heureusement bousculer l'alternative convenue entre relativisme post-moderne et révolution conservatrice néo-réaliste. Il fait entendre la voix du « réalisme sauvage », celui qu'on trouve à l'œuvre non seulement dans les pratiques, mais dans les *raisonnements* des peuples que la pensée eurocentrique a pendant longtemps appelés « primitifs ». De façon apparemment inattendue dans le contexte de ce livre, Frédéric revient sur la figure de David Bloor, dont il analyse en détail la position, et, dans une discussion serrée, fraie une autre voie entre les universalisations abusives transformées en « réalités » de la philosophie de la connaissance traditionnelle (c'est-à-dire, par définition, celle de la connaissance de l'homme blanc) et le relativisme de surplomb, non moins ethnocentrique, des *science studies*. Retournant sur nous le regard ethnologique, en adoptant le point de vue, c'est-à-dire la façon de raisonner, de l'Azandé, il nous met au défi de voir autrement la réalité, c'est-à-dire aussi, par là-même, de prendre conscience d'elle comme une réalité et non comme la simple projection de notre désir d'universalité. Il s'agit dès lors d'interroger la façon dont chaque culture se donne les moyens « d'atteindre les choses mêmes ». Le réalisme n'est pas seulement chez nous ; il est tout aussi bien chez les Azandé.

Et comprendre la façon dont il est à l'œuvre dans la logique des Azandé peut nous aider à lui accorder tout son poids – son poids *réel* – dans nos propres pratiques et opérations de pensée.

De cette belle contribution, qui restitue à la question du réalisme en tant que question toujours aussi logique, sa dimension ethno-*logique*, je voudrais retenir le motif, qui me paraît particulièrement porteur, de *métamorphoses* du réalisme et de la capacité humaine d'inventer des formes différentes de réalisme. Pour parodier Wittgenstein, ceci semble nous éloigner du réalisme, mais il n'en est rien. Il s'agit, encore une fois, de lui rendre, enfin, sa réalité.

La contribution de Dimitri El Murr, que j'ai déjà évoquée, est importante à plus d'un titre. D'abord parce qu'elle resitue nos réflexions sur le réalisme dans le temps très long, en revenant à Platon et en dissipant cette illusion typiquement idéaliste suivant laquelle nous, les modernes, serions les seuls à détenir la vérité de la question. Ensuite parce que, ce faisant, elle dégage un axe d'interrogation sur la réalité tout à fait essentiel : l'axe politique, qui met forcément en jeu la dialectique du réel et de l'idéal et la question de la réalisabilité. Il peut paraître étonnant de consacrer une contribution à un collectif sur le réalisme essentiellement à la question du *possible*, de sa nature et de son statut – cette question qui en effet est celle du Livre VI de la *République*. On trouve cependant en réalité dans ces pages une voie d'accès centrale au problème qui nous préoccupe. En effet, au prisme de la question de la réalisabilité, le réel apparaît, selon l'interprétation que l'on adopte d'une telle réalisabilité, dans des statuts bien différents. Le passage d'une problématique de la réalisation pure et simple à celle de l'approximation réelle d'une idéalité, que Dimitri met en évidence dans sa lecture aussi claire que magistrale de la réponse de Socrate à la « troisième vague » d'objections à la possibilité de la cité idéale, jette les bases de ce concept-même de « réalité » que nous héritons de la tradition philosophique, platonicienne par vocation (et souvent sans le savoir), en tant que concept intrinsèquement métaphysique.

La question qu'on peut se poser, en lisant Dimitri, est au fond de savoir si un « nouveau réalisme » ne serait pas un réalisme affranchi de cette problématique de l'approximation : un réalisme non plus de l'idéalité, mais de la règle, qui traite les instances réelles non plus comme des approximations de quoi que ce soit, mais comme des applications, correctes ou incorrectes, de la règle. Etre réaliste en ce sens-là, ne serait-ce pas sortir du platonisme ? Ne serait-ce pas même la seule véritable sortie du platonisme, contre tous ses renversements allégués qui n'en font au fond que reproduire les ombres [1] ? Il est vrai que Platon est aussi l'auteur des *Lois*, et cela ouvrirait peut-être l'espace d'une autre discussion. Quoi qu'il en soit, la question ne peut pas ne pas se poser du *prix politique à payer* pour une telle sortie du platonisme, si elle a un sens.

Cette question du prix politique est abordée frontalement par Ronan de Calan, qui propose ici ce qu'on pourrait appeller un véritable exercice de réalisme, en menant une critique intégralement réaliste d'un certaine réalisme proclamé des philosophes. Travaillant le motif barthésien de « l'effet de réel », il met en évidence la réversibilité d'un certain type de réalisme philosophique et du constructivisme que celui-ci dénonce. Interrogeant l'omniprésence de l'opérateur de la « construction », entendu en un sens « réaliste », chez ceux-là mêmes qui se présentent comme les adversaires les plus acharnés du constructivisme et les gardiens du sens de réalité, par définition en danger, de la réalité sociale, il décèle dans ce discours une stratégie de déréalisation du social, aux effets fondamentalement conservatifs. Pour lui cet appareil théorique, utilisé pour légitimer en les ontologisant les politiques du néo-libéralisme, n'est précisément rien d'autre qu'une « construction » qui nous éloigne de la réalité. De façon décisive, Ronan y oppose la connaissance que les sciences sociales nous apportent de ladite réalité, suivant le paradigme durkheimien de l'épreuve de réalité. Cette prise en compte de la contrainte du réel paraît d'autant plus importante que ce n'est que sur ces seules bases que peut avoir un sens le projet de le changer. Au réalisme métaphysique comme idéologie, Ronan objecte ainsi l'idée d'une politique de la réalité – c'est-à-dire aussi de la politique tout court : il n'y en a pas d'autre – éclairée par la *critique* dont on trouve les ressources dans les sciences sociales.

Sandra Laugier, dans sa contribution, poursuit et radicalise cette réflexion ouverte par elle à la fin des années 90 [2] qui, à plus d'un titre, a eu valeur refondatrice par rapport à la question du réalisme en France. Le

1. Le véritable enjeu (souvent insu à lui-même) de ce qui s'appelle « réalisme » aujourd'hui, c'est en ce sens la sortie définitive du paradigme de la phénoménalisation et de la phénoménalité en général. J'ai essayé de le dire dans *Logique du phénomène*, Paris, Hermann, 2016. Il ne semble pas que cela ait été, en général, compris. Il faudra s'interroger un jour, peut-être de façon plus théologique, sur la prégnance du schème de l'apparaître sur la pensée occidentale. Peut-être un peu de logique Azandé – ou tout au moins un peu plus de sens pour la logique Azandé, suivant les indications précieuses de Frédéric Fruteau de Laclos – pourrait nous y aider.

2. Voir S. Laugier, *Du réel à l'ordinaire. Quelle philosophie du langage aujourd'hui ?*, Paris, Vrin, 1999.

réalisme dont elle jette les bases n'a rien de théorique, s'il n'est pas sûr qu'il soit exempt de métaphysique, mais en un sens déplacé. Si métaphysique il y a ici, c'est celle de l'ordinaire. Plutôt que de thèse réaliste, il faut alors parler de sensibilité réaliste, mais le réel, précisément, selon un tel point de vue, est essentiellement affaire de sensibilité. Le recouvrement du sens du réel – c'est-à-dire aussi de notre capacité de le supporter – passe dès lors par un écolage du regard, par cet apprentissage familier que nous avons de façons de le voir, dans certaines pratiques caractéristiques de la modernité, parce qu'il y est aussi un enjeu pour nous : ce qui y *compte*. Aussi la question du medium devient-elle cruciale là où il y va de cette expérience proprement moderne du réel comme tel. Suivant les analyses magistrales de Stanley Cavell dans *La projection du monde* [1], qu'elle a su rendre si présentes en France, Sandra fait du medium cinématographique le support privilégié de cette expérience. Elle montre comment « une expérience aussi fictionnelle », dans ses modalités tout à fait spécifiques – irréductibles à celles du récit – peut constituer une forme d'épreuve du réel. Contre une lecture trop pacifiante de la philosophie du langage ordinaire, qui ferait de l'ordinaire un donné, elle trouve dans le dispositif projectif du cinéma un régime de révélation du réel qui, loin d'annuler le scepticisme et le mystère, nous confronte à leur irréductibilité. Elle y reconnaît la figure du seul véritable réalisme : « le réalisme de ce qui compte », apte à restituer à l'ordinaire toutes ses dimensions, de confiance comme d'inquiétude, de commun comme d'essentiel privé.

Ali Benmakhlouf, dont la contribution clôt ce recueil, revient aux sources analytiques du tournant réaliste : à l'affirmation russellienne d'un « robuste sens de la réalité » (significativement décliné par Ali en « sens des réalités » puis en « sentiment de réalité ») tout d'abord; puis au débat sur réalisme et anti-réalisme ouvert par Michael Dummett dans les années 70 du XXe siècle. Suivant une dialectique subtile, il met en évidence le caractère non immédiat de la réalité, cela non pas au sens où elle serait constitutivement hors d'accès mais en celui où, précisément, on ne peut isoler la question de la signification de ce terme de celle des modalités concrètes d'épreuve de ladite « réalité ». C'est donc à un plaidoyer pour l'irréductibilité de l'épistémologie et, au-delà, des attitudes en général, que se livre ici le grand connaisseur de Frege et interprète de sa critique de l'épistémologie [2] qu'est Ali. Paradoxalement, contre le platonisme, il réhabilite la critique anti-réaliste de Dummett parce qu'il y

1. S. Cavell, *La Projection du monde : réflexions sur l'ontologie du cinéma*, trad. fr. par Chr. Fournier, Paris, Belin, 1999.

2. *Cf.* A. Benmakhlouf, *Frege, Le nécessaire et le superflu*, Paris, Vrin, 2002.

trouve l'équation du seul réalisme qui puisse faire droit au *sens de réel* du réel, au lieu de le placer dans une insignifiance de principe. Ainsi l'anti-réalisme (métaphysique) eu égard au passé devient-il à ses yeux le vecteur d'un réalisme mémoriel, qui met l'emphase sur le rôle et l'importance des dispositifs mnémoniques dans notre appréhension de la réalité et notre capacité à lui donner sens de réalité. Dans un certain recroisement avec le propos de Maurizio Ferraris bien que sur un tout autre arrière-plan, c'est ainsi la portée de la notion de trace comme constitutive du sens même de la réalité qui se voit réévaluée. Renvoyer notre « sentiment de réalité » à la réception et maintenance de « traces » dans lesquelles cette réalité s'atteste, c'est aussi et d'abord renoncer à tout réalisme de surplomb : réinstaller le réalisme sur le terrain-même où se pose la *question de la réalité*.

La lecture de cet ensemble suscitera peut-être l'impression d'un certain paradoxe : dans un collectif consacré au renouveau du réalisme aujourd'hui, on pourra avoir le sentiment de trouver une majorité de contributions à tonalité plutôt critique, en des sens du reste variés : c'est-à-dire qui semblent poser telle ou telle condition ou apporter telle ou telle nuance au réalisme. Ce bouquet de textes confirmerait-il le diagnostic de cette amie qui, avec les meilleures intentions et à mon plus grand étonnement, entendait résumer l'autre jour ce qu'elle croyait être mon point de vue sous le titre plutôt étrange pour moi de « le réalisme, mais pas le réalisme » ? Je ne sais pas exactement ce qu'elle voulait dire par là. Je soupçonne, peut-être à tort, que, comme beaucoup de philosophes, elle ne pouvait se représenter de véritable réalisme autrement que sous les traits de ce qu'on pourrait appeler le réalisme métaphysique plein pot – que, pour elle, le réalisme s'identifiait nécessairement à la métaphysique, elle-même entendue comme ontologie (ce qui, pour moi, constitue le πρῶτον ψεῦδος en philosophie). Cependant, à lire ces contributions, dont évidemment je n'assume pas la responsabilité, pas plus que je ne prétendrai faire porter mes propres égarements métaphysiques à leurs auteur-e-s, je commence peut-être à mieux comprendre ce qui pourrait donner quelque apparence de vérité à ce diagnostic. Je ne sais pas ce qu'est « mon » réalisme, s'il y en a un (en un sens, pour moi, être réaliste, c'est commencer par se rendre compte qu'il ne peut pas y avoir une telle chose que « mon » réalisme) mais il est certain qu'aujourd'hui comme hier se rencontrent, en philosophie, de bien étranges réalismes – mais peut-être « l'étrangeté » est-elle une part du réalisme. Qu'est-ce qu'un réalisme qui au fond se méfie de l'idée de réalité prise pour elle-même et cherche toujours à mesurer celle-ci à l'aune d'un sens ou, de façon différente ou non suivant les auteurs, d'une expérience ? – on trouverait certainement déjà dans cette question de l'écart qui peut exister ou non entre « sens » et « expérience » un bon principe de typologie desdits réalismes, et d'organisation de la question du réalisme aujourd'hui.

Personnellement, ma faveur irait probablement à un réalisme plus « métaphysique » (mais en un sens non exclusivement ni même primairement ontologique) que ceux défendus dans beaucoup des contributions présentées ici. Ceci non par choix sur catalogue – comme si la question se posait en philosophie de savoir, démiurgiquement, quel monde on veut – mais parce qu'il me semble que l'idée de métaphysique ou d'engagement métaphysique – de l'être toujours-déjà engagé du discours, au-delà même de ce qu'il se sait dire – est intrinsèque au motif réaliste, en tant que celui-ci représente le diagnostic d'un fait et non une doctrine particulière. Cette dimension métaphysique ne nous entraîne cependant pas nécessairement au-delà du sens ou, en tout cas, de l'expérience. En ce qui concerne la dernière, il est probable qu'elle la traverse et qu'au moins un certain type d'expérience – peut-être suivant des mediums privilégiés – en soit précisément l'expérience.

En effet, L'idée d'un réel qui, littéralement, ne nous ferait rien, qui n'*importerait* pas, ne perdrait-elle pas toute portée ?

Méditons la remarque pénétrante d'Ali Benmakhlouf :

> L'idée que les vérités mathématiques comme le théorème de Pythagore restent les mêmes, même dans le cas où l'humanité hibernerait cinq cents années et qu'il n'y aurait personne pour le penser, cette idée déréalise paradoxalement le théorème qu'elle veut à tout jamais fixer dans le temps.

En fixant apparemment des « conditions » au réalisme, il ne s'agit donc nullement d'amenuiser ou de relativiser le concept de réel – de construire la simple figure d'un « réel pour nous » – mais de faire droit à son sens plein de réalité. Il n'est d'autre réalisme que de ce qui peut *réellement valoir comme réel* ; sinon la philosophie, dans sa quête spéculative, c'est-à-dire toujours aussi et d'abord spéculaire, d'un « réel inconditionné », se retrouve en définitive étreindre, en guise de réel, sa propre projection d'un fantôme, exsangue – quelque chose comme un *effet de théorie*.

L'ensemble de textes ici présenté, qui constitue la publication partielle d'un colloque exploratoire tenu à l'ISJPS (UMR 8103, Université Paris 1 – CNRS) les 1er et 2 juillet 2016, jette les fondations du projet théorique du Laboratoire International Associé franco-allemand « Centre de Recherche sur les Nouveaux Réalismes », depuis mis en place entre l'ISJPS (Université

Paris 1 Panthéon-Sorbonne) et l'Internationales Zentrum für Philosophie Nordrhein-Westfalen (Université de Bonn) avec l'aide du CNRS. Ce centre de recherches a vocation à poursuivre, à partir des interrogations ouvertes ici, au premier chef dans une discussion privilégiée avec Markus Gabriel et les formes allemandes de « nouveau réalisme », l'enquête aujourd'hui de nouveau nécessaire autour de la nature et les objectifs d'un programme réaliste en philosophie.

Je remercie Jean-François Courtine d'avoir bien voulu accueillir cet ouvrage dans sa collection, et l'université Paris 1 Panthéon-Sorbonne et le CNRS de leur soutien.

CHAPITRE PREMIER

LA DOUBLE PRÉSENCE DE L'OBJET UNE LECTURE HEIDEGGÉRIENNE DE DUNS SCOT

A l'heure du rejet du réalisme traditionnel, parfois couplé à la conception d'un « nouveau réalisme », il faut réinterroger les termes mis en jeu. Qu'est-ce qu'une thèse réaliste en philosophie ? Qu'entend-on par réel, par chose (*res*) ? Nous prendrons ici pour objet d'étude un réalisme « ancien » : le réalisme scotiste. Celui-ci a un double avantage : il met en lumière, d'une part, les multiples sens du réel ; il rappelle, d'autre part, que le réalisme n'est jamais une thèse isolée, mais toujours inscrite dans un certain réseau conceptuel. Nous nous intéresserons ici, plus précisément, aux connexions établies par Duns Scot entre les concepts de présence et de réel ; à la tentative scotiste, autrement dit, de penser, en philosophe de la connaissance, une réalité du présent, et une présence du réel.

Dans le *De imagine* (*Ordinatio*, I, distinction 3, partie 3, questions 1 à 4), Duns Scot distingue deux formes de présence de l'objet. Il affirme, au paragraphe 382, que

> par rapport à la faculté de connaître, l'objet a, dans un premier temps, une présence réelle (*praesentiam realem*), ce qui veut dire qu'il jouit d'une proximité suffisante pour pouvoir engendrer une espèce dans l'intellect, laquelle est la raison formelle de l'intellection ; dans un deuxième temps, grâce à l'espèce ainsi engendrée, qui représente ce qui l'engendre, l'objet est présent sous la raison d'objet connaissable ou représenté (*sub ratione cognoscibilis seu repraesentati*) [1].

La distinction de ces deux modes de présence recoupe la distinction scotiste des deux modes de connaissance, intuitif et abstractif. La présence

1. Duns Scot, *L'image*, trad. fr. par G. Sondag, Vrin, Paris, 1993, p. 138.

ou absence réelle de l'objet connu fait office de critère de distinction entre la connaissance intuitive, sensible ou intellectuelle, qui porte sur un objet réellement présent, ou présent en soi (*in se*), et la connaissance abstractive, à nouveau sensible ou intellectuelle, qui utilise un intermédiaire et est indifférente à la présence ou absence réelle de l'objet.

L'enjeu principal de notre étude est d'analyser ces deux formes de présence. Nous prendrons pour fil conducteur la question suivante : que nous apprend la présence sur le réel? Pour le dire autrement : peut-elle constituer une voie d'accès au proprement réel, aux choses mêmes? Coïncide-t-elle absolument avec elles?

Pour tenter de répondre à ces questions, nous nous appuierons sur une interprétation contemporaine de la pensée de Duns Scot : l'interprétation heideggérienne. Dans sa thèse d'habilitation notamment, intitulée *Traité des catégories et de la signification chez Duns Scot*, Heidegger étudie la présence de l'objet « sous la raison d'objet connaissable ou représenté », et en propose une lecture antiréaliste.

LA RÉALITÉ DE L'ÊTRE OBJECTIF

Intéressons-nous, pour commencer, à la présence intellectuelle de l'objet représenté [1]. Comment Duns Scot caractérise-t-il cette présence? Dans le *De imagine*, il indique qu'il s'agit d'une présence propre à l'intellect. Ainsi, dans la question 1, afin de justifier l'existence des espèces intelligibles, il s'appuie notamment sur des « arguments tirés de la présence de l'objet » [2]. Il affirme qu'il est nécessaire de poser dans l'âme des espèces intelligibles pour doter l'objet intelligible d'une « présence propre » (*propria praesentialitas*) [3]. En recourant à l'idée d'une présence propre à l'intellect, Duns Scot s'oppose au principe de la *conversio ad phantasma*, hérité d'un passage du *De anima* (431b1) où Aristote écrit que « la faculté intellective saisit les formes immanentes aux représentations » [4]. Duns Scot rejette cette conception parce qu'il considère que l'objet intelligible n'est pas contenu dans les phantasmes. L'intellect agent ne peut pas agir sur le phantasme pour en abstraire l'objet intelligible, car en agissant sur l'image il deviendrait, comme elle, étendu

1. La connaissance intellectuelle abstractive constitue en effet le mode le plus élevé de la connaissance abstractive ou représentative. Nous reviendrons plus loin sur la connaissance intuitive.

2. Duns Scot, *L'image*, *op. cit.*, p. 130.

3. *Ibid.*, p. 130.

4. Aristote, *De l'âme*, trad. fr. par R. Bodéüs, Paris, Flammarion, 1993, p. 237.

et matériel. Dans cette vie, *pro statu isto*, l'intellect a besoin des images pour concevoir les objets intelligibles, et il associe ses intellections à des images ; il n'en reste pas moins que l'objet intelligible lui est présent en propre. Lisons le paragraphe 369 du *De imagine* :

> bien que ce sujet qu'est l'homme puisse, parce qu'il est homme, disposer d'un objet présent dans une image, néanmoins la nature intellectuelle de l'homme, en tant que nature intellectuelle, ne dispose pas d'un objet assez présent si elle n'en dispose que dans une présence mendiée à l'imagination. Or cette supposition avilit considérablement la nature intellectuelle en tant qu'intellectuelle, parce qu'elle la prive de quelque chose qui est de la perfection de toute faculté de connaître, et se rencontre tant dans la faculté sensitive que dans l'imagination [1].

La présence qui advient au cours du processus d'abstraction intellectuelle est donc tout d'abord conçue comme une présence propre à l'intellect. Dans la même question 1 du *De imagine*, Duns Scot la comprend, par ailleurs, comme une permanence. La présence de l'objet intelligible et la présence réelle s'inscrivent dans deux temporalités différentes : l'objet est réellement présent *hic et nunc*, dans l'acte de connaissance, tandis que la présence « sous la raison d'objet connaissable ou représenté » est une présence permanente, en vertu de l'espèce intelligible qui demeure dans la mémoire intellectuelle, et dans laquelle brille ou luit (*relucet*) l'objet. En tant que présent permanent, l'objet intelligible peut ainsi être conçu comme un *a priori*, au sens où il est présent à l'intellect avant tout acte d'intellection, la production de l'espèce étant antérieure à cet acte. Duns Scot insiste sur ce point au paragraphe 349 du *De imagine* :

> De cette évidence, à savoir que l'intellect peut concevoir l'universel, je tire la proposition suivante : « l'intellect peut disposer d'un objet universel en acte qui lui est présent par soi sous la raison d'objet, et précède par nature l'acte par lequel il est pensé ». D'où découle mon propos : avant qu'il ne le pense, l'intellect dispose d'un objet présent dans une espèce intelligible et, par suite, il dispose d'une espèce intelligible antérieure à cet acte [2].

La présence de l'objet intelligible est ainsi comprise comme une permanence ou un *a priori* propre à l'intellect. Il convient, cependant, d'être plus précis, et de tenter de déterminer exactement le statut ontologique d'une telle présence. Pour le caractériser, Duns Scot emploie différentes expressions : il parle d'un être intelligible (*esse intelligibile*),

1. Duns Scot, *L'image*, *op. cit.*, p. 131.
2. *Ibid.*, p. 120.

d'un être connu (*esse cognitum*), d'un être intentionnel (*esse intentionale*), ou encore d'un être objectif (*esse objectivum*). L'objet intelligible est donc un être, un *esse*. Mais s'agit-il d'une chose, d'une *res* ? Ce terme est, selon Duns Scot, équivoque. Il l'analyse, notamment, dans les *Questions quodlibétales*, question 3, article 1. Duns Scot distingue trois sens du terme *res* : « [p]uisqu'il ne faut pas répondre de façon absolue à propos de ce qui est équivoque, et que ce nom de *chose* est équivoque, comme il ressort de l'autorité de ceux qui en ont parlé, il convient d'abord de distinguer les acceptions du nom *chose*. Or, ce nom de *chose*, ainsi qu'on l'induit de ce que disent les auteurs, peut être pris soit dans un sens très général, soit dans un sens général, soit au sens le plus restreint » [1]. Duns Scot précise ces trois sens à la fin de l'article : « sous le premier membre – le sens le plus général – sont contenus l'étant de raison et tout étant réel. Sous le deuxième, l'étant réel et absolu. Et sous le troisième, l'étant réel, absolu, et par soi » [2].

L'être intelligible ne constitue pas une *res* aux sens deux et trois. En effet, la *res*, selon ces acceptions, possède un être ou une entité en dehors de la considération de l'intellect. L'être intelligible ne peut pas constituer une *res* en ce sens, car il est produit par l'intellect (en premier lieu divin, en second lieu humain) et est situé en lui objectivement [3]. L'être intelligible est ainsi un être relatif (*secundum quid*) à l'intellect. Il s'oppose de ce point de vue à l'être absolu (*simpliciter*), c'est-à-dire à l'être autonome, indépendant. En tant qu'être relatif, l'être intelligible constitue également un être diminué (*esse diminutum*). Duns Scot oppose notamment l'être relatif et diminué à l'être absolu dans l'*Ordinatio*, I, distinction 36, qui porte sur la science divine. Il explique ainsi, au paragraphe 34, que :

> [c]ette détermination, « être dans l'opinion », est diminutive [par rapport à l'être véritable] (selon le Philosophe, *[De l'interprétation]* : comme être dans l'intellection, être la copie de (*esse exemplatum*), être connu ou représenté – car toutes ces déterminations sont équivalentes. (...) En effet, l'être de l'homme pris absolument, et non diminué, est l'objet de l'opinion, mais cet « être absolu (*simpliciter*) » en tant qu'il est dans l'opinion, est un « être relatif » (*secundum quid*). Et pour cette raison, cette conséquence n'est pas bonne : « Homère est dans l'opinion, donc

1. Duns Scot, *Questions quodlibétales*, question 3, art. 1, trad. fr. par C. Cervellon dans *Le néant, Contribution à l'histoire du non-être dans la philosophie occidentale*, sous la direction de J. Laurent et C. Romano, Paris, P.U.F, 2006, p. 316.

2. *Ibid.*, p. 319.

3. Non subjectivement; contrairement à l'espèce intelligible qui existe subjectivement dans l'âme en tant que qualité.

Homère est », ni non plus, « Homère est existant dans l'opinion, donc Homère est existant » – mais c'est un paralogisme du relatif à l'absolu [1].

L'être intelligible ne constitue donc pas une chose aux sens deux et trois. Est-il une *res* au sens premier, le plus général ? Duns Scot opère une subdivision au sein du sens le plus général : il distingue deux sens de la *res* opposés aux deux sens du terme "rien". Nous évoquerons uniquement ici le premier sens : *res* s'entend

> [a]u sens le plus général, en tant qu'il s'étend à tout ce qui n'est pas rien ; et *rien* peut s'entendre de deux façons : En stricte vérité, en effet, cela, et seulement cela, n'est rien, qui inclut une contradiction, puisque la contradiction exclut tout être (*esse*) à la fois hors de l'intellect et dans l'intellect. En effet, ce qui inclut ainsi une contradiction, pas davantage qu'il ne peut être en dehors de l'âme, ne peut être quelque chose d'intelligible, au sens d'un étant dans l'âme : car jamais un contradictoire ne constitue avec son contradictoire un seul intelligible (...). Donc, *étant* ou *chose*, selon la première manière, est entendu de la façon absolument la plus générale, et s'étend à tout ce qui n'inclut pas contradiction – qu'il s'agisse d'un être de raison, c'est-à-dire d'un être qui n'a d'être que dans l'intellect qui le considère, ou d'un être réel, possédant quelque entité en dehors de la considération de l'intellect [2].

Il ressort de ce passage que l'être intelligible constitue une chose au sens absolument le plus général, en tant que non-contradictoire. Dans le cas inverse, il ne pourrait pas être conçu par l'intellect, aussi bien humain que divin. En ce sens, Duns Scot comprend donc la présence de l'objet « sous la raison d'objet connaissable ou représenté » comme la présence d'une *res*. Il emploie effectivement, pour désigner le non-contradictoire, qu'il existe ou non hors de l'intellect, le terme *res*, et même *realitas*.

L'être intelligible constitue aussi un être de raison, au sens où il n'est pas en tant que tel indépendamment de la considération de l'intellect. Il faut préciser néanmoins qu'il n'est pas un pur et simple être de raison, dans la mesure où, envisagée du point de vue de son quid, de se qui est pensé, il n'est pas totalement réductible à l'être de l'intellect. Dans le cas de l'intellection humaine en particulier, l'être intelligible correspond, en effet, à la quiddité ou nature commune instanciée dans les choses exterieures qui, nous le verrons, sont une cause essentielle de la connaissance.

1. Duns Scot, *Ordinatio*, I, distinction 36, trad. fr. par O. Boulnois dans *Sur la science divine*, sous la direction de J.-C. Bardout et O. Boulnois, Paris, P.U.F, 2002, p. 269.

2. Duns Scot, *Questions quodlibétales*, question 3, art. 1, *op. cit.*, p. 316-317.

L'essentiel pour notre propos est en tout cas que l'être intelligible n'est une *res* qu'en un sens restreint. Il n'est pas une *res* au sens fort, c'est-à-dire au sens de ce qui est hors de l'intellect.

Il possède ainsi une certaine consistance, sans être toutefois absolument consistant (*ratum*). Seul l'étant qui existe est absolument consistant. Duns Scot l'explique dans l'*Ordinatio*, I, distinction 36, paragraphes 48-49 :

> « étant consistant (*ratum*) » désigne soit ce qui a par soi un être ferme et véritable, d'essence ou d'existence (car l'un n'est pas sans l'autre, quelle que soit la manière de les distinguer), soit ce qui est d'emblée distingué des fictions (*figmenta*), et à quoi ne répugne pas le véritable être d'essence et d'existence. Si « étant consistant » est pris au premier sens, je dis que l'homme n'est pas un étant consistant par lui-même, mais par sa cause efficiente, d'où il tient tout être véritable, d'essence comme d'existence. Et quand tu dis que dans ce cas, il n'y a d'étant consistant que celui qui est effectué (*effectum*), je le concède de cette manière ; que, quand il est effectué, il est existant, donc il n'y a d'étant consistant qu'existant, je le concède (…) [1].

Nous pouvons ainsi conclure en affirmant que, pour Duns Scot, seules sont des *res* à proprement parler les choses existantes, les choses dotées d'un *esse existentiae* [2]. L'existence, l'*existentia*, constitue le critère véritable de la choséité, du réel. Duns Scot refuse d'accorder une véritable existence à l'être intelligible. Il va même plus loin en refusant de lui reconnaître une essence, un *esse essentiae*. Il s'oppose, sur ce point, à la conception exemplariste de Henri de Gand. Il n'y a d'essence qu'existante ; l'être intelligible, produit par Dieu avant la création du monde, n'est donc pas un être d'essence. Dans le cas inverse, on ne pourrait pas envisager la création du monde comme une création proprement *ex nihilo*. Duns Scot l'explique dans l'*Ordinatio*, II, distinction 1, question 2 : « je dis que Dieu peut créer de rien (c'est-à-dire pas de quelque chose) selon l'être d'existence, et par conséquent aussi selon l'être d'essence, car (…) jamais l'être d'essence n'est réellement séparé de l'être d'existence » [3].

Il apparaît ainsi que Duns Scot conçoit la présence de l'être intelligible comme la présence d'un objet non-existant. Le réel au sens fort est à

1. Duns Scot, *Ordinatio*, I, distinction 36, *op. cit.*, p. 271-272.

2. Il faut bien entendre, dans cette expression, le latin *ex-sistere* : Duns Scot conçoit l'être existant comme un être hors de ses causes, c'est-à-dire un être créé, un produit d'une cause efficiente.

3. Duns Scot, *Ordinatio*, II, distinction 1, question 2, traduction par A. de Libera et C. Michon dans *L'Être et l'Essence, Le vocabulaire médiéval de l'ontologie, Deux traités* De ente et essentia *de Thomas d'Aquin et Dietrich de Freiberg*, Paris, Seuil, 1996, p. 240.

chercher du côté de l'existant. Avec l'idée de présence objective, Duns Scot tente de penser une consistance (*res a ratitudine*) non existante. C'est précisément ce geste que répète Heidegger dans la première partie de sa thèse d'habilitation. Cela justifie à ses yeux un rapprochement entre l'être objectif scotiste et le noème husserlien.

Dans sa thèse, Heidegger entend délimiter les différents secteurs du tout du pensable (*das All des Denkbaren*), afin, dans un second temps, de déterminer le lieu logique (*logischen Ort*) des significations. Duns Scot distingue, selon Heidegger, différents secteurs d'effectivité (*Wirklichkeit*) : le domaine des êtres réels (*realen*), sensibles ou suprasensibles, et les domaines mathématique et logique, dont les objets ne sont pas suprasensibles mais non sensibles, et partant ont une certaine stabilité, une certaine persistance ou consistance (*Bestand*) mais aucune existence réelle (*reale Existenz*). Nous retrouvons ici le couplage réel – existence, et l'idée d'un être qui est consistant, effectif (*wirklich*) sans pour autant exister, être réel (*real*). Dans le chapitre 2 de sa thèse, Heidegger marque bien la différence entre la chose réelle et l'objet logique ou signification, conçu avec Duns Scot comme un *ens diminutum*. Il pose ainsi la question du lieu de l'être diminué :

> L'effectivité réelle [*die reale Wirklichkeit*] est celle qui ne dépend pas de l'âme (...). L'*ens rationis* est donc un *ens in anima*. L'effectivité logique [*Die logische Wirklichkeit*] appartient à l'« âme ». Comment concevoir de façon plus précise cette appartenance ? (...) [L]'expression *ens in anima* s'appliquant à l'effectivité logique ne désigne pas la réalité psychique [*die psychische Realität*]. La formule veut dire seulement ce qu'on exprime aujourd'hui en expliquant que le « sens noématique », l'intentionnalité du corrélat de conscience est inséparable de la conscience sans pour autant s'y trouver réellement contenu [*nicht reel in ihm enthalten*] [1].

Heidegger affirme ici que l'être intelligible scotiste est objectivement dans la pensée sans y être subjectivement, c'est-à-dire réellement [2]. L'être objectif, autrement dit, n'existe pas, il est effectif, consistant ou persistant, sans être réel au sens strict.

1. M. Heidegger, *Traité des catégories et de la signification chez Duns Scot*, trad. fr. par F. Gaboriau, Paris, Gallimard, 1970, p. 103-105 ; *Ga.* 1, p. 275-277. Tout au long de l'article, le sigle *Ga.* suivi d'un numéro renvoie aux différents tomes de l'édition complète (*Gesamtausgabe*) des œuvres de Heidegger en cours de parution chez Vittorio Klostermann à Francfort-sur-le-Main.

2. Heidegger plaque ici sur Duns Scot l'idée husserlienne d'une intériorité intentionnelle (non réelle) des objets : l'objet n'est pas réellement intérieur à la conscience, mais simplement en tant que corrélat d'une visée.

PRAESENTIA CONTRA REM

La chose, la *res* au sens strict, n'est donc pas à chercher chez Duns Scot du côté de l'être objectif, mais de la chose existante. À partir de là, nous devons tenter d'établir si l'âme est en mesure de coïncider absolument (au sens d'un réalisme strict direct) dans le processus de connaissance avec la chose proprement réelle, c'est-à-dire la chose existante. Autrement dit : la présence constitue-t-elle une authentique voie d'accès à l'existence ?

Repartons, dans un premier temps, de la présence intellectuelle de l'objet « sous la raison d'objet connaissable ou représenté ». Il semble que cette présence ne donne pas à connaître directement la chose existante, dans la mesure où l'être objectif ne consiste pas en la pure et simple reprise ou expression des choses existantes. L'âme, en effet, ne se contente pas de recevoir les similitudes produites par les choses existantes, elle joue un rôle actif dans la production de la connaissance abstractive ou représentative. Elle est une cause de l'espèce intelligible, et à travers elle de l'être objectif. Mieux, elle en est la cause principale.

Etudions précisément le processus de production de l'espèce intelligible. Il faut se référer ici une nouvelle fois au *De imagine*, plus exactement aux questions 2 et 3. Duns Scot considère l'intellect d'une part, la chose ou le phantasme d'autre part, comme les causes partielles concourantes de l'espèce intelligible. Dans *Duns Scot, La métaphysique de la singularité*, Gérard Sondag résume clairement cette théorie :

> [n]ous avons affaire à des causes partielles lorsque ces causes sont au moins au nombre de deux, sont ordonnées et produisent par leur concours un effet commun. Cependant, deux cas différents sont à considérer. Les causes partielles peuvent être soit accidentellement ordonnées, soit essentiellement ordonnées. Par exemple, lorsque deux hommes halent une péniche le long d'un canal, ils agissent ensemble. Mais si l'un des deux était assez fort pour remplacer l'autre et faire à lui seul tout le travail, alors le second ne serait pas nécessaire. C'est pourquoi l'on dit que ces causes partielles sont ordonnées accidentellement (*accidentaliter ordinatae*). (…) Des causes essentiellement ordonnées se distinguent triplement des causes ordonnées par accident. Premièrement, elles ne sont pas de même nature. Deuxièmement, l'une est supérieure à l'autre ou plus parfaite. Troisièmement, aucune ne peut remplacer l'autre pour agir seule, et toutes doivent co-agir ensemble. Ces trois conditions sont vérifiées dans le cas de la production des espèces intellectuelles [1].

1. G. Sondag, *Duns Scot, La métaphysique de la singularité*, Paris, Vrin, 2005, p. 46.

La deuxième condition (une cause est supérieure à l'autre ou plus parfaite) est la plus intéressante pour notre propos. Il s'agit de déterminer laquelle des deux causes essentiellement ordonnées que sont l'intellect et la chose extérieure (ou le phantasme) est la cause supérieure, c'est-à-dire la cause principale de la production de l'espèce intelligible dans l'âme. Duns Scot affirme que c'est l'intellect qui est la cause principale. Il invoque notamment la raison suivante : lorsque de deux causes l'une est indéterminée à l'égard d'une multiplicité d'actes et quasi illimitée, tandis que l'autre est déterminée à un acte et un seul, la première est plus parfaite et principale. L'intellect est donc une cause plus parfaite parce qu'il peut penser une multitude de choses, alors qu'un phantasme ne me donne à penser qu'une seule chose. L'intellect constitue donc la cause principale de la production de l'espèce intelligible dans l'âme, et partant de l'être objectif de la chose. Dans les *Quaestiones subtilissimae super libros Metaphysicorum Aristotelis*, VII, question 14, paragraphe 29, Duns Scot exprime la même idée en affirmant que l'être objectif doit principalement son statut d'objet à l'intellect. Il écrit ainsi que « [l]a puissance cognitive a non seulement pour tâche de recevoir l'espèce, mais encore de tendre par son acte vers cet objet. Le second point est plus essentiel à la puissance, car le premier n'est requis qu'en raison d'une imperfection de la puissance. Et l'objet est plus principalement objet, parce que la puissance tend vers lui, que parce qu'il imprime une espèce » [1].

Ainsi, en concevant la présence de l'objet « sous la raison d'objet connaissable ou représenté » comme un concours de causes partielles inégales, Duns Scot secondarise le rôle joué par la chose existante dans le processus de production de la connaissance objective. L'existence ne constitue pas la cause principale de l'être objectif; celui-ci n'est pas compris comme une simple reprise par l'âme des similitudes manifestées par les choses extérieures.

La connaissance représentative se détache donc de ce point de vue du plan de l'existence. L'interprétation heideggérienne de la présence objective scotiste est, de ce point de vue, valide : Duns Scot n'est pas un partisan du réalisme direct, ou, dans les termes de la thèse d'habilitation, de la théorie de l'image ou du reflet (*Abbildtheorie*). Qu'entend précisément Heidegger par cette expression? Il oppose à la théorie du reflet la conception scotiste de la pensée immanente. Il soutient que « [l]a théorie du reflet [*Abbildtheorie*] se heurte (...) à une difficulté insurmontable. En

1. Duns Scot, *Quaestiones subtilissimae super libros Metaphysicorum Aristotelis, Opera philosophica*, édité par G. Etzkorn *et al.*, New York, Saint Bonaventure, 1997, IV, p. 290.

conséquence, Duns Scot la rejette et se décide en faveur d'une pensée immanente [*für den Immanenzgedanken*] »[1]. Les théories du reflet se heurtent selon Heidegger à une contradiction : je ne peux pas savoir que le jugement "en moi" est vrai en le comparant avec les choses hors de moi, car pour effectuer cette comparaison il faudrait que je puisse me rapporter aux choses qui sont hors de moi indépendamment du jugement. L'être objectif scotiste n'aurait donc pas à être comparé à la chose extérieure : il ne serait pas une image, une répétition ou un reflet de la chose extérieure, mais sa mise en forme (*Formung*), ce qui lui donne sens.

Selon Heidegger, Thomas d'Aquin, à l'inverse de Duns Scot, développerait une théorie du reflet. Avec Thomas, en effet, la compréhension de la vérité comme adéquation de l'intellect et de la chose serait pleinement réalisée, cela parce qu'il aurait non seulement situé prioritairement la vérité dans l'intellect (en premier lieu divin, en second lieu humain), mais aurait également compris la vérité comme l'être-ensemble, c'est-à-dire l'accord, de deux étants sous-la-main (*vorhanden*), le jugement (le *logos apophantikos*) et la chose crée par Dieu. Dans une note de son cours de 1926-27 intitulé *Geschichte der Philosophie von Thomas von Aquin bis Kant*, Heidegger soutient clairement que Thomas est l'auteur d'une *Abbildtheorie* :

> [l]à où la raison formelle de la vérité est concrètement : dans l'intellect. Bien sûr ici déjà le sens originaire de la vérité est couvert (…). Malgré le commencement ontologiquement juste (l'étant doit en général être ouvert, pour être saisissable dans la connaissance) la relation du saisissable et de la saisie est pensée dans le sens d'une relation d'accord réelle, au lieu d'intentionnelle. Théorie du reflet ![2].

Contrairement à ce qu'il semble de prime abord, Thomas aurait rompu avec Aristote, qui comprend la vérité comme *alètheia*, c'est-à-dire comme dévoilement. Heidegger l'explique en détail, notamment, dans la première partie du cours de 1925-26 intitulé *Logik, Die Frage nach der Wahrheit*. Pour Heidegger, Aristote ne situe pas la vérité dans le jugement, car il conserve le sens originaire d'*apophantikos*, qui signifie laisser/faire voir (*phainesthai*) à partir (*apo*) de l'étant lui-même[3]. Le sens originaire de la vérité comme dévoilement à partir de l'étant est ainsi encore présent

1. M. Heidegger, *Traité des catégories et de la signification chez Duns Scot*, *op. cit.*, p. 101 ; *Ga.* 1, p. 273.

2. *Ga.* 23, p. 59.

3. Heidegger rend le grec *apophainesthai* par l'allemand *sehen lassen*, *lassen* signifiant à la fois "laisser" et "faire".

chez Aristote. Il ne situe pas la vérité dans le *logos* apophantique ; celui-ci est seulement l'expression de ce qui a déjà été découvert par l'ouverture au monde.

Nous laissons ici de côté la question de savoir si Thomas d'Aquin défend effectivement une théorie du reflet. Concernant Duns Scot, on peut affirmer, avec Heidegger, qu'il n'est pas l'auteur d'une telle théorie. L'interprétation heideggérienne peut cependant être nuancée. Certes, Duns Scot n'est pas un partisan du réalisme direct parce qu'il considère l'intellect comme la cause principale de l'être intelligible, et ce faisant n'envisage pas celui-ci comme une pure et simple reprise de la forme résidant dans la chose extérieure. Il est cependant réaliste dans la mesure où il affirme que, dans le cas de l'intellection humaine, la chose constitue une cause certes secondaire, mais néanmoins essentielle, non accidentelle de l'être intelligible. Celui-ci n'est pas une simple reprise de la forme qui se trouve dans la chose, mais dans cette reprise (autrement dit : sans l'espèce intelligible envisagée comme une qualité de l'âme), l'intellection serait, dans cette vie, impossible.

Il apparaît en tout cas que la connaissance représentative n'offre pas, chez Duns Scot, un accès direct à la chose existante. La présence objective manque, dans une certaine mesure, le proprement réel. Mais qu'en est-il, alors, de la connaissance intuitive, de la *cognitio intuitiva* ? Celle-ci semble précisément pallier les manques de la connaissance représentative ou abstractive. La connaissance intuitive est en effet conçue comme une connaissance de la présence en soi (*in se*) de la chose, en tant qu'elle existe, *ut existens*, ou est face à face, *facie ad faciem*. Duns Scot semble bel et bien admettre la possibilité, dans cette vie même, *pro statu isto*, c'est-à-dire après la chute, d'une connaissance intuitive à la fois sensible et intellectuelle.

Peut-on affirmer que dans la connaissance intuitive scotiste, c'est-à-dire dans le face à face avec la présence réelle de la chose, l'âme a accès à l'existence en tant que telle ? On peut en vérité, une nouvelle fois, en douter. Nous pouvons invoquer, ici, deux arguments. D'une part, la connaissance intuitive elle-même manque d'une certaine manière le réel du fait, une nouvelle fois, de la théorie des causes partielles concourantes. Celle-ci s'applique en effet aussi bien à la connaissance abstractive ou représentative qu'à la connaissance intuitive[1] (la vision béatifique de Dieu mise à part : dans ce cas, Dieu est la cause totale de l'intellection intuitive). La connaissance intuitive donne accès à la présence réelle de la

1. *Cf.* sur ce point *Quaestiones quodlibetales*, *Opera omnia*, Paris, Vivès, 1891-1895, t. 26, p. 126-127.

chose, mais celle-ci n'est que la cause secondaire de la connaissance. C'est à nouveau l'âme qui fait office de cause principale de la connaissance.

Nous empruntons d'autre part notre second argument à l'ouvrage *Penser l'existence* de Jean-Christophe Bardout[1]. Celui-ci explique que si la connaissance intuitive assure effectivement un accès à l'existant, il n'y a pas d'intuition de l'existence en tant que telle. L'existence reste, chez Duns Scot, un principe indéterminé, pour ainsi dire vide ; c'est la raison pour laquelle, dans l'*Ordinatio*, II, 3, 1, question 3, il refuse de faire de l'existence le principe d'individuation des choses, alors même que l'individualité peut être considérée comme la forme la plus achevée de l'existence. Duns Scot ne peut pas accorder à l'existence réellement identique à l'essence, la positivité d'un principe. Lisons le numéro 61 : « ce qui n'est de soi ni distinct ni déterminé ne peut être ce qui distingue et détermine immédiatement autre chose ; or, en tant qu'il diffère de l'être d'essence, l'être d'existence n'est de soi ni distinct ni déterminé (en effet, il n'a pas de différences propres, autres que celles de l'être d'essence, autrement il faudrait admettre une coordination propre des existences, autre que la coordination des essences), car ce qui le détermine, c'est justement la détermination de l'être d'essence »[2]. En raison du refus scotiste de la distinction réelle de l'essence et de l'existence, l'existence est indéterminée et confuse abstraction faite de l'essence.

La présence réelle comme manifestation

Nous avons ainsi montré comment le réel au sens strict échappe dans une certaine mesure à la connaissance chez Duns Scot, soit parce que la présence objective est séparée du plan des choses existantes, soit parce que la connaissance intuitive, dans son face à face avec la chose réellement présente, n'a pas véritablement accès à l'existence. La présence, objective ou réelle, semble donc, irrémédiablement manquer le proprement réel. Au terme de notre enquête, il convient cependant d'analyser plus précisément la seconde forme de présence évoquée par Duns Scot. Jusqu'ici, nous nous sommes intérressés en priorité à la présence de l'objet « sans la raison d'objet connaissable ou représenté » que désigne véritablement la « présence réelle » ?

1. *Cf.* J.-Chr. Bardout, *Penser l'existence, I L'existence exposée, Époque médiévale*, Paris, Vrin, 2013, p. 300-308.

2. Duns Scot, *Le principe d'individuation*, trad. fr. par G. Sondag, Paris, Vrin, 2005, p. 113-115.

Nous l'avons dit : l'objet est, à proprement parler, réellement présent en tant qu'existant. Mais, à y regarder de plus près, l'idée de présence réelle dit en vérité plus que la simple existence de l'objet : elle donne à penser sa manifestation [1]. Plus exactement, l'objet réellement présent se manifeste à l'âme en produisant des intentions, des *intentiones*, en un sens particulier. Dans les *Reportata parisiensa*, II, 13, article 1, Duns Scot énumère différentes significations de l'*intentio*. Il distingue plus précisément quatre sens. Nous nous intéressons ici uniquement au quatrième : « En un quatrième [sens], ["intention"] désigne une manière de tendre vers un objet, au sens où une similitude est une manière de tendre vers ce dont elle est la similitude ; et c'est en ce sens que la lumière émanée est "l'intention" ou "l'espèce" de la lumière source » [2]. Duns Scot fait ici référence aux théories perspectivistes de la lumière, d'origine arabe, reprises et développées au XIII ᵉ siècle par des philosophes latins [3]. Selon ces théories, la vision résulte de la pénétration dans l'œil des rayons lumineux, qui transportent la similitude des choses extérieures. L'intention est à distinguer de l'être réel [4]. Elle désigne l'aspect visible des choses extérieures, c'est-à-dire leur similitude, qui pénètre dans l'œil grâce au milieu lumineux. Le point fondamental est que l'âme ne peut percevoir les choses extérieures que parce que la lumière s'est propagée dans le monde (le milieu lumineux permettant le transport de la similitude des choses dans l'œil). La similitude, l'aspect visible de la chose extérieure, est produit indépendamment de la causalité exercée par l'âme. En ce sens, on peut parler d'une visibilité intrinsèque du réel, des choses existantes.

Ce quatrième sens de l'*intentio*, réinvesti par Duns Scot dans sa théorie du concours des causes partielles, est fondamental pour nous, parce qu'il permet de comprendre le sens véritable de la présence réelle de l'objet. Il

1. Sur ce point, et plus largement sur la notion scotiste de présence, *cf.* J.-Chr. Bardout, *Penser l'existence, I L'existence exposée, Époque médiévale*, *op. cit.*, p. 352-365.

2. Duns Scot, *Reportata parisiensa*, II, 13, trad. fr. par K. S. Ong-Van-Cung dans *L'objet de nos pensées, Descartes et l'intentionnalité*, Paris, Vrin, 2012, p. 66.

3. Sur ces théories, et leur reprise latine, cf. *ibid.*, p. 70-82. Cf. également *Vocabulaire européen des philosophies, Dictionnaire des intraduisibles*, sous la direction de B. Cassin, Paris, Seuil, 2004, "Intention", p. 611-612.

4. En vérité, le statut ontologique de l'*intentio* n'est pas absolument clair. Au XIII ᵉ siècle, Matthieu d'Aquasparta distingue en tout cas résolument deux modes d'engendrement : un mode « réel (...), comme l'homme qui engendre l'homme, et intentionnel, ou en quelque façon spirituel, qui est le mode par lequel chaque chose engendre à partir de soi-même, sa propre espèce ou similitude, et non un corps, comme c'est le cas par exemple de la couleur qui engendre son espèce et sa similitude » (*Quaestiones disputatae de gratia*, question 8, éd. Doucet, p. 208 ; trad. fr. par K. S. Ong-Van-Cung dans *L'objet de nos pensées, Descartes et l'intentionnalité*, *op. cit.*, p. 74).

apparaît en définitive que l'objet réellement présent est plus qu'une chose existante : il est une manifestation, comprise comme la transmission d'une intention. L'intention étant fondamentalement distincte de la chose réelle, existante, il en résulte que la présence réelle scotiste est plus que l'existence. Cette-dernière ne se réduit pas à l'existence, elle donne à penser la visibilité intrinsèque de ce qui existe. À nouveau, donc, la présence ne coïncide pas absolument avec le proprement réel, non plus cependant par défaut (la présence n'offre pas un accès direct à l'existence), mais par excès (la « présence réelle » nous donne davantage à penser que la pure et simple existence).

On peut, à partir de là, et pour conclure, opérer un nouveau rapprochement entre Duns Scot et Heidegger, un rapprochement qui n'est pas, cette fois-ci, le fait de l'auteur d'*Être et temps*. Ce quatrième sens de l'intention scotiste fait écho à l'idée heideggérienne, évoquée précédemment, d'un dévoilement de l'étant à partir de lui-même. Ce rapprochement est attesté par le fait que Heidegger, comme Duns Scot, évoque souvent la lumière afin d'expliquer en quel sens les étants se montrent eux-mêmes, à partir d'eux-mêmes. Il s'appuie alors sur le *De anima*, II, 7, qui traite de la vision. On lit ainsi dans l'*Introduction à la recherche phénoménologique* que « *Phainomenon* veut dire : quelque chose qui se montre. *Phainomai* équivaut à "se montrer", *phainô* c'est "mettre quelque chose au jour". La racine est *pha*; ce radical est lié à *phôs*, la lumière, la clarté. (...) La clarté est à l'évidence ce qui laisse voir quelque chose à travers soi (...). (...) La clarté est un *mode de présence* de quelque chose (*parousia*, *entelecheia*) » [1]. Certes, et de toute évidence, l'étant qui se dévoile chez Heidegger n'est pas une chose existante au sens de Duns Scot : ce dernier ne pense pas la manifestation en termes de causalité et de transmission d'une similitude. D'autre part, l'étant dévoilé n'est pas indépendamment des comportements du *Dasein*, envisagé comme être-au-monde. Par ailleurs, Heidegger ne pense pas la manifestation en termes de causalité, et ne la circonscrit pas au présent, à l'*hic* et *nunc*. Il n'en reste pas moins qu'en distinguant l'*intentio* et l'être réel, et en pensant un dévoilement de l'étant à partir de lui-même, une visibilité intrinsèque de l'étant, Duns Scot conserve, dans une certaine mesure, (et dans une certaine mesure seulement) le sens de la vérité comme *alètheia*. Heidegger l'indique en passant, en mentionnant, dans une note – déjà évoquée – de son cours de 1926-27, « le commencement ontologiquement juste (l'étant doit en

1. M. Heidegger, *Introduction à la recherche phénoménologique*, trad. fr. par A. Boutot, Paris, Gallimard, 2013, p. 22-24; *Ga.* 17, p. 6-8.

général être ouvert, pour être saisissable dans la connaissance) » [1] de la philosophie thomiste. La remarque porte ici sur Thomas d'Aquin, mais elle peut tout à fait être appliquée à Duns Scot.

Ainsi, nous nous sommes intéressés à la tentative scotiste de penser ensemble, en philosophe de la connaissance, la présence et le réel. Il n'est pas certain que cette tentative soit fructueuse : nous avons souligné, dans le deuxième moment de notre travail, les difficultés qui en découlent. Toutefois, en rapportant le réel à deux formes de présence, Duns Scot nous permet d'apporter un éclairage particulier sur le réalisme « ancien ». Pour le dire simplement, il montre qu'il ne se laisse pas nécessairement réduire, contrairement à ce qui est parfois affirmé, au postulat de l'existence des choses, à la thèse naturelle de l'existence du monde. Le réel ne s'identifie pas absolument avec l'existant, d'une part parce que la présence objective des choses est réelle en un certain sens, d'autre part surtout parce que la présence réelle dit plus que la simple existence : l'étant réellement présent n'est pas un simple *factum*, une existence nue, brute, mais un étant qui se dévoile à partir de lui-même, c'est-à-dire qui apparaît. Les passerelles qu'il est possible d'établir, et que nous nous sommes contentés d'esquisser, entre la philosophie scotiste de la connaissance et la phénoménologie heideggérienne en témoignent : l'existence n'est pas le dernier mot du philosophe réaliste.

1. *Ga*. 23, p. 59.

CHAPITRE II

L'ATTITUDE « NATURELLE » : UNE QUESTION D'APPRENTISSAGE

Nous nous intéresserons ici à l'attitude réaliste, ou au réalisme comme attitude. Une telle attitude s'entend classiquement comme « naturelle », autrement dit comme l'attitude élémentaire, fondatrice, préalable à tout savoir comme à toute pratique humaine. De prime abord et avant toute chose, nous croyons que le monde existe, selon une croyance « naturellement » donnée en nous. Pour chacun d'entre nous il va de soi que le monde a besoin de nous pour apparaître, mais certainement pas pour être ou exister. Nous sommes « viscéralement » réalistes : nul ne croit qu'à son dernier soupir il emportera le monde avec lui ou que, naissant, il a fait magiquement éclore le monde autour de lui. Or ce recours au « viscéral » ou au « naturel », en tant qu'il prétend clore l'investigation, et justement pour cette raison, appelle une certaine vigilance critique, et un surcroît de réflexion. En quoi en effet serait-il naturel de croire que le monde existe en soi ou sans nous ? Pourquoi suffirait-il d'ouvrir les yeux et de toucher la chose pour appréhender son coefficient d'adversité, pour être réaliste ?

L'attitude réaliste apparaît donc moins évidente qu'on pourrait le penser. À qui tente de la réfléchir elle oppose un ensemble d'obstacles qui tiennent à sa supposée naturalité, c'est-à-dire à son statut de principe. Or s'il est vrai qu'elle porte nos vies, s'il est vrai qu'elle se sous-entend dans l'essentiel de ce que nous disons, faisons ou pensons, cette position fondatrice ne saurait pourtant la soustraire à toute investigation sur ses conditions de possibilité. Comment peut-on être réaliste ? Comment expliquer la possibilité, chez les vivants que nous sommes, d'une attitude réaliste ? C'est la question que nous voudrions poser ici. Et nous ne le pourrons qu'en écartant, les uns après les autres, les différents obstacles ontologiques qui en obstruent la compréhension. *Verum index sui et falsi* : nous éclaircirons la question de l'attitude réaliste, mais avec elle les raisons qui nous empêchent de la regarder en face.

Nous tenterons alors de faire valoir une entente pratique, et non plus théorique, de la question. Le réalisme est sans doute fondateur, dans une vie humaine; mais cela ne signifie pas pour autant qu'il est un savoir fondamental, le premier de tous nos savoirs. C'est d'abord quelque chose que nous pratiquons, une attitude ou un savoir-faire qui fait l'objet d'un apprentissage. Cela signifie en particulier qu'on peut être plus ou moins réaliste, plus ou moins capable de laisser être ce qui est, alors que dans une entente classique de la chose on est, ou on n'est pas, convaincu que quelque chose existe sans nous. La croyance réaliste, telle qu'on la définit généralement en philosophie, ressemble à une position de tout ou rien, alors qu'au contraire le « principe de réalité », comme on dit en psychanalyse, s'apprend une vie durant. Le réalisme s'apprend, et s'apprend par la vie (comme l'attitude ou la disposition d'un sujet vivant); il est une question d'apprentissage, plutôt que de conviction. On ne sait pas l'en soi du monde, on apprend plutôt à faire avec, selon un apprentissage qui est sans doute le plus difficile et le plus long – l'apprentissage de tous les apprentissages.

L'AUTORITÉ DU RÉEL

S'intéresser à l'attitude réaliste ne va pas de soi. Non que la notion nous soit étrangère (elle nous est au contraire très familière), mais plutôt parce que l'approche habituelle de la question nous interdit de voir en face une telle attitude. Nous avons plusieurs obstacles à lever pour arriver à comprendre, à partir d'elle-même et pour ce qu'elle est, une telle attitude.

Le premier de ces obstacles, c'est *le réel lui-même*. Classiquement en effet l'attitude réaliste se déduit du réel, plutôt qu'elle ne s'envisage pour elle-même. C'est parce qu'« il y a » le réel, c'est parce que le réel est ce qui est toujours déjà donné ou qui ne peut pas ne pas être, que nous y croyons. L'antécédence du réel (le fait qu'il précède toujours par principe la connaissance qu'on en a), ou encore sa nécessité (le fait qu'il ne peut pas ne pas être), s'intériorisent tout naturellement sous la forme d'une croyance réaliste. Ainsi l'autorité, du réel, chronologique ou logique, automatise et rend en quelque sorte superflue la question de l'attitude réaliste. Nous croyons que le monde existe tout simplement parce que celui-ci nous est donné, de toute éternité. Le réalisme, envisagé comme attitude, n'est pas une question. En lui la forme (le réalisme comme croyance et plus exactement comme attitude) dérive immédiatement du contenu (le réel).

Cette position (ou cette annulation) du problème s'entend par exemple dans cette formule bien connue de Husserl, au départ d'*Expérience et Jugement* : « Toute activité de connaissance a toujours pour sol universel un *monde*; et cela désigne en premier lieu un sol de croyance passive universelle en l'être, qui est présupposé par toute opération singulière de connaissance » [1]. Ce qui est intéressant dans cette citation c'est le glissement qu'elle opère, de manière symptomatique, entre la première et la deuxième partie de la phrase. Le sol universel, c'est d'abord *le monde*; sauf que ce sol devient ensuite le sol de *la croyance* en l'être. Ainsi implicitement s'il y a croyance au monde et à son existence, c'est parce qu'il y a le monde. Et ce glissement du monde à la croyance au monde est si naturel, si automatique, que cette croyance ne peut être dite que « passive » (« croyance passive universelle en l'être »). La croyance en l'existence du monde est une attitude « naturelle » en ce sens qu'elle se déduit naturellement (automatiquement, passivement) de l'existence du monde. Elle ne peut avoir d'autres conditions de possibilité que le réel lui-même. Et comme enfin le réel est ce qui est sans question; comme il est ce qui nous a toujours précédé ou ce qui ne peut pas ne pas être; comme il n'y a rien d'autre à en dire, sinon qu'il est; alors on ne saurait remonter, ni en-deçà du réel, ni en-deçà de la croyance qui en est solidaire. L'attitude réaliste partage avec le réel la position insigne du principe ou du sol, au-delà desquels on ne remonte pas. L'une comme l'autre sont comme « le roc dur » de Wittgenstein, sur lequel « la bêche se tord » [2].

Or on peut vouloir contourner l'obstacle du réel. On peut ne pas être dupe de ce que nous appellerions volontiers, au sens non pas épistémologique de Wilfrid Sellars, mais en un sens ontologique, « le mythe du donné » [3]. Que le monde nous soit donné, autrement dit que son existence fasse autorité parmi les hommes, voilà en réalité qui est loin d'aller de soi. Non pas que le monde « n'existe » pas; mais tout simplement parce qu'il faut pour accueillir cette existence, pour se plier à elle et lui conférer toute son autorité, un acte ou une attitude

1. E. Husserl, *Expérience et Jugement. Recherches en vue d'une généalogie de la logique*, trad. fr. D. Souche-Dagues, Paris, P.U.F, 1991, p. 34.

2. L. Wittgenstein, *Recherches philosophiques*, trad. fr. É. Rigal, Fr. Dastur, J.-L. Gautero et M. Elie, Paris, Gallimard, 2004, § 217.

3. W. Sellars, *Empirisme et philosophie de l'esprit*, trad. fr. F. Cayla, Combas, Les éditions de l'éclat, 1992.

particulière du sujet. Le réel ne suffit pas à la tâche. Le réalisme n'est rien d'automatique, il est une aptitude à recevoir le déjà-là ou la nécessité du monde. Il ne suffit pas du réel pour que celui-ci soit reçu comme le tribunal de nos jugements ou de nos entreprises. De même que certains savent recevoir, ou de même qu'on sait recevoir avec plus ou moins de gratitude, de même on peut être plus ou moins capable de faire au réel (à ce qui est là sans que nous l'ayons prévu, voulu, organisé ou conçu) sa place. Ce laisser-être, cette allégeance, n'ont rien d'automatique. On peut donc assumer de poser la question que William James posait dans les *Principles of psychology* : « Dans quelles circonstances pensons-nous que les choses sont réelles ? »[1] Comme le sous-entend la question ainsi posée, le réel n'y suffit pas. Il ne suffit pas d'être un vivant réel vivant au milieu du monde réel, pour créditer ce monde d'une autorité insigne, pour faire du monde ce qui juge nos jugements, nos paroles ou nos actes. Il y faut au moins certaines « circonstances », comme dit James, et sans doute toute une attitude.

La question de James fut posée par Erving Goffman au départ de son grand ouvrage de 1974, *Les Cadres de l'expérience*[2]. Or on sait que dans cet ouvrage Goffman fait éclater, spectaculairement, ce fait que le « cadrage » réaliste de notre expérience, la catégorisation d'une expérience comme réelle, n'est que l'un seulement de différents cadrages possibles. Nombreux sont en particulier les principes d'organisation déréalisants ou fictionalisants qui suspendent l'attitude réaliste : les histoires que nous racontons ou qu'on nous raconte, les romans, les films, les pièces de théâtre ; les jeux, les rituels, les cérémonies, les faire-semblants de la politesse ordinaire ; les répétitions techniques anticipant « à vide » un comportement à venir, pour s'y préparer ou s'y entraîner (comme l'adolescent s'essayant à la cigarette devant un miroir) ; la mise en scène de soi dans une conversation racontant un épisode passé ; les dimensions narratives de l'humour et de la « vanne »[3] ; le *daydream*, comme autant de temps passé à « soigner ses plaies dans le fantasme, à rêver éveillé de sexe ou d'argent »[4], etc. Au vu de toutes ces libertés prises avec la réalité présente, revenir à celle-ci, à son sérieux et à son autorité, est toujours

1. W. James, *Principles of Psychology*, New York, Dover, 1950, vol. 2, chap. 21, p. 283-324.

2. E. Goffman, *Les Cadres de l'expérience*, trad. fr. I. Joseph *et al.*, Paris, Minuit, 1991, p. 10-11.

3. *Cf.* W. Labov, *Le Parler ordinaire. La langue dans les ghettos noirs aux États-Unis*, trad. fr. A. Kihm, Paris, Minuit, 1993, chap. 8.

4. E. Goffman, *Les Cadres de l'expérience*, *op. cit.*, p. 543.

un événement. Goffman évoque ainsi l'enfant s'amusant à être poursuivi mais qui, à un certain moment d'emballement, s'angoisse pour de bon et se met à hurler; ou ces combats de boxe passibles de dégénérer en combats bien réels [1].

À la différence du réel (de son antécédence ou de sa nécessité), l'attitude réaliste est contingente et sujette à toutes sortes de vicissitudes. On peut systématiser cette idée en convoquant trois figures classiquement associées à une certaine déraison, mais à qui on peut faire jouer un rôle un peu différent, au sein d'une analytique, non de la raison, mais de l'attitude naturelle. Il y a d'abord la psychose qui, si elle ne se réduit pas tout entière à une « perte de la réalité » [2], est pourtant l'épreuve récurrente de cette perte, en particulier à travers ses épisodes délirants ou hallucinatoires. Il y a par ailleurs l'enfance, pensée depuis Piaget et Wallon à partir du concept d'égocentrisme. Si l'on définit celui-ci comme indivision du moi et du monde, ou assimilation intégrale du monde au moi, alors l'enfance apparaît du coup comme une longue « révolution copernicienne en petit » [3], l'accommodation progressive et interminable de l'enfant aux structures objectives et permanentes du monde. Il y a, enfin, l'animalité. Pour peu qu'on la conçoive comme le fit Uexküll au début du XXe siècle [4], alors elle nous apparaît comme la figure de l'assimilation égocentrique radicale. L'animal ne perçoit alentour que ce qui lui convient et qu'il peut anticiper, en fonction de ses actions possibles; il configure sélectivement son « milieu de vie » (*Umwelt*); le monde est « son » monde, approprié à ses besoins spécifiques. Certes bien des animaux sont capables d'objectiver leur milieu, en ce sens qu'ils le visent comme l'invariant d'une multiplicité perspective : un itinéraire, unifié par son terme, peut être visé comme identique à soi sous différents points de vue, ou reconnu comme le même, à l'aller et au retour; le même congénère peut se prêter à différents comportements, de type affiliatif, agonistique, ludique, etc.; une cache de nourriture est retrouvée quelques semaines après, dans des circonstances fort différentes, etc. Il y a bien chaque fois objectivation, c'est-à-dire unité sous la variété des points de vue [5]. Et pourtant celle-ci ne va pas jusqu'à une attitude réaliste, si

1. *Ibid.*, p. 352.

2. *Cf.* W. Blankenburg, *La Perte de l'évidence naturelle. Une contribution à la psychopathologie des schizophrénies pauci-symptomatiques*, trad. fr. J.-M. Azorin et A. Totoyan, Paris, P.U.F, 1991.

3. J. Piaget, *Six études de psychologie*, Paris, Gallimard, 1999, p. 19.

4. J. von Uexküll, *Mondes animaux et monde humain*, suivi de *Théorie de la signification*, trad. fr. P. Muller, Paris, Denoël, 1965.

5. *Cf.* T. Burge, *Origins of Objectivity*, Oxford, Oxford University Press, 2010.

on entend par là *la prétention à un monde en soi*. L'animal objective, mais pragmatiquement, c'est-à-dire sous commande de ses besoins ; rien n'indique chez lui la visée d'un unique monde naturel, commun à tous. Nous ne lui connaissons aucun des dispositifs qui installent une telle visée au cœur des formes de vie humaines, et qui contribuent à y façonner la fiction rationnelle d'un monde commun : le langage, les conventions et les règles, la pédagogie longue, ou encore la science. En ceci l'animal fait figure de paradigme. Parce que son égocentrisme vital nous situe à l'opposé de l'attitude naturelle, il met définitivement celle-ci en question. Il fait éclater la contingence du réalisme : on peut ne pas être réaliste. Le réalisme est une certaine « allure de la vie » [1], parmi d'autres possibles. Avec l'animal s'aiguise la question essentielle : comment peut-on être réaliste ? Comment un vivant, c'est-à-dire le configurateur d'un monde, l'initiateur d'un champ d'apparaître approprié à ses besoins, peut-il viser un au-delà de cet apparaître ? Comment un vivant peut-il s'intéresser à ce qui est en soi ou sans lui ?

Ainsi l'autorité du réel ne doit pas occulter la contingence de l'attitude naturelle. Cette autorité est telle, dans une vie humaine, qu'elle nous empêche d'apercevoir tout ce que peut avoir d'étonnant ou de non-naturel une telle attitude, chez les vivants que nous sommes. Si vivre c'est subjectivement vivre « sa » vie, ou produire autour de soi « son » monde de la vie, alors rien ne va de soi dans le fait de croire à l'existence d'un monde sans nous. Le réalisme semble aller contre la vie ; il semble nous entretenir davantage d'un au-delà mortifère de la vie que de ce que peut la vie elle-même. En témoigne cette remarque de Derrida : « Pour avoir rapport au soleil tel qu'il est il faut que, d'une certaine manière, j'aie rapport au soleil tel qu'il est en mon absence et c'est en effet comme cela que se constitue l'objectivité, à partir de la mort. Avoir rapport à la chose, à supposer que cela soit possible, telle qu'elle est en elle-même, c'est l'appréhender telle qu'elle est, telle qu'elle serait même si je n'étais pas là. Je peux mourir, ou simplement sortir de la pièce, je sais que cela sera ce que c'est et restera ce que c'est » [2]. Le réalisme a-t-il partie liée avec la mort ? C'est ce que nous verrons plus loin. Mais il est sûr en tout cas qu'il demande beaucoup aux vivants que nous sommes, quelque chose comme une transformation radicale de la vie en nous.

Dès qu'on la réveille, la question de l'attitude naturelle apparaît foncièrement inévidente, et même paradoxale. Le réel est ce qui est là

1. G. Canguilhem, *Le Normal et le Pathologique*, Paris, P.U.F, 2005, p. 59.
2. J. Derrida, *L'Animal que donc je suis*, Paris, Galilée, 2006, p. 219.

sans moi (ce qui a toujours précédé l'expérience que j'en ai, ou qui ne peut pas ne pas être), et pourtant il faut une attitude particulière pour accueillir ce déjà-là ou cette nécessité du réel. Il faut une attitude particulière pour faire apparaître ce qui se passe de toute attitude pour exister. Ou encore le réalisme, comme attitude, peut ne pas être, alors que dans son contenu, il est l'expérience de ce qui ne peut pas ne pas être. S'aperçoit ici une tension entre d'un côté l'autorité sans faille du réel, et de l'autre la contingence, la fragilité voire l'improbabilité de l'attitude qui fait droit à cette autorité. Et s'aperçoit aussi pourquoi s'oublie si facilement la question de l'attitude réaliste, ou du réalisme comme attitude : l'autorité du réel est telle qu'elle oblitère la contingence de l'attitude réaliste. Quand j'éprouve la réalité du réel (sa facticité ou sa nécessité), j'oublie qu'on puisse s'en distraire, ne pas la voir en face comme je la vois en cet instant. Par un mouvement rétrograde non du vrai mais du réel, j'annule la contingence de l'attitude réaliste depuis l'autorité du réel ; je naturalise une attitude qui, rapportée à la logique de l'apparaître vital, devrait pourtant ne pas cesser de m'étonner.

LE PRIMAT DE LA CONNAISSANCE

Un second obstacle se dresse sur la route d'une investigation rigoureuse sur l'attitude naturelle. Bien que spontané, bien que présenté la plupart du temps comme une opinion originaire ou une foi primordiale [1], notre réalisme la plupart du temps s'explicite sous la forme d'une connaissance – une opinion, une croyance, un premier savoir.

Nous pensons *intellectuellement* notre réalisme. C'est là, sans doute, un point commun aux traditions de l'empirisme britannique et du rationalisme cartésien. Ainsi pour un Descartes ou un Locke, le réalisme s'envisage-t-il depuis l'intériorité supposée de l'esprit, et la possibilité pour ce dernier d'échapper à une telle intériorité. Le réel se rencontre lorsque l'esprit sort de lui-même et réfère ses idées (ses représentations ou images des choses) à un donné extérieur. C'est dire que le réalisme, sous ses acceptions les plus courantes, a partie liée avec le mythe de l'intériorité ou de ce que Rorty appelle « l'œil de l'esprit » [2]. Ce qui configure la question du réalisme, ce qui tout à la fois suspend l'attitude réaliste et en conditionne la possibilité, c'est la connaissance immédiate et immédiatement certaine de l'esprit par

1. *Cf.* l'*Urdoxa* (proto-doxa) ou l'*Urglaube* (croyance-mère) de Husserl, in *Idées directrices pour une phénoménologie*, trad. P. Ricœur, Paris, Gallimard, 1995, § 104, p. 358.

2. R. Rorty, *L'Homme spéculaire*, trad. fr. T. Marchaisse, Paris, Seuil, 1990, p. 52.

lui-même. C'est ce « privilège épistémique »[1] de la réflexion, comme connaissance intérieure par l'esprit de ses propres états mentaux, qui rend possible, comme une connaissance dérivée, la croyance en l'existence du monde. Parce qu'il est un « expert irrécusable dans son champ phénoménal »[2], l'esprit se connaît absolument lui-même et par là peut également connaître que le monde existe : par une intercession divine, par exemple, ou par l'épreuve médiatrice du toucher, ou enfin par le caractère réceptif de la sensibilité. Or quelle que soit la passerelle alléguée, qu'elle soit métaphysique ou empirique, il revient chaque fois à l'esprit, comme autocertitude fondatrice, de garantir à partir de lui-même l'extériorité du réel. Le réalisme est une prestation intellectuelle, la production d'un esprit connaissant. L'hypothèse de « l'anéantissement du monde » (*Nichtigkeit der Welt*), dans les *Idées directrices* de Husserl[3], représente sans doute la forme canonique de ce dispositif théorique. S'opposent ici, frontalement, la sphère d'auto-évidence de la conscience, toujours absolument certaine de soi et de sa propre existence, et la sphère du monde, dont l'existence n'est jamais définitivement garantie. À l'immunité épistémique de la conscience s'oppose le fait que le monde peut ne pas être, et que nous ne savons jamais de quoi demain sera fait. Nous n'avons aucune certitude à cet égard, alors que la conscience au contraire est à elle-même son propre garant. Même si Husserl ne dit pas, explicitement, que l'existence du monde est affaire de savoir, c'est pourtant dans ces termes qu'il la présente : comme un savoir déficient.

Or on peut envisager autrement la question. On peut imaginer que l'attitude réaliste, même si elle est l'assise et comme la basse continue de tout savoir, ne se laisse pas résorber tout entière de l'ordre du savoir. On peut considérer que c'est la vie, avant la pensée, qui dans la profondeur de l'irréfléchi « laisse être » le monde en son existence ou en son déjà-là. On « pense » ou on « croit » que le monde existe et il y a là sans doute un jugement, mais un premier jugement donné avant tout examen, vécu plutôt que connu. L'en soi du monde, son adversité comme l'inépuisabilité de ses aspects, son étrangeté comme sa générosité, sa rudesse comme sa richesse, sont ce que nous pratiquons avant éventuellement de nous en rendre compte à nous-même dans la pensée. En réalité nous avons une raison précise d'orienter l'enquête dans cette direction. Nous disions à l'instant que l'égocentrisme animal faisait éclater, de manière paradigmatique, la

1. R. Rorty, *L'Homme spéculaire*, *op. cit.*, p. 41.
2. *Ibid.*
3. E. Husserl, *Idées directrices*, *op. cit.*, § 49, p. 160-164.

contingence de l'attitude réaliste : avec l'animal il devient clair qu'on n'est pas nécessairement réaliste, même si, une fois qu'on l'est, on voit en face la nécessité du réel. L'animal ébranle ou dénaturalise l'attitude naturelle. Or ce faisant il rend manifeste qu'avant le réalisme, et tenant en main sa possibilité, il y a la vie comme pouvoir de faire apparaître toute chose depuis soi, comme assujettissement de tout ce qui est, comme idéalisme vital. Être vivant c'est souverainement disposer du monde comme d'un monde propre, c'est arrimer le monde à ses propres besoins, c'est se divertir de l'en soi du monde. La vie en nous ne va pas au réel mais au contraire s'en détourne au profit d'obectivations utiles. Mais du coup c'est à elle seule qu'il revient de nous faire comprendre comment, par quel type de transformation, à travers quels dispositifs ou institutions, une attitude réaliste a pu apparaître. C'est à la vie concernée par soi, au vivant vivant « sa » vie, qu'il faut demander comment le réalisme, comme décentrement à l'égard de soi, a pu advenir.

Et certes la philosophie est loin d'être étrangère à cette orientation pragmatique du propos. À proprement parler on ne « démontre » pas le principe de contradiction, comme le pose Aristote au livre Gamma de la *Métaphysique*[1]. On demande simplement à son contradicteur de « dire quelque chose qui ait une signification pour lui-même et pour autrui »[2]; on lui demande, performativement, d'être dans « l'état d'esprit »[3] d'un être parlant, plutôt que d'une plante. De la même manière, si le sceptique le plus endurci se tient sur ses gardes aux alentours d'un puits, c'est en vertu de la vie et de ses jugements immédiats; c'est en vertu de l'état d'esprit de celui qui, avant toute réflexion, sent bien que le puits existe et qu'il n'est pas bon d'y tomber[4]. On peut bien nier en paroles de tels jugements, mais non « *re et agendo* »[5]. Ici, comme plus tard chez Pascal, c'est « par instinct et par sentiment »[6] que nous savons que nous ne rêvons pas; « les principes se sentent, les propositions se concluent »[7]. Mais si la philosophie connaît par cœur cet ordre du cœur où les premiers principes vont puiser toute leur autorité, elle trouve dans cette antécédence vitale une raison justement de ne pas pousser plus loin l'investigation. Elle ouvre

1. Aristote, *Métaphysique*, trad. fr. J. Tricot, Paris, Vrin, 1986, 1006a12, p. 198.
2. *Ibid.*, 1006a20, p. 199.
3. *Ibid.*, 1008b10, p. 215.
4. *Ibid.*, 1008b15, p. 215.
5. H. Bonitz, *Metaphysica, pars posterior*, Bonn, 1849, p. 198; cité par J. Tricot dans Aristote, *Métaphysique*, *op. cit.*, p. 215, n. 2.
6. Pascal, *Pensées*, éd. Brunschvicg, Paris, Garnier, 1960, Pensée 282, p. 146.
7. *Ibid.*, p. 147.

une porte qu'elle referme aussitôt : dire que notre réalisme est spontané ou « naturel », et que c'est la vie qui le donne à la pensée, c'est d'un côté désigner la vie comme son origine, mais d'un autre côté interdire à la pensée d'aller y voir plus avant. En alléguant la teneur viscérale des premiers principes on feint de désintellectualiser la question ; mais parce que du viscéral on ne discute pas, on en reste au fond au compte-rendu intellectuel de départ. Même si elle est notre persuasion la plus élémentaire, notre croyance la plus archaïque, l'existence du monde reste considérée, faute d'une réflexion plus poussée sur l'archaïque en nous, comme une persuasion ou une croyance. Husserl par exemple ne dit pas explicitement que notre croyance en l'existence du monde est un savoir. Il parle d'une « proto-doxa », faisant reculer dans la profondeur d'une vie irréfléchie une telle croyance. Il n'empêche que c'est bien toujours d'opinion ou de croyance qu'il s'agit, au sein d'une entreprise de connaissance à la recherche de son sol fondateur.

C'est pourquoi on peut dire de la piste vitale qu'elle est à la fois présente en philosophie, et en même temps constamment éludée. Que le réalisme pousse ses racines dans la vie avant de se réfléchir dans la pensée, c'est ce que les philosophes au fond n'ont cessé de dire, mais sans se donner les moyens de faire droit à une telle intuition. En témoigne l'une des manières les plus répandues, en philosophie, de rendre compte de l'attitude réaliste. S'entrevoit ici une lignée de penseurs qui, de Platon à Heidegger en passant par l'anthropologie philosophique allemande, auront invariablement justifié le réalisme depuis la vie, mais la vie entendue comme crise, dysfonctionnement, dévitalisation. Pour voir en face le réel, pour le mettre au centre et le penser à partir de lui-même plutôt qu'à partir de nous, il faut cesser d'agir. Pour lever la tête et, comme dit Heidegger, « aviser » (*hinsehen*)[1] ce qui est, pour faire droit à sa « présence », il faut avoir rencontré un problème et rompu le circuit de la préoccupation pratique. Si l'homme a affaire au monde « comme tel », plutôt qu'à la multiplicité accaparante de ses milieux de vie, c'est en vertu d'une vacance vitale et d'une déficience de ses instincts spécifiques. Il est, comme on voit dans l'anthropologie philosophique d'un Herder ou d'un Gehlen, un « être de manque » (*Mängelwesen*) que la vie, mais lacunaire et déficiente, a commis au réel[2]. D'une certaine manière ce récit est aussi

1. M. Heidegger, *Être et Temps*, trad. fr. E. Martineau, Paris, Authentica, 1985, § 13, p. 61.

2. A. Gehlen, *Anthropologie et psychologie sociale*, trad. fr. J.-L. Bandet, Paris, P.U.F, 1990, p. 52-53.

vieux que la philosophie, si on l'envisage sous son versant platonicien : pour penser, c'est-à-dire voir l'être en face, il faut avoir appris à mourir ; il faut l'ascèse, les étapes dévitalisantes, le renoncement.

Le problème de cette genèse du réalisme par la négativité vitale, c'est qu'elle reste à mi-chemin de son intention. Car c'est bien à la vie qu'on demande d'éclairer cette genèse ; sauf que ce recours à la vie tourne court, dans la mesure où ne lui est demandé que de se démettre d'elle-même. On dit bien d'une part que seule une transformation de la vie peut l'ouvrir à ce qui n'est pas elle ; mais cette transformation est réduite à ce minimum vital qu'est l'autonégation de la vie. Qu'une vie vacante ou lacunaire ait le pouvoir nous faire voir en face le réel, cela signifie que le seul pouvoir échu à la vie, en matière de réalisme, consiste à s'avouer sans pouvoir. C'est pourquoi cette genèse vitale, finalement réduite au seul *fait* d'une genèse vitale, revient à l'intellectualisme de départ. Car en l'absence de toute ressource vitale particulière pour le faire, seul un pouvoir de connaissance peut, par défaut, justifier l'accueil qu'un vivant peut faire au réel. Dire qu'il suffit au vivant de ne plus rien faire pour faire droit au réel, c'est s'en remettre implicitement, pour s'acquitter de cette tâche, au savoir : ne sachant plus quoi faire, je contemple la chose pour elle-même, sur un mode théorique qui vient miraculeusement occuper la place laissée vide par l'affairement pratique. Vygotsky remarque ainsi qu'on trouve opérante chez Piaget une « loi de la prise de conscience », selon laquelle « les difficultés et les perturbations qui surgissent dans une activité se déroulant automatiquement amènent à une prise de conscience de cette activité » [1]. Ce faisant il pointe une loi aussi vieille que la philosophie, et pourtant jamais véritablement interrogée, qu'on rencontre chaque fois qu'il est question de justifier l'avènement du connaître à partir de l'agir. Or il n'est pas sûr qu'un mouvement contrarié promeuve autre chose que la contrariété. C'est le reproche, par exemple, qu'adressait Wallon à Piaget [2] : dire qu'il suffit d'assimilations sensori-motrices contrariées pour produire des accommodations à ce qui est ; poser qu'il y a accommodation, c'est-à-dire ouverture à ce que l'enfant n'est pas, lorsque la nouveauté est trop importante pour pouvoir être assimilée, c'est assumer que l'accommodation n'est rien d'autre qu'une assimilation impossible. Piaget raisonne comme si le corps et ses structures perceptivo-motrices avaient en eux de quoi se réorganiser

1. L. Vygotski, *Pensée et langage*, trad. fr. F. Sève, Paris, Messidor-Éditions sociales, 1985, p. 96.

2. H. Wallon, *De l'Acte à la Pensée*, Paris, Flammarion, 1942, p. 31-33.

chaque fois, sous la pression des circonstances[1]; mais comment ne pas voir dans ce pouvoir d'adaptation magiquement concédé une fausse explication ? Penser qu'une vie problématisée engendre automatiquement un regard réaliste, c'est présupposer ce qui est à montrer, et le présupposer sous la forme d'une téléologie intellectuelle toute-puissante. En posant que c'est l'inadaptation qui force l'organisme à la représentation de ce qui est, on retombe en réalité sur cette explication sans explication par quoi la philosophie n'a jamais cessé de justifier, par la vie mais finalement sans la vie, le passage de l'agir au connaître.

Ainsi le déficit de l'assimilation est éventuellement une condition de l'attitude naturelle, mais elle est loin en tout cas d'en être une condition suffisante. Elle ne fait que la moitié du chemin : précipitée dans l'instant d'une prise de conscience ponctuelle, l'assomption du connaître depuis l'agir problématisé ne dit rien de précis sur les ressources pragmatiques qui peuvent être à l'œuvre dans ce processus ; et tout nous pousse du coup vers une forme d'intellectualisme par défaut, présupposant le réalisme là où il faudrait le déduire. Il faudrait, pour produire une genèse proprement vitale de l'attitude naturelle, considérer que le vivant peut aller vers le réel par une transformation active de soi et de ses dispositions. On n'apprend pas nécessairement dans la douleur et l'échec. Le réel, ce n'est pas forcément la morsure du réel, le démenti infligé à nos différentes pratiques. On peut y être positivement initié, par des pratiques ou des institutions. On n'est pas réaliste seulement par défaut, dans la vacance vitale ; on peut l'être par des apprentissages *ad hoc* et des expériences pédagogiquement constructives.

La solitude du principe

Comment définirons-nous la vie, lorsqu'elle s'oriente vers le réel? Comment peut-on être un vivant réaliste, par quel type de transformation interne à la vie, qui ne signifie pas un abandon de la vie? Une fois parvenus en ce point où c'est la vie et ses ressources qui décident, on rencontre un troisième obstacle, une manière spontanée de concevoir cette transformation. L'attitude naturelle nous apparaît, de prime abord, comme une attitude *solitaire*. La persuasion réaliste est viscérale et par là intime. On touche ici à ce que nous pourrions appeler « la solitude du principe ». Comme savoir premier ou irréfléchi, parce qu'elle se sent plutôt qu'elle ne sa sait, ou qu'elle est instinctive plutôt qu'argumentative, la croyance en

1. *Cf.* J. Piaget, *Six études de psychologie*, *op. cit.*, p. 24-26.

l'existence du monde se soustrait à toute argumentation. Elle ne se discute pas : ce faisant elle tourne le dos à toute socialité discursive, à l'épreuve collective des preuves et des réfutations. Les premiers principes, comme l'ordre pascalien du cœur, sont sus dans le secret de l'esprit avant d'être appris d'autrui ou débattus avec lui.

Or on peut raisonner autrement. Nous disions plus haut qu'on peut être initiés au réalisme. Mais comment ? Par un apprentissage qui est, en réalité, un apprentissage social. On ne va pas seul au réel, on ne fait pas seul allégeance à son tribunal. Il y faut des usages, des règles et des institutions qui font loi parmi les hommes. Il y faut des formes de vie capables de plier le vivant humain à leur autorité. Mais cela signifie alors que le monde, lorsqu'il s'impose à nous et nous décentre à nous-mêmes, ne le peut que comme un monde commun. Il faut néanmoins préciser. Car usages, règles et institutions, à peu d'exceptions près (comme la déclaration des droits de l'homme de 1948, qui se voulut universelle), sont locales et donc particulières en leur contenu ; le monde qu'elles configurent ne peut que l'être également ; on ne voit pas, à première vue, quelle part elles pourraient avoir dans la croyance en l'existence « du » monde, comme unique monde naturel ou monde en soi. S'en remettre à l'esprit objectif des manières de faire et de penser, c'est manifestement tourner le dos à l'attitude naturelle au profit d'une multiplicité ethnographique de mondes, campés chacun dans leur différence. Et pourtant c'est bien là, dans cette diversité incompressible des formes de vie, que se fomente l'attitude réaliste. Car même là, et en réalité là surtout, il y a de l'universel.

De fait une institution, quelle qu'elle soit, et aussi spécifique soit-elle, est présomptivement universelle. Une cour de justice, un contrat de mariage, la grammaire d'une langue, les règles d'un sport, jusqu'aux subtilités vernaculaires de l'étiquette et du savoir-vivre : quelle que soit l'institution, aussi locales soient les règles qui en articulent le fonctionnement, elle est ouverte à tous ses « institués » possibles. Elle l'est non en vertu de son contenu, qui sera toujours particulier, mais de sa forme même d'institution. Une règle qui se spécifierait jusqu'à ne concerner que les Français âgés de 18 à 25 ans, de sexe féminin, répondant au prénom de Zoé, resterait universelle car alors *toutes* les Zoé françaises de 18 à 25 ans seraient concernées par elle ; une telle classe reste indéfiniment ouverte. Ou encore, on nomme toujours dans une langue particulière. Sauf que le nom est une règle d'emploi universelle, il prescrit à tout un chacun voulant s'y essayer la bonne prononciation et dans le bon contexte, il ne m'appartient pas plus qu'à un autre. L'usager d'une institution obéit anonymement à cette dernière, il s'y conforme comme « on » doit s'y conformer, indépendamment de tout ce qu'il est. Lui, sujet vivant, attaché à soi et intime à lui-même, il est dépassé par la logique impersonnelle d'un fonctionnement régulier. Il est surplombé par « un » monde, le monde des usages codifiés mais qui, parce que conventionnellement réglé, lui apparaît comme « le » monde de tous.

L'attitude naturelle avant d'être un savoir est une attitude pratique, le condensé des mille prescriptions sociales qui nous dictent l'usage du monde. Aucune forme de vie humaine n'échappe au corset des règles qui, même implicitement, même dans le creuset de nos habituations les plus anciennes, nous disent à chaque instant quoi faire et comment. Le monde est fondamentalement ce qui nous oblige et c'est ainsi, dans sa manière d'être nommé ou manipulé, qu'il fait autorité parmi les hommes. Il y a d'abord le réseau serré des usages techniques : si le monde, comme pose Heidegger, est originellement ce que nous pratiquons, s'il se donne primitivement à nous comme un monde d'« outils » (*Zeuge*), c'est-à-dire de choses « disponibles » (*zuhanden*), à manipuler de telle ou telle manière et selon tel renvoi défini à l'avance [1], alors le corps n'y est jamais seul. La longue orthopédie qui transforme le corps de l'enfant, depuis l'usage de ses jouets jusqu'à la prononciation correcte des mots de la tribu, installe autour de lui un environnement appris d'autrui. Il y a également la somme profuse des « catégories déontiques », comme dit Searle, c'est-à-dire des « droits, des responsabilités, des obligations, des devoirs, des privilèges, des habilitations, des sanctions, des autorisations, des permissions » [2]. Ici la puissance du social est à nu. Mais elle l'y est précisément au point où elle nous intéresse : comme pouvoir de faire consister un monde, alors que celui-ci n'est qu'une création humaine, le simple effet d'une intentionnalité collective. Les faits institutionnels, comme dit Searle, sont « ontologiquement subjectifs » (ils dépendent des sujets qui y croient et collaborent continûment à leur maintenance), mais en même temps « épistémiquement objectifs » (chacun peut en juger comme quelque chose d'objectif, qui ne dépend pas de lui). La réalité sociale « ne pèse rien et demeure invisible » [3], nul n'a jamais vu en face une décision de justice ou les règles du baseball, et pourtant elle nous surplombe et s'impose à nous de l'extérieur. D'être décrété comme une frontière, de se voir assigné collectivement cette « fonction-statut » [4],

1. M. Heidegger, *Être et Temps*, *op. cit.*, § 15, p. 66-72.

2. J. R. Searle, *La Construction de la réalité sociale*, trad. fr. C. Tiercelin, Paris, Galimard, 1998, p. 133.

3. *Ibid.*, p. 16.

4. *Ibid.*, p. 62.

le mur de pierre est désormais vu avec une autorité nouvelle, que tout mon corps lui reconnaît : je ne l'enjambe plus comme avant, je le longe avec respect, etc. Il y a enfin l'institution de toutes les institutions, qui nous obligera toujours face au paysage naturel le plus sauvage, socialement le plus vierge de prescriptions et d'interdits. Car alors, ne sachant plus quoi faire, nous aurons encore des mots pour désigner ce qui nous entoure. Le langage enserre le monde de sa grammaire et de ses appellations, n'y laissant aucune friche. Tout du monde est nommable, même lorsque les mots nous manquent. Car même ne sachant plus quoi dire, nous aurons encore « truc » ou « machin » pour désigner l'inédit. Les signifiants flottants seront toujours là pour parer à l'indicible, en vertu de la « dévorante ambition symbolique » [1] du langage, comme dit Lévi-Strauss, cette prétention du langage à pouvoir tout dire. Ainsi va le parler humain qu'il ne veut rien laisser au silence. Mais cela signifie que rien du monde n'est indemne d'une règle d'usage – serait-ce dans l'utilisation des mots « truc » ou « machin ».

On conçoit communément la socialité humaine comme fauteuse de dissémination : autant de sociétés, autant de mondes culturellement distincts. Sauf qu'il appartient à chacun de ces mondes de se prendre pour « le » monde, et ce en vertu de l'armature institutionnelle qui le constitue. Il appartient à chacun de ces mondes, s'imposant impersonnellement, de passer pour universel. C'est pourquoi il faut reconnaître à la socialité humaine, au-delà de son pouvoir de dissémination culturelle, le pouvoir transcendantal de faire consister le monde et de nous faire croire que ce monde historiquement et culturellement donné, est l'unique monde naturel. Il n'y a jamais que des mondes, pluriels, relatifs, traversés d'usages divers ; et pourtant en vertu même de ces usages, nous prétendons vivre dans un monde qui serait le même pour tous.

Nous voici rendus à mille lieues d'une attitude « naturelle ». Seule une longue et incessante habituation sociale peut forcer un vivant à faire sa part, au-delà de son égocentrisme natif, à l'altérité du monde. Seule l'autorité du groupe a le pouvoir, transformant la vie de l'intérieur, de la plier à l'autorité du monde. Le réalisme s'apprend continûment, dans une vie humaine, et s'apprend par l'intercession d'autrui. Mais c'est dire alors qu'on peut être plus ou moins réaliste. Pour chacun d'entre nous le monde existe plus ou moins, nous nous décentrons plus ou moins dans sa direction, la place que nous lui concédons est sujette à bien des aléas. Car nous sommes plus ou moins requis par l'autorité des règles, si bien

1. Cl. Lévi-Strauss, *La Pensée sauvage*, Paris, Plon (Agora-Presses Pocket), 1985, p. 263.

que le monde qu'elles projettent en avant d'elles-mêmes sera variable dans son pouvoir d'imposition. Peut-être est-on réaliste à proportion de notre « sérieux » dans la vie : ce sérieux qu'entend Rimbaud, quand il déclare qu'« on n'est pas sérieux quand on a dix-sept ans » ; ou celui qui nous fait prendre parti pour le mariage et l'universel, chez Kierkegaard, et abandonner la dispersion esthétique du vivre au profit de la tenue éthique du soi. Notre capacité de vivre comme il « se » doit, d'être un « soi » ou un « on » plutôt qu'un « je », d'intérioriser la règle comme si elle était mienne, cette capacité d'acculturation qui transforme la vie en nous et la destine au commun, en réalité s'apprend, et depuis le premier jour. Comme nous l'avons vu il faut, pour apercevoir cet apprentissage, opérer une série de déplacements : du réel vers l'attitude réaliste; du savoir vers la vie; enfin de la solitude vers le commun. Contrairement à ce qu'une entente spontanée du « principe » peut nous faire accroire, l'attitude réaliste peut ne pas aller de soi, ne pas être un savoir, enfin engager autrui autant que moi-même. Cent-cinquante ans après Darwin il nous faut sans doute faire évoluer notre conception des premiers principes, et définitivement engager l'empirique dans notre définition du transcendantal. Le réalisme est bien un principe, en ce sens qu'il est fondateur pour toute vie humaine. Mais ce principe est historiquement advenu, issu de la vie et de l'acculturation de la vie. Il configure la vie humaine, mais au fil d'apprentissages sociaux divers et entrelacés. Il nous humanise, mais aurait pu ne pas le faire. Nous sommes fondamentalement réalistes, mais dans la contingence.

CHAPITRE III

FAIRE LA VÉRITÉ : PROPOSITION D'UNE HERMÉNEUTIQUE NÉO-RÉALISTE *

Permettez-moi de commencer par une histoire de famille. L'Université de Turin, où je me suis formé et dans laquelle j'enseigne, possède une tradition herméneutique dont le père fondateur a été Luigi Pareyson, dont le chef de file a longtemps été Gianni Vattimo, et dont je suis moi-même l'héritier dégénéré, dans la mesure où je me suis, à un moment donné, éloigné de l'herméneutique. Cette prise de distance a eu lieu en 1997, avec mon ouvrage *Estetica Razionale*[2]. Cette même année sortait *Kant et l'ornithorynque*[3], d'Umberto Eco, un autre hérétique bien plus illustre de la tradition turinoise : il y soulevait des problèmes dictés par un nouveau réalisme avant la lettre, problèmes tout à fait proches des miens et que, surtout, ni Pareyson ni Vattimo ne s'étaient jamais posés.

Pour Pareyson[4], l'herméneutique est révélation de la vérité, mais tout cela se déroule dans une atmosphère relâchée et vague, dépourvue de toute forme d'objet, d'individu, de nom propre, mis à part celui de l'Être, qui est ensuite évidemment identifié à Dieu, et où il est question de la lutte, remportée dès le départ par le premier protagoniste, entre la pensée révélatrice, qui est en rapport avec Dieu, et la pensée expressive, l'historicisme marxiste, qui est dépourvue du rapport en question. Vattimo, avec son projet d'une « ontologie de l'actualité »[5] identifiant le monde à

* Traduit de l'italien par Sabine Plaud.

2. M. Ferraris, *Estetica razionale*, Milan, Raffaello Cortina, 1997.

3. U. Eco, *Kant et l'Ornithorynque* (1997), Paris, Livre de Poche, 2001.

4. L. Pareyson, *Verità e interpretazione*, Milan, Mursia, 1971.

5. G. Vattimo, *Oltre l'interpretazione*, Rome-Bari, Laterza, 1994 ; texte particulièrement important parce qu'il s'agit de sa dernière contribution non animée de motifs polémiques à l'égard du réalisme.

l'histoire, se limite à inverser ce rapport de force, en faisant en sorte que la pensée expressive remporte la partie. Mais le problème est que les parties en question se déroulent dans le ciel, et que tout cela se joue en l'absence de l'arbitre, à savoir la réalité, ce qui existe et qui se manifeste non pas dans les idées, mais bien dans les individus : ce mal de dents individuel, la couleur de cette feuille par la fenêtre, le bruit des voitures atténué par les arbres sur cette route de province.

En somme, ce qui manque, c'est ce qu'Eco définit dans *Kant et l'ornithorynque* comme le « seuil inférieur » de l'interprétation, cet objet même importun, le « Quelque chose nous botte les fesses et nous dit "parle ! " – ou "parle de moi ! " ». Je me posais le même problème dans *Estetica razionale*, ouvrage qui – comme celui d'Eco – déplaçait le focus de l'interprétation depuis l'histoire et la pensée vers la nature et la perception, choses apparemment impropres (pour la nature, n'a-t-on pas déjà ce que l'on appelle confusément « science » ?) ou sans importance (la perception ne serait-elle pas la certitude sensible, c'est-à-dire ce dont le philosophe doit avant tout apprendre à se défier ?). Mais – tel est le point décisif – choses sans lesquelles il n'est pas possible de se dire réaliste et – je le crains – sans lesquelles il est également assez difficile de se dire philosophe et non simplement idéologue, au sens littéral de celui qui limite sa propre activité au discours sur les idées (générales, qui plus est), en éliminant la nature, la perception, les individus.

Depuis lors, vingt ans exactement ont passé. Entretemps, il est devenu normal de considérer l'esthétique, comme je le suggérais dans *Estetica razionale*, comme étant également une théorie de la perception (*aisthesis*), et pas seulement une philosophie de l'art. Et des philosophes de premier ordre n'ont pas dédaigné le thème : que l'on pense au dernier ouvrage de Searle [1], ou à l'intérêt pour la perception par lequel se conclut la recherche de Putnam [2]. Putnam nous a quittés en mars 2016, moins d'un mois après son ami Eco. Mais la scène philosophique a beaucoup changé en faveur du réalisme, ce qui est à mon avis un grand bien pour la philosophie, probablement le bien suprême. Et voici venu, au moins pour moi, le moment de me demander : dans ce cadre, y a-t-il une place pour l'herméneutique, pour une herméneutique rénovée et différente de celle à laquelle j'avais dit adieu dans *Estetica razionale* ?

1. J. R. Searle, *Seeing Things as They Are : A Theory of Perception*, Oxford, Oxford University Press, 2015.

2. « Si je ne peux pas expliquer comment la perception nous permet de comprendre la réalité, toute description du réalisme demeurera nécessairement incomplète », H. Putnam, *La Stampa*, 4 décembre 2012.

La réponse est oui, et je voudrais l'articuler dans les pages qui suivent en partant justement d'un thème qui traverse en filigrane les essais de *Kant et l'ornithorynque* : le fait que l'interprétation soit avant tout une activité, un faire, qui précède les concepts au lieu de les suivre et de les appliquer, comme le voulait Kant. En suivant cette voie, je voudrais, pour ainsi dire, tout rapporter à la maison : non seulement mon expérience personnelle avec l'herméneutique, chose qui n'a aucun intérêt sinon (un peu) pour moi, mais toute l'histoire de la tradition dont je proviens, vu que le thème du faire est également présent chez Pareyson et chez Vattimo, bien qu'ils n'en développent pas les potentialités, justement parce qu'ils réduisent la sphère de la philosophie au domaine des idées. Mais surtout, étant donné que les photos et histoires de famille intéressent uniquement ceux qui en font partie, je voudrais chercher à proposer une théorie de l'interprétation adaptée au réalisme, et montrer que le syntagme « herméneutique néo-réaliste » n'est pas un oxymore.

TROIS THÉORIES DE LA VÉRITÉ

Pour cela, je souhaite partir de la suggestion d'un philosophe qui a énormément compté pour moi, et qui non seulement ne fait pas partie de la litigieuse famille turinoise, mais qui a même théorisé (dans une conversation avec moi elle aussi parue il y a tout juste vingt ans [1]) le fait de « ne pas être de la famille », de n'appartenir à aucune famille. En esquissant une autre histoire de famille (il s'adresse à sa mère, dans le coma, et évoque la façon dont Augustin s'adresse à sa mère), Derrida [2] met en valeur un autre point capital. À un certain point des *Confessions*, Augustin se pose une question élémentaire, presque comique : pourquoi me confessé-je à Dieu qui sait tout? Quel sens y a-t-il à raconter ma propre vie à quelqu'un qui en sait plus que moi sur moi? La réponse est éclairante : Augustin dit qu'il veut faire la vérité, non seulement dans son cœur, mais également par écrit face à de nombreux témoins [3]. Veut-il dit que la vérité se fabrique au même titre que la post-vérité? Bien sûr que non, on peut difficilement penser refiler du *fashionable nonsense* à un être omniscient. Il veut plutôt dire que la vérité n'est pas seulement une possession intérieure, mais aussi un témoignage que l'on rend public et qui

1. J. Derrida, M. Ferraris, *Il Gusto del segreto*, Rome-Bari, Laterza, 1997; *Le Goût du secret. Entretiens 1993-1995*, Paris, Hermann, 2017.
2. J. Derrida *Circonfession*, Paris, Seuil, 1990.
3. *Confessions*, X, 1.1

a une valeur sociale ; surtout, c'est quelque chose qui implique un effort, une activité, une capacité technique. Cherchons à situer cette position dans le cadre de la philosophie contemporaine. Dans ce but, je propose trois théories de la vérité : l'hypovérité, qui correspond à l'herméneutique *mainstream* ; l'hypervérité, qui est la théorie analytique *mainstream* ; et la mésovérité, qui est l'approche que je souhaite développer dans ces pages.

Les herméneutes ont développé une théorie épistémique de la vérité qui est en réalité une *hypovérité*, une vérité subordonnée, dans la mesure où elle est débarrassée de l'ontologie et consiste plutôt dans les schèmes conceptuels qui servent d'intermédiaire, et qui, de fait, constituent notre rapport au monde. Dans cette version, avec divers degrés de radicalité, « vrai » devient synonyme de « conforme à une croyance partagée », que celle-ci soit une révélation théologique (dans le cas de Pareyson) ou une expression sociologique (dans le cas de Vattimo). Ainsi, les herméneutes remarquent à juste titre que la vérité ne va pas de soi, mais réclame un contexte et des actions, mais ils vont trop loin lorsqu'ils prétendent que la vérité ne consiste que dans les procédures de vérification, et que l'idée d'un monde « au dehors », indépendant de nos schèmes conceptuels, est une naïveté pré-kantienne. Par là, non seulement ils fournissent une caution théorique à la post-vérité (qui ne sait pas quoi en faire), mais surtout, ils perdent l'occasion de donner à l'herméneutique sa juste dimension qui est – comme je chercherai à le démontrer plus loin – technologique et non idéologique.

La majorité des philosophes analytiques développent au contraire une notion de vérité très forte. Appelons-la *hypervérité*, car elle postule une corrélation nécessaire entre ontologie et épistémologie, où la proposition « "la neige est blanche" est vraie (épistémologie) si et seulement si la neige est blanche (ontologie) » implique : si la neige est blanche, alors il est vrai que la neige est blanche, de sorte qu'il serait vrai que la neige est blanche même s'il n'y avait (s'il n'y avait eu, et n'y aurait jamais) d'humain à la surface de la terre [1].

Pour les hypervéritatifs, s'il est vrai que le sel est du chlorure de sodium, alors cette proposition était vraie y compris pour un Grec de l'ère homérique, bien que l'on n'ait pas alors les instruments pour accéder à cette vérité. Désigner la vérité comme le rapport entre la proposition « la neige est blanche » et le fait que la neige soit blanche est une thèse qu'il est difficile de ne pas partager. Mais les hypervéritatifs en tirent la

1. D. Marconi, *Per la verità*, Turin, Einaudi, 2007.

conclusion que cette proposition serait vraie même s'il n'y avait jamais eu d'être humain sur terre en mesure de la formuler. Et cela n'est rien moins qu'évident.

Cette contrepartie de la thèse de l'hypovérité semble motivée par l'inquiétude quant au fait que dans le cas contraire, on permettrait les dérives herméneutiques et hypovéritatives. Mais cela n'est nullement un résultat obligé. Par exemple, la thèse de Heidegger selon laquelle, avant Newton, les théories du mouvement des planètes énoncées par ce dernier n'étaient pas vraies n'est pas en tant que telle relativiste : les lois de Newton (épistémologie) n'existaient pas, mais la réalité à laquelle elles se référaient (ontologie) existait. Le travail de Newton a consisté à révéler quelque chose qui existait déjà. Dire cela, ce n'est pas – indépendamment des conclusions qu'en tire Heidegger – soutenir que le mouvement des planètes aurait été créé par Newton, mais bien que la vraie conception du mouvement des planètes dépend du dispositif par lequel Newton a pu élaborer ses propres lois (en l'espèce, les mathématiques, impensables sans papier et crayon), en les appliquant à la réalité physique, justement comme la conception vraie des planètes galiléennes dépend du dispositif technique (en l'espèce, un télescope) grâce auquel Galilée les a découvertes; et cette conception n'est pas despotique au point de transformer en planètes des choses qui sont en réalité les quatre satellites principaux de Jupiter.

Que le sel soit du chlorure de sodium ou qu'il y ait eu des dinosaures ne dépend nullement de nous ou de nos schèmes conceptuels. En revanche, il dépend de nous qu'ait été élaborée une chimie (il aurait pu en aller autrement), que l'on ait découvert des ossements, des fossiles, que l'on ait proposé des classifications et des interprétations. Ainsi, avant les lois de Newton, les planètes et leurs interactions existaient, et il est évident qu'elles étaient exactement ce qu'elles étaient sans l'intervention du moindre schème conceptuel. Mais prétendre, avec les défenseurs de l'hypervérité, que ces lois étaient vraies avant même d'être découvertes, c'est ou bien formuler une assertion dénuée de sens, ou bien – *en convergeant involontairement avec les amis de l'hypovérité* – faire dépendre les interactions entre planètes des schèmes conceptuels.

À l'hypovérité et à l'hypervérité, j'oppose ce que j'appelle *mésovérité*. Pas tellement au sens où elle serait à mi-chemin entre les deux autres, mais en un sens qui insiste sur le rôle de la médiation technique entre ontologie et épistémologie, c'est-à-dire sur les *dispositifs*, les *appareils* et les *opérations* dont je parlais il y a un instant. Dans la mésovérité, la vérité n'est ni l'épistémologie qui modèle l'ontologie (comme le veulent les hypovéritatifs), ni l'ontologie qui se reflète dans l'épistémologie (comme le veulent les hypervéritatifs), mais bien une structure à trois termes, qui comprend l'ontologie, l'épistémologie et la *technologie*, celle-ci devant être considérée comme l'élément, jusqu'à présent largement sous-estimé par les philosophes, qui assure le passage de l'ontologie à l'épistémologie, et qui permet de *faire* la vérité. Pour la mésovérité, la vérité est le résultat technologique du rapport entre ontologie (ce qui existe) et épistémologie (ce que nous savons).

Je m'explique avec un exemple de saveur vaguement peircienne. Dans un bocal, il y a 22 haricots (ontologie) ; je les compte (technologie) ; j'énonce la phrase : « dans ce bocal, il y a 22 haricots » (épistémologie). La phrase est vraie. Le bocal a un certain poids (ontologie) ; je le mets sur une balance (technologie) ; j'énonce la phrase : « le bocal pèse 100 grammes » (épistémologie). Cette phrase est également vraie. Si j'étais aux États-Unis, je dirais que le bocal pèse 3 onces et demi, et cette phrase serait également vraie, bien que 3,5 et 100 soient deux nombres différents. Moralité : la vérité est relative aux instruments techniques de vérification, mais absolue par rapport à la sphère ontologique à laquelle elle fait référence, et à l'exigence épistémologique à laquelle elle répond. Ce que nous désignons, dans le langage courant, comme « relatif » et « absolu » indique, dans la version que je propose, deux formes différentes de dépendance pour la vérité, par rapport à l'ontologie et par rapport à la technologie.

De cette manière, la vérité dépend des propositions sans – pour autant – être relative. La neige blanche existe (ou n'existe pas) indépendamment de qui que ce soit (ontologie). Il y a la phrase « la neige est blanche », qui est vraie (si la neige est blanche), et qui dépend du fait qu'il y ait des êtres semblables à nous (il est difficile de penser à la validité de « la neige est blanche » pour une chauve-souris) : il s'agit d'épistémologie, laquelle est un niveau non nécessairement corrélé à l'ontologie, contrairement à ce qu'admettent tant les partisans de l'hypervérité que ceux de l'hypovérité. Et surtout, on a les opérations qui permettent de mettre en relation l'ontologie et l'épistémologie, opérations que je nomme justement « technologie », et qui vont de l'observation de la neige pour déterminer si elle est blanche ou non à l'analyse chimique du sel pour déterminer s'il s'agit ou non de chlorure de sodium, ou au fait de découvrir que le coupable est le majordome et que la Donation de Constantin est un faux. Nous avons donc deux domaines bien distincts, et une série d'opérations qui peuvent (bien qu'elles ne le doivent pas nécessairement) les mettre en communication.

Pour clarifier cette théorie, je propose à titre préliminaire une réforme terminologique. Dans le milieu analytique, et avec une anticipation par la tradition, se voit diffusée une distinction entre facteurs de vérité (*truth makers*) et porteurs de vérité (*truth bearers*), où les premiers seraient le fondement ontologique d'une proposition vraie (la neige blanche), tandis que les seconds seraient l'expression épistémologique de la vérité (la phrase « la neige est blanche »)[1]. Cette distinction s'appuie cependant sur l'identification hypervéritative entre ontologie et épistémologie. A contrario, dans la perspective que je propose, il peut y avoir une réalité sans vérité, mais pas de vérité sans réalité, et la vérité est justement ce que l'on fait, l'ensemble des propositions vraies qui émergent de la réalité. Qu'est-ce que je vise par là? Une théorie positive de la vérification. « Vérifier » dérive de *veritatem facere*, rendre vrai quelque chose. Faire la vérité, vérifier, a un double aspect : tant celui de l'invalidation (si la neige n'est pas blanche) que celui de la validation (si la neige est blanche). À la lumière de cette perspective à trois termes, je proposerais une inversion et une différenciation supplémentaire : au lieu de comprendre le fondement ontologique comme un « facteur de vérité », vu que c'est l'ontologie qui fournit le matériau, je proposerais de désigner la couche ontologique comme le « porteur de vérité »; la fonction de « facteur de vérité » concerne en revanche, étant donné ce que j'ai affirmé, la technologie, qui se charge précisément de faire la vérité; et la fonction d'« énonciateur de vérité » (*truth teller*, si l'on veut) concerne l'épistémologie.

Les porteurs de vérité sont tout ce que (dans une réutilisation de Peirce déclinée en un sens ontologique et non gnoséologique) je propose d'appeler « primité » : la première chose qui est, et qui existe indépendamment, est l'ontologie, laquelle constitue la réalité et se compose d'individus : les énonciateurs de vérité constituent l'épistémologie, ce que nous savons, et qui est toujours une secondité (quelque chose que l'on sait, ou que l'on croit savoir, à propos de quelque chose qui existe : τι κατὰ τινος). Celle-ci constitue la vérité et se compose d'objets, qui sont des concepts relationnels supposant des sujets connaissants; et les facteurs de vérité sont la tercéité, la technologie qui opère la médiation entre ontologie et épistémologie, à travers des interprétations qui recourent à des schèmes

1. S. Caputo, *Fattori di verità*, Milan, AlboVersorio, 2005.

et génèrent des faits. Je récapitule ici les termes que j'ai énumérés dans une table ; je vais les décrire un peu mieux au cours des pages qui suivent.

Porteurs de vérité	*Primité*	*Ontologie*	*Réalité*	*Individus*
Énonciateurs de vérité	*Secondité*	*Épistémologie*	*Vérité*	*Objets*
Facteurs de vérité	*Tercéité*	*Technologie*	*Interprétations*	*Faits*

Porteurs de vérité

Commençons par la *primité* qui, d'un point de vue ontologique, n'est pas la première chose que nous connaissons (comme chez Peirce), mais ce qui existe indépendamment du fait que nous le connaissions ou non. Cette primité n'est pas l'indéterminé, mais bien l'extrêmement déterminé, l'individu : des particules élémentaires aux atomes et aux molécules jusqu'aux organismes, le monde est composé d'individus, qui sont ce qui existe indépendamment de tout savoir que l'on en possède : les individus et leurs interactions composent l'ontologie, ce qui existe et dont, bien plus tard, voire parfois jamais, émergeront l'épistémologie, ce que nous savons, et la politique, ce que nous faisons en tant qu'agents libres ou présumés tels. La primité est justement l'*ontologie*, dont le caractère distinctif est l'alternative entre l'*existant* et l'*inexistant*. Cela semble bien peu de chose, mais c'est en réalité sur cette alternative que se basent les trois caractères fondamentaux de tout ce qui existe : l'inamendabilité, l'interaction et l'émergence.

L'*inamendabilité* définit le *réalisme négatif*, qui n'a rien à avoir avec le réalisme naïf selon lequel la perception nous offrirait un accès véridique à la réalité. La perception n'est pas un accès infaillible à la réalité (sans être non plus un accès systématiquement illusoire à cette dernière), elle est simplement la preuve de sa résistance. Je ne peux pas transformer, par la seule force de la pensée, un objet blanc en objet noir ; je dois au moins me donner la peine d'éteindre la lumière. Sans cette opération, il y a une action, non une pensée ; l'objet blanc demeure tel, ce qui confirme l'inamendabilité du perceptif par rapport au conceptuel qui, en l'occurrence, se présente comme une inamendabilité de l'ontologie par rapport à l'épistémologie. Nous savons que le bâton plongé dans l'eau n'est pas brisé, mais nous ne pouvons nous empêcher de le voir brisé.

Venons-en à présent au *réalisme positif*, selon lequel le réel n'est pas un noumène indéterminé : il a des caractéristiques positives qui se manifestent via le fait que des êtres doués d'appareils et de schèmes interprétatifs et conceptuels différents, voire des êtres dépourvus d'appareils perceptifs, de concepts et de schèmes interprétatifs, puissent entrer en *interaction*. Si, selon la philosophie négative de matrice cartésienne (selon laquelle le monde n'est qu'une pâte malléable qui tire sa forme des schèmes conceptuels), il s'agissait d'ôter toute consistance ontologique au monde pour tout reconduire à la pensée et au savoir, et procéder de là à la reconstitution du monde par une voie épistémologique, avec le réalisme positif il devient possible de partir de l'ontologie pour fonder une épistémologie. Et bien évidemment, lorsqu'elle accède au monde social, celle-ci peut et doit ensuite devenir constitutive (il est clair que ce sont les lois qui font les hommes, non les atomes), tandis qu'elle ne peut l'être dans le monde naturel, comme le voulait la philosophie négative qui conduit de Descartes aux post-modernes. Ce qui signifie, vu nos objectifs, au moins deux choses. Tout d'abord, que l'ontologie est un espace solide qui n'a pas besoin de formes imposées par l'épistémologie. Ensuite, que pour interagir et vivre en général, on n'a pas besoin d'épistémologie ou de concepts. Les concepts servent pour cette fonction extrêmement rare et spécialisée propre à certains vivants que l'on appelle « savoir » (de sorte qu'entre la sphère du savoir et celle de l'être, il y a une disproportion dont les constructivistes semblent peu enclins à tenir compte : la première est incroyablement plus petite que la seconde).

Inamendabilité et interaction sont ce qui caractérise l'être comme ce qui nous botte les fesses, ou qui nous échappe, ou qui vient à notre rencontre. C'est là ce que je définis comme une *émergence*, et que j'ai cherché ailleurs [1] à isoler en quelques concepts cardinaux : la *résistance* et la *persistance* caractéristiques du réalisme négatif, avec une inamendabilité qui fait en sorte que les individus ne se suppriment ou ne disparaissent pas si facilement ; telles sont les caractéristiques propres du réalisme positif [2], liées de différentes manières à l'interaction : la *direction* d'un mouvement, la *fixation* de traces, l'*invitation*, les *affordances* qui proviennent des individus (pour reprendre l'exemple d'Eco : je peux utiliser un tournevis pour ouvrir un colis, mais pas pour boire). Inamendabilité, interaction et émergence définissent les caractères de la *réalité*, qui précède la vérité. Entre la première et la seconde, il y a une dépendance ontologique et logique, ainsi qu'une différence chronologique : si la réalité n'est que potentiellement relationnelle (s'il y avait des êtres humains, alors la réalité leur botterait les fesses et leur dirait « parle de moi »), la vérité

1. M. Ferraris, *Emergenza*, Turin, Einaudi, 2016 ; *Émergence*, trad. fr. S. Plaud, Paris, Cerf, 2018.

2. M. Ferraris, *Realismo positivo*, Turin, Rosenberg & Sellier, 2013.

est thématiquement relationnelle (dans la perspective que je défends, il n'y a de vérité que s'il y a des humains capables de faire la vérité). Cette différence et cette priorité de l'être par rapport au savoir constitue un a priori matériel plus fort que tout a priori conceptuel ; et il est tout autant matériel, et non moins a priori, que l'axiome selon lequel il n'existe pas de couleur sans extension. Si, en effet, la connaissance ne se rapportait pas à quelque chose d'autre et d'antérieur par rapport à elle, alors les mots « sujet », « objet », « épistémologie », « ontologie », « connaissance » et « réflexion » n'auraient pas de sens, ou plutôt, ils seraient autant d'inexplicables synonymes.

Vu qu'elle est antérieure et indépendante par rapport à notre connaissance, la réalité (dans laquelle nous entrons naturellement nous-mêmes) est justement composée des individus : unités qui sont ce qu'elles sont indépendamment d'autre chose (sens, concepts, expériences antérieures). Le premier caractère des individus est leur *extériorité* à l'égard d'autres individus. Par « extérieur », je veux dire extérieur à l'égard de l'épistémologie, de sorte que l'extériorité se qualifie comme indépendance non pas topologique mais fonctionnelle. Nous sommes entourés d'existences séparées sur lesquelles, pour la très grande majorité, nous n'avons aucune influence (et qui, réciproquement et heureusement, n'ont pour la très grande majorité aucune influence sur nous). Contrairement à ce qu'en pensaient Berkeley et ses multiples héritiers, pour exister il n'est pas nécessaire d'être connu ou de connaître. Parmi les héritiers en question, on compte non seulement les hypovéritatifs, mais aussi les hypervéritatifs, puisque les uns comme les autres, bien qu'en direction inverse (de gauche à droite pour les premiers, de droite à gauche pour les seconds) postulent une corrélation analytique entre vérité et réalité.

Énonciateurs de vérité

Les énonciateurs de vérité arrivent toujours en second, et leur domaine est donc la secondité. Le terme *secondité* doit être compris en un sens tant ontologique que chronologique (cela n'est peut-être pas évident dans « la neige est blanche », mais est absolument clair dans « le sel est du chlorure de sodium »), puisque, comme nous l'avons dit, le savoir, étant savoir de quelque chose, vient nécessairement après la chose connue. Savoir que la neige est blanche, c'est posséder le concept de « neige » et celui de « blanc », et les relier dans un jugement, qui est vrai si et seulement si la neige est blanche. La sphère où ont lieu les jugements est l'*épistémologie*, qui toutefois dépend non seulement de l'ontologie, mais encore de la technologie, laquelle est la voie par laquelle l'épistémologie a accès à l'ontologie, et dont je traiterai plus loin.

Si l'ontologie avait affaire avec la présence et l'absence, l'épistémologie a affaire avec la *vérité*, la *fausseté* et le *non-savoir* (ce qui n'est ni vrai ni faux). Il ne s'agit pas d'une sphère inerte, qui se limiterait à refléter ce qui existe, ni d'une sphère hyperactive, qui fabriquerait tout ce qui existe, mais bien d'un domaine où a lieu la formation des concepts. Le concept de « nombre » ou celui de « handicapé » n'existent pas dans la nature. Ils se sont sédimentés et sélectionnés naturellement : le calorique et le phlogistique survivent, mais comme notions historiques et non physiques; et, avec le temps, on en vient à former de nouveaux concepts. Dans le cas des objets sociaux, les concepts ont par suite une valeur qui n'est pas seulement descriptive, mais performative, ils mettent en évidence des couches ontologiques encore enfouies : les travailleurs découvriront qu'ils sont victimes de la plus-value, les personnes de couleur découvriront qu'elles sont discriminées, et le bourgeois gentilhomme découvrira qu'il a parlé en prose toute sa vie. Mais même dans ce cas, la vérité se réfère à une couche ontologique différente et indépendante de l'épistémologie, qui se limite à lui donner forme. À cette description, les hypovéritatifs objecteraient que sans épistémologie, il n'y aurait pas d'ontologie, les caractères propres des individus étant définis par le savoir et par les concepts. Ce qui est un non-sens évident. Moins évident est le non-sens des hypervéritatifs, qui soutiennent qu'il y a contemporanéité entre ontologie et épistémologie : si le sel est du chlorure de sodium, alors il est vrai qu'il est chlorure de sodium même en l'absence d'être humain à la surface de la terre, ou même si les humains que nous sommes (disons, Homère) n'ont aucune notion de chimie moderne.

Vu qu'il semble étrange que *dans* le monde d'Homère (c'est-à-dire, pour être plus précis : à l'époque d'Homère et de ses contemporains) la proposition « le sel est du chlorure de sodium » soit vraie, de nombreux hypervéritatifs soutiennent qu'elle est vraie *du* monde d'Homère (c'est-à-dire, pour être plus précis : pour nous qui aujourd'hui regardons vers le monde où a vécu Homère). Mais si, par « monde d'Homère », on entend le globe terrestre, alors il ne s'agit pas davantage du monde d'Homère que de notre monde ou du monde de quiconque, de sorte que dire que la proposition « le sel est du chlorure de sodium » est vraie du monde d'Homère est dénué de sens. Si, en revanche, on vise l'époque d'Homère, alors dire que la proposition « le sel est du chlorure de sodium » est vraie de l'époque d'Homère est faux. Être vrai (aujourd'hui) du monde que nous connaissons, et qui a vraisemblablement de nombreuses caractéristiques en commun avec le monde dans lequel a vécu Homère, bien que nous n'ayons aucune certitude absolue en la matière, n'équivaut nullement à être vrai (alors) dans ce que l'on appellerait plus correctement une « époque », et dont l'une des nombreuses caractéristiques est d'ignorer que le sel est du chlorure de sodium.

Vu qu'il semble étrange qu'une proposition comme « le sel est du chlorure de sodium » (sans parler de propositions comme « le *stalking* est un délit », « les chrétiens pratiquants ne mangent pas de viande le vendredi », « Nelson est le vainqueur de Trafalgar ») puisse avoir une signification indépendamment d'un langage, et donc d'une humanité, certains hypervéritatifs insistent sur la nature non linguistique mais logique des propositions. Il me semble que cela ne change rien, non seulement parce que les hypervéritatifs parlent souvent des propositions comme d'expressions linguistiques (et il serait difficile de faire autrement), mais surtout parce que, comme nous le verrons sous peu, dans ma théorie, qui en l'occurrence est assez peu originale, étant partagée par tous les philosophes non platoniciens (c'est-à-dire, somme toute, par l'immense majorité des philosophes), la logique, au même titre que les mathématiques ou le langage, est une technique dont l'existence dépend de l'existence d'humains. À moins de faire preuve d'un anthropomorphisme effrayant, et de prêter à ce qui est extrêmement éloigné les caractéristiques de notre environnement familier, la proposition « les dinosaures ont existé » n'est apparue qu'à un certain point : auparavant, les dinosaures existaient et nul ne le savait. Et dire qu'il était vrai pour un Grec de l'âge d'Homère que le sel est du chlorure de sodium n'est pas différent de soutenir qu'une proposition comme « les dinosaures existent » (pourquoi pas en même temps que les licornes) est vraie.

Pour en venir enfin à l'idée commune aux hypovéritatifs et aux hypervéritatifs d'une corrélation nécessaire entre ontologie et épistémologie, il vaut la peine de remarquer que cette corrélation (qui de fait est une simultanéité) ôterait tout sens à l'épistémologie. En effet, la quasi-totalité des notions tenues pour vraies il y a dix mille ans ont, pour ce qui nous concerne, changé, tant il est vrai que Ramsès II n'a jamais soupçonné être mort de la tuberculose, bien qu'il soit mort, pour autant que nous le sachions, de la tuberculose. Cela ne vaut pas seulement pour les connaissances scientifiques. La blancheur de la neige est un donné perceptif, qui vaut pour les humains mais non pour les chauves-souris. Cette proposition n'a rien de contraignant : s'il n'y avait pas d'humains, la neige aurait toutes les propriétés qui sont les siennes, mais la proposition « la neige est blanche » n'existerait pas, et elle semblerait insensée à quiconque ne partagerait pas la foi hypervéritative en la corrélation analytique entre réalité et vérité. Et elle le serait encore plus si « la neige est blanche » était une ellipse pour « la neige apparaît comme blanche à un système perceptif comme celui des humains » ou (plus compliqué encore) pour « la neige a la propriété dispositionnelle d'apparaître comme blanche à un système perceptif comme le système humain ».

Comme je le disais, *la secondité est un caractère essentiel de la vérité*. Que la vérité vienne après la réalité parce qu'elle se réfère à elle, en diffère et en dépend, cela est clair à partir d'une considération chronologique : du point de vue de la vérité, la réalité ne constitue pas un point de départ, mais bien un point d'arrivée, quelque chose que l'on ne possède que dans un second temps (si tout se passe bien). C'est ainsi que la vérité ne se révèle pas archéologiquement fondée dans la réalité : elle est *téléologiquement orientée* vers elle. L'émergence ontologique va du passé au présent, l'opération épistémologique va du présent au passé. C'est cela – en anticipant sur le point que je traiterai dans la dernière partie de cet écrit – qui constitue le principe du faire la vérité : trouver comment en vont les choses, à partir d'une situation de non-savoir. La vérité n'a donc pas lieu en même temps que la réalité, elle lui succède toujours. En ce sens, la vérité a une dépendance finale à l'égard de l'ontologie (son but est d'énoncer la vérité à propos de l'ontologie), et une dépendance causale à l'égard de la technologie (sans une forme quelconque de technologie, nous n'avons pas de vérité).

Si l'ontologie est composée d'individus, l'épistémologie se réfère à des *objets* (*objectum* : chose posée devant). Ces derniers peuvent être des individus canoniques, des individus au sens étroit et rigoureux, comme cela se produit dans le cas des *objets naturels*, qui existent dans l'espace et dans le temps indépendamment des sujets connaissants [1], et dans celui des *objets sociaux*, qui existent dans l'espace et dans le temps, mais de façon dépendante des sujets connaissants – en effet, les objets sociaux manifestent une dépendance générale à l'égard des sujets, mais non une dépendance particulière (10 euros ne cessent pas d'être 10 euros si je ne sais pas que ce sont 10 euros). Mais les objets peuvent également être des individus atypiques, comme cela se produit dans le cas des *objets idéaux* qui, existant en dehors de l'espace et du temps et indépendamment des sujets, ont un mode particulier d'existence. Une quatrième (et dernière) famille d'objets épistémologiques est constituée par les *artefacts*, qui sont

1. Par rapport à ces derniers, l'épistémologie n'ajoute qu'une propriété externe, le fait d'être connus, et en ce sens, les objets naturels sont justement des individus en tant qu'ils sont connus comme existants dans l'espace et dans le temps, indépendamment des sujets.

dépendants des sujets quant à leur production (opérant en cela comme les objets sociaux) mais qui (comme les objets naturels) peuvent continuer à exister même en l'absence de sujets.

Facteurs de vérité

L'épistémologie concerne ce que nous savons, ou croyons savoir, elle est une forme (syntaxe, jugement, concepts), et elle a pour valeurs le vrai et le faux ; l'ontologie concerne ce qui existe, elle est une force (quelque chose d'effectif, d'agent : résistance, inamendabilité, etc.), et elle a pour valeurs l'existant et l'inexistant ; quant à la *technologie*, elle concerne ce que nous faisons, et elle a pour valeurs la *réussite* ou l'*échec* (ou si l'on préfère recourir à la terminologie d'Austin [1] qui, c'est le cas de le dire, se révèle heureuse, la félicité ou l'infélicité).

Si l'ontologie est une primité et si l'épistémologie est une secondité (vu qu'elle se réfère toujours à une ontologie), la technologie est *tercéité*, pour signaler qu'elle est la médiation entre la première et la seconde. Il y aurait bien entendu des raisons de dire que la technologie est la secondité et l'ontologie la tercéité, mais je préfère adopter cette position pour trois raisons. Tout d'abord, parce que cela me permet de rattacher la technologie à la tradition des « tiers », des intermédiaires entre réalité et concept si fréquents dans la tradition philosophique (par ordre d'apparition : la *chora* chez Platon, le schème chez Kant, la dialectique chez Hegel, la différance chez Derrida). Ensuite, parce que c'est là la plus intéressante des choses que j'ai à dire, de sorte que j'ai préféré la garder pour la fin. Enfin, il y a une troisième raison qui suggère d'assigner la technologie à la sphère de la tercéité : il s'agit d'un devenir, qui n'est plus un être (qui est ou n'est pas), et n'est pas encore un savoir (qui est vrai ou faux), mais un faire, où a lieu une compétition qui peut, bien que ce ne soit pas nécessairement le cas, conduire à une compréhension [2] (en écrivant ces mots, je n'ai qu'une idée extrêmement vague des mécanismes psychophysiques qui régulent ces activités, et si j'étais neurophysiologiste, je n'écrirais pas beaucoup mieux).

Par « technologie », je désigne donc la sphère étendue des *actions* que nous accomplissons de façon compétente sans avoir la moindre connaissance préliminaire. Les actions en question sont fort variées : elles vont de l'allumage d'un feu de cheminée sans aucune notion de

1. J. L. Austin, *How to Do Things with Words*, Cambridge (Mass.), Harvard University Press 1962 ; *Quand dire c'est faire*, trad. fr. G. Lane, Paris, Seuil, Paris, 1970.

2. D. C. Dennett, *From Bacteria To Bach and Back : The Evolution of Minds*, Cambridge (Mass.), Bradford Books-MIT Press 2017.

physique au fait de parler une langue sans connaissances grammaticales ou syntaxiques, jusqu'à la composition d'œuvres d'art sans capacité de rendre compte de la façon dont elles ont été réalisées. En ce sens, la technologie entretient un rapport privilégié avec la gestualité (même s'il peut bien entendu y avoir des technologies de la pensée, comme la logique, la mnémotechnique, l'arithmétique).

On agit avant de penser et, en suivant cette voie, on découvre des vérités nouvelles, tandis que la compréhension est nécessairement liée à la formulation de raisonnements analytiques, évoluant dans la sphère des connaissances déjà consolidées. Cette action permet l'émergence de la vérité à partir de la réalité. Il s'agit d'un savoir résultant du faire, et il n'y a là rien d'étrange ou de nature à nous surprendre (d'une façon diverse que les jugements analytiques qui sont un savoir émergeant d'un autre savoir, de sorte qu'ils n'ont rien de surprenant). La compétence est de fait une *praxis* qui peut comporter une *poiesis*, une attitude pratique qui porte à un résultat : l'abeille fait le miel, la termite la termitière, Michel-Ange le Moïse, Maradona un but. Mais la *poiesis*, l'action plus ou moins ritualisée, peut également être sans pourquoi, comme nous l'apprennent les personnes qui griffonnent sur un papier ou tripotent leur téléphone portable. Sans mains, et sans l'expérience de la manipulation et de la saisie, nous n'aurions pas eu de pensée; sans la compétence de la manualité, nous n'aurions pas eu de compréhension [1]. Les mains comprennent, elles saisissent (c'est là quelque chose que savait fort bien Hegel, qui voyait dans le mot allemand *Begriff*, « concept », l'héritier du verbe *greifen*, « saisir »), elles indiquent et, en indiquant sans saisir, en faisant des gestes, elles déclenchent la production de symboles.

Parler une langue, allumer un feu, écrire un roman, compter, interagir socialement : ces compétences recourent non pas à des schèmes conceptuels, mais bien à des *schèmes interprétatifs*, qui dans certains cas (par exemple, trouver un trèfle à quatre feuilles dans un pré) opèrent une médiation entre concept (abstrait et général) et percept (concret et individuel) mais qui, dans bien d'autres – dans l'immense majorité – s'appliquent à des percepts opérant dans le monde indépendamment des concepts. Tout cela n'a rien de surprenant : nous avons affaire à une disposition qui se manifeste à partir des dispositifs les plus élémentaires, pour évoluer ensuite en formations de complexité croissante, à l'instar d'une faculté reproductive qui transfère l'ontologie dans l'épistémologie. Réciproquement, la technologie n'a pas affaire uniquement avec les origines éloignées de l'humain, mais avec les réalisations intellectuelles

1. C. McGinn, *Prehension*, Cambridge (Mass.), The MIT Press, 2015.

les plus élevées : elle intervient en mathématiques et en logique, dans la création des expérimentations scientifiques ou des œuvres artistiques, dans les actions et les rites qui accompagnent notre vie sociale.

HERMÉNEUTIQUE NÉO-RÉALISTE

Le schème interprétatif n'est pas un schème conceptuel (quoi que l'on puisse vouloir dire par cette expression désespérément vague), mais bien une règle pratique par laquelle nous interagissons avec les individus. Dans la majorité des cas, les règles ne sont ni connues ni explicitées (je marche, je joue avec le chat, je demande pardon) ; dans d'autres, les règles sont explicitées, mais pas pour autant « comprises ». Qu'est-ce que je comprends, en réalité, lorsque je compte les haricots du bocal ? Je suis une règle (« j'ajoute un ») que j'ai apprise enfant. En même temps, cette opération est une interprétation, non pas au sens défini par quelque horizon conceptuel, mais en tant qu'elle s'acquitte de cette fonction pratique qui relève traditionnellement de l'herméneutique et que, nullement par hasard, nous désignons par l'expression d'*hermeneutikè techné* : la technique du transport de message, capable de réaliser une fonction de médiation offrant un intermédiaire entre la couche ontologique de l'être et la couche épistémologique du savoir.

Hermès est le messager des deux, et l'herméneutique est un postier, exerçant l'opération du transport de message (un hiéroglyphe, un roman en hongrois, une lettre de menace ou une lettre d'amour), que la plupart du temps il ne comprend pas. Toutes les significations, anciennes et modernes, de l'herméneutique sont facilement reconductibles à des opérations pratiques : l'expression (la signification de l'*hermeneia* chez Aristote) est le porter en dehors ; la traduction est transport, la compréhension est saisie, une opération manuelle, et la déconstruction elle-même, caractéristique des herméneutiques des dix-neuvième et vingtième siècles, a une claire connotation technique. À travers cette proposition de l'interprétation comme opération, je vise deux aspects. Le premier est le caractère pratique de l'interprétation, c'est-à-dire le fait qu'elle soit parfaitement possible sans compréhension, attendu que celle-ci, comme nous l'avons vu, n'est d'ailleurs que l'une des fonctions traditionnelles de l'herméneutique. Pour Platon, les poètes sont des messagers (*hermeneis*) des dieux [1], et si l'on considère la piètre opinion qu'il avait des connaissances des poètes, cela n'est pas un compliment.

1. *Ion* 534 e.

Mais le deuxième est que cette opération permet des jugements, c'est-à-dire qu'elle peut se transformer en épistémologie. Que l'on pense au cas des jugements synthétiques a priori qui constituent l'objectif ultime de Kant : il s'agit d'opérations, comme cela apparaît en toute clarté dans l'exemple arithmétique qu'il nous fournit : 7 + 5 = 12, où le 12 est justement synthétique et non analytique, vu qu'il ne peut être obtenu à partir de l'analyse de 7 et de 5 puisque je peux également parvenir à ce même résultat en additionnant 6 et 6, 8 et 4 etc. Mais si Kant s'intéressait tant aux jugements synthétiques a priori, c'est parce que dans sa conception, ils dépendaient de concepts indépendants de l'expérience et donc certains; quant à nous, nous pouvons sans scandale remarquer que des jugements synthétiques a posteriori riches et informatifs nous viennent justement des *opérations* : le nombre des haricots est quelque chose que nous obtenons justement en appliquant la règle « ajoute un »; et de nombreuses opérations (par exemple, l'heure qu'il est ou combien nous pesons) nous viennent de machines qui ne possèdent aucun concept, mais uniquement des mécanismes qui en régulent le fonctionnement.

D'une part, Kant nous propose une vision hyper-conceptualiste (« les intuitions sans concept sont aveugles »), qui fait dépendre même la plus vague des intuitions de la possession de concepts. Et le monde de Kant en vient à se composer d'épistémologie (les schèmes conceptuels par lesquels nous ordonnons le monde) et d'ontologie (le monde qui est ordonné et qui, à bien y regarder, n'est jamais réellement connu, vu qu'il se compose de choses en soi auxquelles nous n'avons accès que comme phénomènes). Mais d'autre part, dans le chapitre sur le schématisme, Kant nous parle également d'un troisième terme entre les concepts et les intuitions (c'est-à-dire entre l'épistémologie et l'ontologie), le schème, défini comme une « technique cachée » (*verborgene Kunst*, que l'on traduit en général par « art caché », mais dont la signification est évidemment celle-là même de « technique cachée »), et qui accomplit des opérations (Kant le définit en effet comme une « méthode de construction »).

En traduisant dans mes termes la proposition de Kant, je propose, au lieu de la succession épistémologie/technologie/ontologie (cette dernière étant ensuite inaccessible en tant que telle), la succession ontologie/technologie/épistémologie. Nous avons en premier lieu une ontologie, des individus qui ne sont pas des choses en soi inaccessibles, puisqu'ils manifestent des caractéristiques définies dans leur interaction réciproque et avec nous. Nous avons surtout des individus, en l'occurrence, nous avons la neige, qui a les propriétés qui sont les siennes indépendamment de moi, de vous, de mon chat, de qui que ce soit; telle est l'ontologie de ce que, plus tard, je reconnaîtrai comme objet naturel. Nous avons ensuite les schèmes interprétatifs, les opérations qui engendrent les faits, et qui n'ont rien de libre ou de subjectif : je regarde la neige avec mon appareil visuel et je vois qu'elle est blanche (l'aspect opérationnel apparaît avec davantage d'évidence si l'on pense au sel, que je dois goûter pour sentir qu'il est salé, ou aux haricots, que je dois compter). Nous avons enfin les jugements qui constituent des objets : la neige est blanche ; le sel est salé (et qui plus est, le sel est du chlorure de sodium) ; les haricots de ce bocal sont au nombre de 22. Si je disais que la neige est noire, que le sel est sucré et que les haricots sont au nombre de 21, je ne formulerais pas une interprétation mais une erreur. Et ce que je fais en interprétant, je le répète, n'est pas d'appliquer un schème conceptuel à un matériau informe (« il n'y a pas de faits, que des interprétations »), mais plutôt d'intercepter les émergences de l'ontologie (les propriétés qu'ont la neige, le sel ou les haricots indépendamment de moi) par le biais de procédures technologiques (regarder, goûter, compter) qui pourront, bien que pas nécessairement, donner lieu à des jugements épistémologiques.

Ce faisant, la mésovérité retrouve l'herméneutique sans tomber dans le corrélationnisme de l'hypovérité ou de l'hypervérité. L'erreur des post-modernes a été double : celle de faire de l'herméneutique une épistémologie (l'ensemble du savoir serait le fruit d'une interprétation), et celle d'en faire une ontologie (il n'y a pas de faits, que des interprétations, ou plus modestement, tout fait est sujet à interprétation). À l'hyperbolique (et faux) « il n'y a pas de faits, que des interprétations », il faut donc substituer le principe selon lequel l'existence d'interprétations n'exclut pas l'existence de faits, d'individus et d'objets. Si attirante et radicale que puisse apparaître l'idée de défaire la vérité (ce n'est pas un hasard si elle a ensorcelé les philosophes et non-philosophes après Nietzsche), faire la vérité apparaît comme une bien meilleure idée, encore qu'indubitablement plus difficile, dans la mesure où l'adage « la critique est facile, l'art est difficile » s'applique aussi bien à l'art de l'interprétation.

CHAPITRE IV

POUR UN RÉALISME NEUTRE *

Le débat sur le réalisme tend à partir de deux assomptions méthodologiques, tantôt implicites, tantôt explicitement reconnues. Toutes deux posent problème, et toutes deux jouent un rôle important pour la théorie qui va suivre :

> Assomption (1) : le problème du réalisme doit être considéré comme une extension de celui de l'existence du monde extérieur.
> Assomption (2) : alors que certains domaines discursifs sont régis par une norme de vérité réaliste, d'autres domaines sont régis par une norme de vérité antiréaliste.

La division du « monde » en domaines selon la seconde assomption est de nature exclusivement discursive – c'est-à-dire qu'elle découle du fait qu'il y a une pluralité de discours. Ainsi, elle relève d'un antiréalisme méthodologique : celui-ci soutient que, sans une pluralité de discours, il n'y aurait pas non plus une pluralité de domaines individués selon des normes de vérité différentes. L'assomption (2) va souvent de pair avec cette autre selon laquelle, alors qu'il n'y a qu'un domaine qui soit réaliste en apparence, du côté de l'antiréalisme il y a une pluralité de domaines correspondant à une pluralité ouverte ou indéfinie de discours aux normes de vérité différentes. Dans cette conception, on dirait qu'est supposé sans autre forme de procès que le domaine réaliste doit être homogène quoi qu'il arrive, et que seul le domaine antiréaliste puisse être différencié en son sein propre par des normes additionnelles [2].

* La traduction de ce texte, révisée par mes soins, a été réalisée par Robin Renaud (*NdÉ*).

2. Comparer C. Wright, *Truth and Objectivity*, Cambridge, Cambridge University Press, 1992 et, sur le débat sous-jacent, N.J.L.L. Pedersen et C. Wright (eds.), *Truth and Pluralism : Current Debates*, Oxford, Oxford University Press, 2013, et en particulier C. Wright, « A Plurality of Pluralisms », p. 123-143.

La position du réalisme neutre que nous allons exposer ici rejette ces deux assomptions méthodologiques. Spécifiquement, elle refuse l'assertion selon laquelle le débat réaliste est une extension du débat concernant l'existence du monde extérieur, ainsi que cette autre selon laquelle il ne peut y avoir de pluralité de domaines qu'à condition qu'il y ait aussi une pluralité de régions du discours et de la pensée. Cela permet de différencier le concept de réalisme du concept de naturalisme, et de les traiter dans des débats séparés. Pour le moment, la neutralité du réalisme neutre s'applique à toute position métaphysique statuant sur l'existence d'une quelconque entité comprenant la totalité des objets ou la totalité des faits, ou sur celle d'un domaine unifié de tous les domaines que l'on pourrait identifier à la nature. Cela ouvre des perspectives pour un réalisme neuf, perspectives véritablement non-naturalistes dans leur structure méthodologique. Sont ouvertes également de nouvelles perspectives pour la considération de l'efficacité des valeurs éthiques et esthétiques, ainsi que pour la question du lien métaphysique entre des entités concrètes et des entités abstraites.

Dans la première partie, nous développerons l'argument général qui sous-tend notre réalisme neutre. Je l'appelle *l'argument de la facticité*. Dans la seconde partie, nous prenons la défense d'un pluralisme ontologique, prenant de ce fait partie contre le type de monisme qui sert de fondement à la première des deux assomptions problématiques décrites *supra*. Mais avant cela, nous voulons avancer quelques distinctions qui doivent souligner la faiblesse des assomptions susnommées, pour rendre claire la position théorique contre laquelle la nôtre vient se placer.

Quand l'investigation quant à la portée et au sens du réalisme démarre avec la croyance qu'il y a, ou qu'il devrait y avoir un « monde extérieur », séparé de « l'esprit », une suggestion fausse s'impose d'elle-même, à savoir que la portée du réalisme est alors déterminée par les particularités (métaphysiques, épistémologiques ou ontologiques) de ce « monde extérieur ». Néanmoins, dans ce contexte, ce que l'on veut dire précisément par ce « monde extérieur » n'est pas toujours clair, et manque parfois tout à fait de cohérence[1]. Il existe aussi une tendance à tenir les valeurs, morales ou autres, les normes et les règles, pour immédiatement éligibles à un traitement antiréaliste, à cause du biais naturaliste qui

1. Voir M. Gabriel, *Skeptizismus und Idealismus in der Antike*, Frankfurt am Main, Suhrkamp, 2009.

encombre généralement le concept de monde extérieur[1]. Pour cette raison, il donne souvent lieu à une entente qui ne peut pas facilement rendre compte des valeurs et autres entités similaires. Si l'existence d'un monde extérieur doit être le paradigme de ce dont le réalisme a à rendre compte, alors nous perdons tout le bon sens du point de départ d'un réalisme dirigé vers les valeurs, les concepts, ou les états et processus mentaux. Le débat du réalisme prend naissance parce que l'objectivité de l'un ou l'autre discours semble en danger (à cause d'arguments sceptiques par exemple). Mais pourquoi devrait-on accepter de prendre en marche un débat sur le réalisme dont les prémisses font qu'il est difficile de concevoir que des faits de la vie mentale d'autrui ou de notre propre vie mentale par exemple, soient aussi réels que les montagnes, les quarks ou la voie lactée[2] ? Conformément à ce biais, le « monde extérieur » est souvent identifié à l'univers tout entier. En tant que tel, le fait d'appartenir à l'univers est, implicitement ou explicitement, reversé au compte de l'appartenance au domaine des objets physiques, ou à l'ensemble des sciences de la nature. Et par là, le « monde extérieur », la « nature » ou « l'univers » s'introduisent comme si de rien n'était, comme si aucune décision conceptuelle ou théorique n'était requise pour comprendre ce que l'on veut dire quand on utilise ces termes. Mais il faut vraiment être sur ses gardes eu égard à toute délégation des recherches philosophiques à la physique. La thèse selon laquelle les physiciens savent ce que « nature » ou « univers » signifient en vertu du succès indiscutable de leurs méthodes d'investigation quant à certains objets ou domaines d'objets est infondée. En d'autres termes, on ne peut accepter d'hériter du physicalisme ou du naturalisme comme d'autant d'articles de foi scientifiques.

On peut certainement considérer que la physique existe en tant que sujet, et on peut aller jusqu'à croire que, dans certaines de ses affirmations, elle peut se référer avec succès à des entités réelles, qui ne sont pas de simples *posita* théoriques. Mais les affirmations de la physique se réfèrent à des entités bien plus étendues que les seuls résultats des recherches scientifiques, et prennent pour acquis que la physique a un domaine d'application bien défini, dont les propositions touchent un domaine maximalement unifié et total : l'univers, ou le cosmos. L'affirmation selon laquelle la physique est, de quelque façon, unie *a priori* dans la prise en

1. À ce propos, pour un point de vue similaire, voir C. Wright, *Truth and Objectivity*, *op. cit.*, chap. 5.

2. Voir R. Moran, *Authority and Estrangement. An Essay on Self-Knowledge*, Princeton, Princeton University Press, 2011 ; *Autorité et aliénation. Essai sur la connaissance de soi*, trad. fr. par S. Djigo, Paris, Vrin, 2014, section 2.1.

charge de l'objet d'étude « nature » ou « univers » pourrait bien être une affirmation épistémologique ou méthodologique tout à fait légitime. Mais cette concession n'implique pas le naturalisme ou le physicalisme, car on est fort loin d'avoir prouvé que la nature, ou plutôt l'univers, était le seul et unique domaine d'étude qu'il puisse y avoir, ni même l'objet le plus fondamental [1].

Dans cette optique, la neutralité totale quant à l'assomption (1) est un stratagème méthodologique fondamental, qui permet au réalisme neutre de conserver une distance de sécurité fort saine par rapport aux concepts peu clairs et peu clarifiés du monde (extérieur). Que les faits et les objets qu'il étudie appartiennent au monde (extérieur) n'est pas une condition nécessaire au réalisme local.

Le réalisme que nous présentons ici est neutre dans le sens où il approche le débat sur le réalisme sans dépendre des objets et des faits qui sont tenus pour existants ou pour avoir lieu. Il opère donc dans des conditions contrefactuelles. Si nous empruntons cette voie, c'est parce que la conception la plus satisfaisante et significative de monde extérieur est atteinte lorsqu'on se demande quels faits et quels objets auraient été le cas ou auraient existé si strictement personne n'avait jamais été là pour se référer à ces faits ou objets. Le concept de monde extérieur résulte par là d'une considération contrefactuelle. Elle introduit des conditions contrefactuelles en faisant abstraction du fait qu'il y a des sujets épistémiques (nous) qui ont effectivement atteint ce concept. Le monde extérieur est alors au moins « extérieur » au sens où il serait en très grande partie tel qu'il est effectivement aujourd'hui s'il n'y avait personne pour le remarquer, et qu'il sera de même quand il n'y aura plus personne pour le voir.

Cependant, cette vision correspond à une notion erronée quoique répandue de l'objectivité épistémique, selon laquelle il n'y a effectivement d'objectivité épistémique que là où des croyances se réfèrent à des

1. Voir aussi la distinction de Jonathan Schaffer entre le monisme « le monde-seulement » et le monisme « le monde-d'abord » (*"world-only" and "world-first" monism*). Il prend lui-même position pour le second dans « Spacetime the One Substance », *Philosophical Studies* 145, p. 131-148 ; « Monism : The Priority of the Whole », *Philosophical Review* 119(1), p. 31-76 ; « The Internal Relatedness of All Things », *Mind* 119(474), p. 341-376 ; « The Action of the Whole », *Proceedings of the Aristotelian Society*, Supplementary Volume LXXXVII, p. 67-87). Dans ma propre terminologie, je fais la distinction entre *monisme ontique* et *monisme métaphysique*, ce qui correspond largement à la dichotomie de Schaffer. Plus à ce sujet dans M. Gabriel, *Fields of Sense. A New Realist Ontology*, Edimbourg, Edinburgh University Press, 2015.

choses qui, elles-mêmes, ne sont pas des croyances [1]. Mais cela soulève immédiatement la question suivante : quand nous faisons référence au monde selon les diverses modalités de la référence (l'intentionalité, la conscience, la conscience réfléchie, etc.), comment peut-on faire référence à quoi que ce soit d'unifié, alors qu'en même temps on prétend qu'au moins certaines qualités ou certaines portions extérieures de ce monde auraient existé même si nous n'avions jamais fait référence à eux ?

Dans ce contexte, l'option d'une « naturalisation » de l'esprit ne vient pas sans la présupposition que le concept de monde extérieur est le standard de la réalité – alors même que ce sont d'autres sciences que les humanités ou les sciences sociales qui s'arrogent l'accès paradigmatique à ce monde. Les partisans de la naturalisation tirent ainsi de cette épistémologie la théorie d'un univers déjà existant et déjà tel quel – complet au point de contenir des esprits naturalisés à titre de parties. Laissée pour compte, la philosophie n'a plus rien d'autre à faire qu'une reconstruction rationnelle de quelques reliquats conceptuels. Subrepticement, le concept de monde (totalité maximalisée dans sa non-restriction) se trouve ainsi métamorphosé en un concept d'univers physique, ou de nature. Cependant, cette identification nécessite un argument que l'on omet généralement de présenter, quand on considère le naturalisme ou le physicalisme comme les seules hypothèses de travail possibles pour une méthode ou une vision du monde scientifique [2].

En ce point de l'argumentation, il est devenu coutumier de ne neutraliser le débat sur le réalisme que sous les conditions d'un antiréalisme méthodologique – notre assomption (2). Cette approche trouve ses origines dans un travail fondateur de Michael Dummett et Crispin Wright, même si je ne tranche pas la question de savoir s'ils utilisent aussi quelque chose comme « le monde extérieur », traditionnellement conçu comme un point d'ancrage pour la réalité [3].

1. Voir aussi J. Searle, *The Rediscovery of the Mind*, Cambridge (Mass.), MIT Press, 1992 ; Th. Nagel, *The View from Nowhere*, Oxford-New York, Oxford University Press, 1989 ; A. W. Moore, *Points of View*, Oxford-New York, Oxford University Press, 1997 ; M. Gabriel, *An den Grenzen der Erkenntnistheorie : Die notwendige Endlichkeit des objektiven Wissens*, 2e éd., Freiburg im Breisgau, Alber Verlag, 2014.

2. Voir aussi l'éclairante reconstruction de la transition kantienne du concept de monde comme totalité absolue au concept cosmologique de monde (« univers » dans ma terminologie) chez G. Kreis, *Negative Dialektik des Unendlichen*, Berlin, Suhrkamp, 2015.

3. Voir M. Dummett, *Frege : Philosophy of Language*, New York, Harper and Row, 1973 ; *Truth and Other Enigmas*, Cambridge (Mass.), Harvard University Press, 1978 ; *The Logical Basis of Metaphysics*, Cambridge (Mass.), Harvard University Press, 1991 et C. Wright *Truth and Objectivity*, *op. cit.*, et « A Plurality of Pluralisms ». Dans son livre de 1973,

L'assomption (2) est associée à l'idée communément admise selon laquelle le réalisme global peut être distingué des variations locales du réalisme – une idée que, du moins pour l'instant, j'accepte moi aussi. En outre cependant – et c'est là un *pas de plus* que je critiquerai – il est de plus supposé que le fait d'assigner une description réaliste ou antiréaliste à un objet est dépendant de la pluralité de fait des discours. La vérité est prise pour une norme du discours, qui peut varier en fonction du type de discours en question ; le fait qu'il y ait une pluralité de domaines est alors rendu tributaire du fait qu'il y a une telle pluralité de normes discursives de la vérité. Les métadisciplines, telles que la métaéthique, la métaépistémologie, la métaontologie ou la métaphysique s'instituent dès lors, avec pour tâche de déterminer si certains ensembles d'expressions – à propos de l'éthique, de l'épistémologie, de l'existentice, ou de la structure fondamentale de la réalité – sont guidés par des paramètres réalistes acceptables ou irrecevables. Dans quelle mesure les métadisciplines sont nécessitées par, et le cas échéant convergent vers le concept d'une métaphilosophie, il n'est pas évident de le savoir [1]. Je crois cependant que cette manière de considérer le débat sur le réalisme trouve ses conditions dans l'idée selon laquelle il y a un *domaine-en-soi* homogène et unifié ; le monde, ou la réalité dans son ensemble, dont nous groupons les aires de répartition en différents domaines individués correspondant à nos normes discursives. Cela soulève la question de second ordre sur l'intégration de ces normes de vérité dans le monde – question souvent laissée sans réponse [2]. La question est donc de savoir comment nous pouvons penser l'intégration de ces normes dans le monde. Par exemple, si nous comprenons le monde comme « la totalité de ce qui est toujours-déjà là quoi qu'il arrive, indépendamment des activités, y eût-il seulement quoi que ce soit de tel, des sujets connaissants et agissants » [3], dans un

Dummett affirme qu'« il ne peut rien y avoir de tel qu'un domaine de tous les objets » (p. 533). Sur la discussion de la possibilité d'une quantification universelle sans restriction, voir T. Williamson : « Everything », *Philosophical Perspectives* 17(1), 2003, p. 415-465), et l'article dans A. Rayo, A et G. Uzquiano (eds.), *Absolute Generality*, Oxford, Clarendon Press, 2006 ; et plus récemment G. Kreis, *Negative Dialektik des Unendlichen*, Berlin, Suhrkamp, 2015, en particulier au chapitre 1.2. 3.

1. Sur cette discussion, voir T. Williamson, *The Philosophy of Philosophy*, Malden (Mass.)-Oxford, Blackwell Publishers, 2008.

2. À l'encontre de ce point, voir M. Gabriel, *Transcendental Ontology : Essays in German Idealism*, New York-London, Continuum, 2013.

3. R. Brandom, *Tales of the Mighty Dead : Historical Essays in the Metaphysics of Intentionality*, Cambridge (Mass.), Harvard University Press 2002, p. 208. C'est la formulation brandomienne de ce que B. Williams dans *Descartes : The Project of Pure Enquiry*, Londres,

monde ainsi conçu donc, il devient difficile de faire sens de l'intégration de normes.

Un monisme souvent sans articulation sous-tend le débat réaliste traditionnel et ses deux assomptions – minimalement, une « assomption formelle d'un monde (*formale Weltunterstellung*) » comme Habermas le souligne, alors qu'il est lui-même un défenseur manifeste de l'assomption (2) [1]. Le recours au monde ou à la réalité – quoi que l'on puisse penser qu'ils soient – est considéré comme une présupposition d'arrière-plan non-problématique, triviale, et purement formelle pour n'importe quel débat. Cependant, j'affirme que précisément ce monisme métaphysique est intenable pour plusieurs raisons que j'ai présentées autre part [2]. Pour notre question, il importe de penser que la neutralité du réalisme esquissé dans le présent essai sape à la fois le monisme métaphysique substantiel et la version plus modeste métaphysiquement de « l'assomption formelle d'un monde », acceptée entre autres par Habermas.

L'ARGUMENT DE LA FACTICITÉ

Le réalisme neutre est motivé en tout premier lieu par l'argument que j'appelle « de la facticité ». Cet argument montre qu'un certain réalisme est inévitable, mais qu'il n'y a aucune bonne raison de vouloir déterminer *a priori* quels domaines d'objets requièrent une adhésion réaliste. Le problème du réalisme est conceptuellement indépendant de celui de savoir si certains discours pourraient être théoriquement réduits à d'autres types de discours. L'argument montre que, en définitive, toutes les positions doivent, à un moment ou l'autre, accepter certains prérequis réalistes. Je dis que c'est là le dénominateur commun dans *Fear of Knowledge* de Paul Boghossian, *Après la Finitude* de Quentin Meillassoux, et le *Manifeste du Nouveau Réalisme* de Maurizio Ferraris pour un rejet du constructivisme surgénéralisé [3]. L'argument de la facticité a la forme paradigmatique qui

Pelican, 1978 et, à sa suite, Adrian Moore, dans *Points of View*, *op. cit.*, ont appelé « la conception absolue de la réalité ».

1. Pour des exemples, voir son livre *Vérité et justification*, trad. fr. R. Rochlitz, Paris, Gallimard, 2001.

2. Voir M. Gabriel, *Transcendental Ontology*, *op. cit.* ; *Die Erkenntnis der Welt : Eine Einführung in die Erkenntnistheorie*, Freiburg im Breisgau, Alber Verlag, 2014 ; *An den Grenzen der Erkenntnistheorie*, *op. cit.* ; *Fields of Sense*, *op. cit.*

3. Voir M. Ferraris, *Goodbye Kant ! Ce qu'il reste aujourd'hui de la Critique de la Raison Pure*, trad. fr. J.-P. Cometti, Combas, Les éditions de l'éclat, 2009, P. Boghossian, *La Peur du savoir. Sur le relativisme et le constructivisme de la connaissance*, trad. fr. O. Deroy, Marseille, Agone, 2009, mon épilogue à l'édition allemande de Boghossian *Angst vor der*

suit : même si, par exemple, le solipsisme – et donc la forme la plus extrême d'antiréalisme que l'on puisse imaginer – s'avérait juste, le réalisme ne serait pas réfuté, parce que la vérité solipsistique laisse au moins subsister un fait absolu comme résidu.

On peut voir le fonctionnement de cet argument ainsi de façon plus détaillée. Supposons que nous ayons des raisons de suspecter que l'un de nos registres épistémiquement pertinents (par exemple notre équipement sensoriel, la communauté éthique, la religion, la conscience, etc.) est sujet à une erreur systématique [1]. Par exemple, notre équipement sensoriel enregistre de l'information. Or, comme on sait, à cause de leur dépendance par rapport à des facultés sensorielles animales variables, les concepts de couleur et les discours à leur propos tendent à être traités comme formant un domaine pour lequel un certain antiréalisme semble requis. Par conséquent, quiconque pense qu'une prairie est objectivement verte et qu'une tomate est objectivement rouge devient la victime d'erreurs systématiques à cause des filtres générés par les représentations internes qui arrivent avec de notables régularités phénoménologiques, et à propos desquelles des assertions justes peuvent être énoncées.

Une considération similaire vaut aussi pour les jugements de valeur quand on les rend relatifs à des communautés éthiques. Par exemple, peut-être peut-on penser que les droits de l'homme sont bons pour la seule et bonne raison que l'on est chrétien. À partir de tels cas, il semble raisonnable de suggérer une théorie relativiste qui soutienne que quelque chose apparaît d'une certaine façon relativement à certains registres épistémologiquement pertinents, alors qu'en soi, cette chose pourrait bien être tout autre [2].

Pour l'étape suivante de l'argument, supposons qu'il y ait un soupçon généralisable qui s'appliquât à tous les registres de cette sorte, et qui pourrait nous mener à un idéalisme transcendantal, voir, à la limite, au solipsisme. Dans ce cas, nous pouvons penser qu'il *n'y aurait* rien du tout s'il n'y avait pas de registre épistémologique pertinent. Peut-être que la forme logique des couleurs comme propriétés relatives à des registres

Wahrheit, trad. all. J. Rometsch, Berlin, Suhrkamp, 2013, ainsi que Q. Meillassoux, *Après la finitude*, Paris, Seuil, 2006.

1. Je parle ici de « registres » afin d'éviter dès le départ la seconde assomption.

2. Ferraris parle d'« erreur transcendantale » (*"transcendental fallacy"*) : la confusion entre l'ontologie (ce qu'il y a) et l'épistémologie (ce que nous savons à propos de ce qu'il y a) ; Boghossian parle de « constructivisme » et de « relativisme ». Meillassoux qualifie cette position de « corrélationisme », quoiqu'il tire d'autres conclusions de sa présentation – voir M. Gabriel, *Fields of Sense*, *op. cit.*, pour une discussion.

subjectifs peut être généralisée à un tel point – c'est la pensée kantienne – qu'elle s'applique à l'espace et au temps [1].

Dans ce scénario, même s'il y avait une chose-en-soi inaccessible, elle ne contribuerait en rien à conférer une objectivité vérifiable à nos croyances. Ou peut-être la croyance en l'existence d'une chose telle qu'un être nouménal se révélerait réductible à l'erreur systématique, aboutissant de nouveau à une forme de solipsisme. Ou bien, en suivant le chemin de pensée de Boghossian : comment excluons-nous le fait que toutes les propositions soient vraies ou fausses uniquement parce qu'elles produisent ou construisent des objets et des faits sur la base d'un registre déjà existant ? S'il est vrai que notre registre des couleurs est ce qui rend les propositions sur les couleurs (ou du moins sur les *qualia* de couleur) vraies ou fausses, pourquoi n'est-ce pas le cas en général ? N'y a-t-il pas, pour toutes les propositions, un registre correspondant, relativement auquel nous nous devons rendre intelligible pour nous-mêmes la vérifiabilité de la proposition ?

Pourtant, nous ne pouvons assujettir toute notre théorisation à des réserves systématiques seulement parce que les soupçons de l'erreur systématique sont tenus pour garantis dans certains cas, à moins que nous n'ayons des justifications additionnelles pour la généralisation à partir du cas en question. Il y aura toujours une limite à une telle généralisation, due au fait que nous ne pouvons avoir des réserves systématiques à propos de quelque théorie que ce soit, à moins que nous ne considérions qu'il est vrai qu'il y a des discours pour lesquels nous devons reconnaître au moins une potentielle divergence entre nos conditions pour considérer quelque chose comme vrai et la vérité elle-même.

Revenons une dernière fois sur l'exemple extrême du solipsisme, qui est un cas de constructivisme global au sens de Boghossian. Pour le solipsiste, tous les objets et faits existent précisément parce que quelqu'un (le solipsiste lui-même) se réfère à eux. Il est simplement faux que tout le monde considère le solipsisme comme vrai. Nous (les non-solipsistes) avons un tout autre point de départ.

Se convaincre ne serait-ce que d'une aptitude à la vérité du solipsisme *via* des considérations prenant leur origine dans une théorie de la vérité présuppose que le solipsisme puisse être vrai ou faux. Ainsi, il doit bien y avoir des informations à partir desquelles le solipsiste pourrait arriver à la conclusion que le solipsisme est finalement vrai. Il doit penser qu'il fonde

1. Voir L. Allais, « Kant's Idealism and the Secondary Quality Analogy », *Journal of the History of Philosophy* 45, 2007, p. 459-484.

son nouveau point de vue sur quelque chose comme de l'évidence. À partir de quel principe un solipsiste pourrait-il croire que les informations qu'il enregistre sous la forme de régularités phénoménologiques systématiques pourraient arriver comme le pur résultat de sa propre option de les prendre pour vraies ? D'après ses propres standards, le solipsisme lui-même est un fait absolu – si c'est vrai, c'est un fait d'une nature tout autre que les faits construits qu'il considère être vrais simplement parce qu'ils sont construits par la subjectivité impliquée. Ainsi, le solipsisme devrait être un fait d'après le solipsiste lui-même, même si personne n'a jamais soutenu qu'une telle chose était vraie. Par conséquent, même si le solipsisme était vrai, il devrait demeurer un fait non-construit, et donc absolu. D'où il résulterait que, dans ce scénario antiréaliste extrême, un certain réalisme est en définitive inévitable.

Appelons cette conclusion de l'argument de la facticité le *principe de facticité*.

Ce principe demeure neutre quant à tout engagement plus spécifique quant au genre de faits qui le satisfont, en tant qu'il est dérivé via l'idée selon laquelle même si le solipsisme ou quelque chose tendant vers le solipsisme (par exemple l'idéalisme transcendantal tel qu'entendu par bien des critiques) était vrai, il demeurerait valable. Boghossian ajoute une inflexion particulière à sa version de l'argument pour son « objectivisme quant aux faits » (*objectivism about facts*) [1]. Il ajoute que c'est à juste titre que nous nous reposons sur un ensemble de principes épistémiques ou règles d'inférence, et en particulier que nous supposons que les fameux « spécimens de dimensions moyennes de denrées solides » [2] *sont* plus ou moins tels qu'ils nous apparaissent. Nous ne considérons pas les tables, les pommes, les arbres, les gens ou le Rhin comme les éléments d'un rêve, et nous appliquons des opérations inférentielles à nos phrases à leur propos – opérations que nous ne considérons pas non plus comme oniriques. Par exemple, quand nous plaçons trois pommes vertes et trois pommes rouges dans un réfrigérateur autrement vide, nous disons et pensons qu'il y a au total six pommes dans le réfrigérateur. Nous ne voyons, typiquement, aucune raison de réserver notre jugement quant à de telles affirmations seulement parce qu'il pourrait se trouver que la vie est un rêve. À gros traits, c'est la raison pour laquelle les attitudes modernes sont unifiées dans un système d'assomptions naturelles quant aux objets mésoscopiques et aux règles d'inférence qui nous permettent

1. P. Boghossian, *La peur du savoir*, *op. cit.*, p. 27.

2. *Cf.* J. L. Austin, *Le langage de la perception*, trad. fr. P. Gochet, revue par B. Ambroise, Paris, Vrin, 2007, p. 85.

d'accéder à des caractéristiques autrement inobservables de la réalité physique. Appelons ce système épistémique le système épistémique moderne (SEM).

Si nous devons, à un moment ou un autre, tomber sur des faits absolus, pourquoi éliminer d'avance que nous soyons déjà en contact avec eux dans les pratiques scientifiques modernes ? Car, pourquoi les faits que nous observons dans le SEM ne deviennent-ils des faits qu'après que nous avons remonté avec succès d'un niveau dans l'ordre des justifications, de telle façon que nous puissions établir des faits à propos du SEM lui-même ? Le principe de facticité souligne plutôt qu'il n'y a pas d'ascension possible dans l'ordre des justifications qui nous permette d'éviter la reconnaissance de faits absolus.

Par conséquent, le réalisme est inévitable. À travers cette application du principe de facticité nous avons acquis des garanties nous permettant de rejeter toute argumentation venant de théories aboutissant au déni général de faits absolus. En procédant ainsi, nous voyons que le principe de facticité nous donne une raison *a priori* de nous attacher à certains principes fondamentaux dont nous sommes partis. D'après Boghossian, le principe supporte immédiatement un « objectivisme général à propos des faits »[1], et supporte secondairement au moins le SEM. Mais ce n'est pas tout. Il est frappant que Boghossian dérive de son application du principe de facticité l'idée d'une « pâte primitive du monde » (*basic worldly dough*)[2]. Le concept boghossianien de SEM est apparemment conçu pour le mettre en position de regarder le monde à partir d'un donné, d'un ensemble de descriptions garanties.

De cette manière, nous pouvons garantir que la pâte mondaine nous est déjà accessible comme une structure interne différenciée de faits, et non pas comme n'importe quel bon vieux contenu. S'il est vrai qu'il y a un SEM, et que nous pouvons au moins en imaginer d'autres potentiellement en conflit avec lui, des « Systèmes Épistémiques Alternatifs » (SEA), qui ne peuvent pas tous avoir des positions épistémiques égales à celles du SEM, alors il fait aussi sens d'assigner des propositions différentes à ces systèmes. Par exemple :

> (SEM1) La terre a environ 4,5 milliards d'années.
> (SEA1) La terre a environ 6000 ans.

Bien entendu, Boghossian veut être capable de considérer le fait exprimé en (SEM1) comme objectivement vrai et le fait exprimé en

1. P. Boghossian, *La peur du savoir*, *op. cit.*, p. 27.
2. *Ibid.*, p. 44.

(SEA1) comme objectivement faux. Comme il le reconnaît à juste titre, cela nécessite que la pâte mondaine ne puisse être entièrement indifférenciée.

Le privilège du SEM par rapport aux SEA se comprend par la façon dont Boghossian considère qu'il se distingue nommément des mythes d'origine de type créationniste. Aussi, il refuse de donner à ces mythes la même autorité explicative quant aux événements naturels que le recours aux faits. Le contraste entre (SEM1) et (SEA1) ne laisse que peu de place pour rendre (SEM1) relatif à des superstructures théoriques constructivistes compliquées. Jusqu'ici, tout va bien. Cependant, comment doit-on traiter les contrastes tels que celui qui suit :

> (SEM2) Des girafes tachetées (et donc multicolores) se tiennent parfois debout sur des montagnes.
> (SEA2) Il n'existe ni girafes, ni couleurs, ni montagnes.

On pourrait argumenter en faveur de (SEA2) à partir d'une extension de quelque chose tenu pour vrai dans le SEM, par exemple, en arguant que les hommes modernes doivent accepter le micro-fondamentalisme, *i.e.* la vue selon laquelle seules les particules subatomiques sont réelles et peuvent être dites exister[1]. Cela crée une tension entre notre engagement de sens commun en faveur de l'existence de girafes sur des montagnes, et notre engagement envers certains principes méthodologiques caractéristiques du SEM et sa préférence pour les explications scientifiques plutôt que religieuses.

Dans la mesure où nous pouvons monter le SEM contre quelque chose de tel que des girafes et des montagnes, il y a une tension entre l'engagement boghossianien (contre le créationnisme, et en faveur de l'existence des montagnes et des girafes depuis plus longtemps que l'apparition d'êtres usant de concepts), et le fait que ses propres prémisses peuvent contribuer à saper la croyance en les montagnes et les girafes. L'argument de la facticité établit seulement un sol propre à fonder le réalisme neutre, et laisse ouverte la question de savoir quels faits sont effectivement le cas.

Dans l'optique de proposer un réalisme neutre, je voudrais tout d'abord éclairer ma conception minimaliste de la notion de fait. Par fait, j'entends quelque chose de vrai à propos de quelque chose. Il est vrai

1. Il y a bien entendu de bons contre-arguments aussi. Pour une bonne revue des arguments métaphysiques et des preuves physiques dans l'autre sens, on peut regarder avec profit B. Falkenburg, *Particle Metaphysics. A Critical Account of Subatomic Reality*, Berlin-Heidelberg-New York, Springer, 2007.

que je suis actuellement assis en face d'un écran d'ordinateur; il est vrai que Francfort se trouve à l'est de Paris; il est vrai que 5 et 7 font 12; il est vrai que Faust tombe amoureux de Gretchen, etc. En tant que tel, je n'introduis pas le concept de fait dans l'optique de rendre compte de la fonction véritative de propositions, de pensées et de croyances. Les faits ne sont pas primairement des facteurs de vérité (*truth-makers*); ils sont eux-mêmes vrais – conformément au langage ordinaire, où nous nous exprimons couramment de telle façon que des vérités et des faits puissent être identifiés [1]. En outre, dans le langage ordinaire, nous usons sans problème des conditionnels aléthiques contrefactuels, par exemple quand nous disons des phrases du type :

> (SVC1) Même si personne ne s'en était jamais rendu compte, il serait tout de même vrai que la lune est un grand caillou en orbite qui tourne sur lui-même.

ou

> (SVC2) Même si personne n'avait jamais dit ou pensé quoi que ce soit, il serait tout de même vrai qu'il existe des volcans.

Le problème du réalisme dépend de la façon dont nous faisons sens de cette sorte de conditionnel contrefactuel. Qu'est-ce qui aurait été le cas si certains systèmes épistémiques ou représentationnels n'avaient jamais existé ? En ce sens, nos deux assomptions problématiques du débat réaliste peuvent être évitées en faveur d'une position plus neutre. Un objectivisme général quant aux faits n'a pas besoin d'être fondé sur une interprétation métaphysique du SEM ou quelque conception métaphysique que ce soit à propos de la nature ultime de la réalité ou sa composition d'ensemble.

Pluralisme ontologique

Que l'on me permette d'affiner ma terminologie. Par ontologie, j'entends l'investigation systématique à propos de la signification de l'*existence*, ou plutôt à propos de l'existence elle-même. Par métaphysique,

1. Une vue contraire est tenue par les défenseurs de ce que j'appelle « ontologie naïve des individus » dans *Die Erkenntnis der Welt : Eine Einführung in die Erkenntnistheorie*, qui supposent qu'il y a un monde qui consiste en des individus qui sont ainsi configurés (spatiotemporellement) que certaines propositions sont rendues vraies par leurs arrangements. « Fait » est alors compris comme « vérifacteur » (*truth-maker*), ce qui suggère immédiatement que les faits ne sont pas simplement des propositions vraies eux-mêmes, mais plutôt *ceci en vertu de quoi les propositions vraies sont vraies*. Ici, au contraire, je veux demeurer près du langage ordinaire.

par contraste, j'entends la théorie d'une totalité absolue (du *monde*, ou de la *réalité* comme on le dit en général). Le réalisme métaphysique concerne donc pour moi absolument tout, tandis que le réalisme ontologique n'a pas besoin de s'engager à propos de quelque chose de tel que *le monde* au sens métaphysique du terme.

Le réalisme ontologique soutient que bien des choses auraient tout aussi bien existé même en l'absence de créatures usant de concepts, et que c'est là un fait tout à fait aproblématique. L'antiréalisme ontologique est le résultat de considérations qui sapent notre capacité à saisir que l'existence *est* indépendamment de l'activité des créatures utilisant des concepts, en tant qu'elle soutient qu'il n'y a pas de réponse à la question de ce qu'est l'existence, à moins de ne mentionner des préférences conceptuelles, ou de rendre le prédicat *existant* relatif à un schème conceptuel. Sur ce spectre, ma contribution au débat autour du Nouveau Réalisme s'engage à la fois pour le réalisme ontologique et un nihilisme métamétaphysique, par quoi je fais référence au concept selon lequel il n'y a rien de tel qu'un domaine comprenant absolument tout – raison pour laquelle la métaphysique n'a aucun objet d'étude.

J'appelle pluralisme ontologique le point de vue selon lequel il y a différents domaines d'objets. D'après la version de cette idée que je défends, certains domaines ont une robustesse modale maximale, en ceci qu'ils auraient existé même si personne ne les avait déterminés conceptuellement, théoriquement ou discursivement. Tous les domaines d'objets ne sont pas nécessairement des domaines discursifs, et, bien entendu, aucun d'entre eux n'aurait été un domaine discursif si jamais aucune créature n'avait évolué de telle façon à pouvoir élaborer des discours. Cependant, étant donné l'idée fondamentale du réalisme neutre, cette robustesse ne revient pas à ce qu'il y ait des types naturels, ou à ce que la nature soit métaphysiquement découpée en différents domaines (par exemple, le domaine des êtres animés et celui des êtres inanimés). Selon mon point de vue, ce qui distingue un domaine des autres est typiquement qu'il y a des critères d'identité qui caractérise des objets comme appartenant audit domaine, indépendamment du fait que nous puissions ou non saisir les critères de cette appartenance. Remarquez que cela n'exclut pas que nous soyons capables de saisir ces critères. En référence à Frege, j'appelle « sens » le critère d'identité responsable de l'appartenance domaniale, et, afin de nous distinguer clairement de la vision extensionnaliste selon laquelle les domaines d'objets ne sont que l'ensemble des objets appartenant au domaine, ma notion la plus générale de domaine d'objets est celle de « champ de sens » [1]. On peut introduire le motif le plus fondamental du pluralisme ontologique tel que je le conçois comme une version modifiée de l'idée d'Hilary Putnam de *relativité conceptuelle*.

Voici ce que j'appelle l'allégorie du cube. Supposez que trois cubes sont disposés sur une table : un bleu, un rouge et un blanc. Supposez désormais que nous demandions à un passant sans préjugé combien il y a d'objets sur la table – ce qui devrait déclencher la réponse juste qui est « 3 ». Un physicien aux tendances métaphysiques pourrait cependant donner une estimation du nombre de particules élémentaires « disposées sur la table », et ainsi donner la réponse correcte « N », où N est considérablement supérieur à trois. Une réponse créative pourrait être « 1 », par exemple, par une allusion ironique aux films de Kieślowski, si les cubes sont considérés, dans leur disposition, comme une œuvre d'art singulière. Et ainsi de suite. *Sens* se réfère ici à la description dans laquelle 3, N et 1 se trouvent être des réponses à la question du nombre d'objets qu'il y a sur la table.

Putnam lui-même décrit des exemples similaires et les donne pour des preuves de sa « relativité conceptuelle » ; il veut que ses exemples comptent comme des preuves contre le réalisme métaphysique au sens où il l'entend [2]. Sa thèse de la relativité conceptuelle se fonde sur l'observation familière (qui date au moins d'aussi loin que Frege) selon laquelle les réponses correctes à la question du nombre d'objets peuvent impliquer toute une gamme hétérogène de compréhensions variées d'« objets ». Ce que l'on considère être un « objet » dépend de préférences conceptuelles. Dès qu'elles sont posées, il y a de la vérité objective, *i.e.* des réponses justes aux questions concernant le nombre d'objets qu'il y a sur la table.

1. Pour plus de détail et une défense de cette position, voir *Fields of Sense*. Ce que j'entends par portée ontologique du concept frégéen de « sens » (*Sinn*) dans ce contexte est similaire au point de vue de M. Johnston dans son article de 2007 : « Objective Mind and the Objectivity of Our Minds », *Philosophy and Phenomenological Research* 75(2), p. 233-268 et au chapitre 10 de *Saving God : Religion after Idolatry*, Princeton, Princeton University Press, 2009. Cependant, je ne suis pas certain que Johnston soit vraiment engagé dans un réalisme ontologique complet, sans parler d'un pluralisme ontologique quant au « règne du sens », tel qu'il le lie à son concept d'« Esprit Objectif — la totalité des modes objectifs de la présentation » (*Ibid.*, 154). Je remercie Arata Hamawaki pour m'avoir fait prendre conscience de la similitude entre la façon que Johnston a de comprendre le règne du sens et ma notion de *champs de sens* (*fields of sense*).

2. Voir aussi H. Putnam, *L'Ethique sans l'Ontologie*, trad. fr. P. Fasula *et alii*, Paris, Cerf, 2013, p. 61-84 (chapitre traduit par A. Zielinska).

Puisque Putnam ne dévie pas de la thèse selon laquelle l'existence peut être comprise à l'aide du quantificateur existentiel, il conclut qu'il ne peut y avoir d'ontologie transcendant des préférences conceptuelles données.

La réponse à la question « combien de cubes » dans notre scénario dépend de ce qui compte en tant qu'objet. Dans *L'Éthique sans l'Ontologie*, il extrapole à partir de sa thèse ontologique :

> Comment la question de savoir si quelque chose *existe* pourrait-elle être une affaire de *convention*? Selon moi, la réponse est la suivante : ce que les logiciens appellent le "quantificateur existentiel", le symbole "(∃x)" ainsi que ses équivalents dans le langage ordinaire, les expressions "il y a", "il existe", et "il existe un", "certains", etc., *n'ont pas d'usage unique qui soit absolument précis, mais plutôt toute une famille d'usages* [1].

Le diagnostic de Putnam quant à la conséquence à tirer de cas tels que celui des cubes est donc tributaire d'une forme d'antiréalisme ontologique. Dans le passage sus-cité, il suggère clairement que la pluralité des sens d'*existence* est, d'une manière ou d'une autre « une question de convention ». Pourtant, l'affirmation selon laquelle, dans l'allégorie du cube, il y a beaucoup de réponses objectivement vraies à la question du nombre d'objets, ne doit pas nécessairement être associée à aucune forme d'antiréalisme. D'après Putnam, la pluralité de réponses correctes à la question « *combien d'objets* » dans le cas des cubes est créée par la pluralité d'usages du quantificateur existentiel. Ainsi, le point de départ de son antiréalisme fait fond sur notre capacité à décrire les situations de différentes manières. Cependant, cette question demeure : à quelles conditions la pluralité de descriptions est-elle vraiment objective? En d'autres termes, à quelles conditions peut-on considérer que l'existence est vraiment dicible de plusieurs manières? C'est là que je suis en désaccord avec Putnam. Pourquoi ne pas dire qu'il y a véritablement N objets dans le mode de description des physiciens et qu'il n'y a en a vraiment qu'un dans le mode de description de l'artiste? Le réaliste ontologique soutient que chacun a raison. C'est pourquoi le réalisme ontologique est une forme de réalisme neutre. Il ne s'engage à aucune version de l'idée d'après laquelle il y a une structure fondamentale de la réalité, une structure à laquelle la référence mettrait quelqu'un dans la position de privilégier l'un des nombreux sens auxquels les objets se manifestent à la pensée vraie.

1. H. Putnam, *L'Ethique sans l'Ontologie*, *op. cit.*, p. 66.

Dans cet ordre d'idées, je suggère que nous rendions compte différemment de l'allégorie des cubes. En premier lieu, je voudrais que l'on abandonne le réquisit métaphysique selon lequel il doit y avoir une réalité que nous décrivons de différentes façons et qui, en soi, doit être unifiée. La raison la plus simple pour laquelle il faut aller contre ce réquisit est que nos descriptions de la réalité sont par définition elles-mêmes réelles, de la même façon que ce qu'elles décrivent. Le fait que quelque chose existe, et que nous pourrions décrire de différentes manières, ne doit pas nous induire en erreur et nous conduire à penser qu'il y a un domaine d'objets dont le critère d'identité pourrait différer de ceux que nous saisissons en les décrivant comme étant tels et tels. Si le but est de faire sens d'une pluralité de descriptions vraies, nous ne nous en tirons pas mieux en postulant une réalité métaphysique apparaissant de différentes façons à des observateurs différents. Il y a une foule de raisons contre l'idée selon laquelle il y a un monde unifié mais divisé en différentes modalités d'apparitions par la présence de créatures usant de concepts dans *ce* monde.

Tout d'abord, le concept de monde comme totalité absolue est mis en danger par sa propre incohérence, comme le montrent les arguments de Kant, de Cantor et leurs continuateurs actuels : Patrick Grim [1], Graham Priest [2] et Guido Kreis [3].

En second lieu, même si la supposition d'une totalité était recevable, les objets apparaissant à la pensée vraie comme étant tels et tels (ces objets faisant l'objet de différentes descriptions) devraient en même temps appartenir au domaine « totalité absolue » [4]. Si le monde était totalité absolue, alors tout propos concernant les accès pluriels pour l'esprit à la réalité extérieure à l'esprit suppose des structures supplémentaires au monde lui-même. Par conséquence, tout compte-rendu du monde en soi devrait faire mention du fait qu'il y a des objets dans différents domaines distincts les uns des autres par le fait qu'ils contiennent des objets d'après différentes descriptions. Si tel est le cas, dans quelle description tous les

1. P. Grim, *The Incomplete Universe : Totality, Knowledge, and Truth*, Cambridge (Mass.), MIT Press, 1991.

2. G. Priest, *Beyond the Limits of Thought*, Cambridge-New York, Cambridge University Press, 2002.

3. G. Kreis, *Negative Dialektik des Unendlichen*, Berlin, Suhrkamp, 2015.

4. M. Gabriel, *Transcendental Ontology*. Voir aussi E. Schrödinger, *What Is Life ? The Physical Aspect of the Living Cell with Mind and Matter and Autobiographical Sketches*, Cambridge, Cambridge University Press, 2012, chap. 3.

objets pourraient-ils coexister dans un domaine comprenant supposément tous les autres domaines (le monde) ?

Troisièmement, l'ordre d'explication qui s'ensuit de la croyance selon laquelle différentes descriptions pourraient décrire le même domaine général des objets repose sur la conception déformée du réquisit du réalisme, à savoir la conception (sous-jacente à notre Assomption [1]) pour laquelle le débat réaliste trouve son point de départ dans le problème du monde extérieur. Nous ne pouvons introduire un concept de monde et le prendre pour le principe conducteur du débat réaliste tant que nous n'avons pas isolé de façon certaine et substantielle ce que nous entendons par *le monde* ou ce qu'il pourrait être en tant que domaine d'objets.

Mais qu'en est-il des cas qui informent notre sens global de la réalité et de l'existence ?

Ne devrait-il pas y avoir des verdicts quasiment *a priori* à propos de ce qui informe un compte rendu substantiel du monde ? Considérez l'assertion suivante :

> (E1) Il n'y a pas de licornes.

Nous supposons que la plupart de nos lecteurs pencheraient à première vue en faveur de cette proposition. Mais, bien entendu, il doit exister des licornes en un certain sens, par exemple dans le film *La dernière licorne*, ou encore dans le livre *Unicorns are Jerks*. Qu'il n'y ait qu'une seule licorne mentionnée dans *La Dernière Licorne* et qu'il y en ait beaucoup dans *Unicorns are Jerks* n'est pas vrai *parce qu'*il y a une seule réalité que nous décririons de plusieurs façons. Les trois phrases,

> (E1) Il n'y a pas de licornes.
> (E2) Il y a exactement une licorne.
> (E3) Il y a plusieurs licornes, et elles se comportent toutes très mal.

sont toutes vraies, mais pas parce qu'elles décrivent la réalité de différentes façons : plutôt parce qu'elles sont vraies dans différents champs de sens. Par exemple, (E1) est vrai pour ce qui concerne la planète terre, (E2) pour *La dernière licorne*, et (E3) pour *Unicorns are Jerks*. Le réalisme neutre, combiné au réalisme ontologique, prétend qu'il suffit pour quelque chose d'apparaître dans n'importe quel domaine pour *exister*. Il n'y a aucun besoin de l'assomption métaphysique d'un domaine de tous les domaines, assomption qui conduit à la question suivante : en quel sens ce domaine lui-même pourrait-il être lui-même dit exister ? [1]

1. Pour des arguments contre l'existence même du monde dans le sens métaphysique du terme, voir à nouveau M. Gabriel, *Fields of Sense*.

De même que dans le cas des licornes,

(E4) Faust est un objet fictionnel,

et

(E5) Faust existe en réalité

ne sont pas incompatibles, puisque la fiction et la réalité ne se différencient pas simplement parce qu'il y a un domaine singulier de tous les domaines appelé « réalité » auquel Faust devrait ou appartenir ou ne pas appartenir. La constellation littéraire est en outre bien plus complexe ontologiquement, puisque Faust, par exemple, est à la fois un personnage historique, et un personnage entré dans la légende, en plus d'être le personnage littéraire qui est tombé amoureux de Gretchen. De la même manière, *Mort à Venise* concerne véritablement Venise et Munich, et pas seulement une Venise et une Munich imaginaires, fictionnelles. La fiction n'est pas en général un domaine métaphysiquement séparé du monde au sens métaphysique (« totalité absolue »).

Dans le même ordre d'idées, Kripke fait remarquer avec une grande profondeur de vue qu'il n'y a pas que des « objets fictionnels », mais encore des « objets fictionnels fictionnels » [1]. Dans sa considération du problème, cependant, il fait marche arrière quand il accepte qu'il faille qu'il y ait à la fois un concept d'existence restreint et un concept d'existence non-restreint. Pourtant, l'existence de Faust n'est ni plus ni moins restreinte ou non-restreinte que n'importe quelle autre existence, même s'il est vrai que la pièce *Faust* n'aurait jamais existé si une imagination littéraire n'avait pris aucune part dans son ascendance causale.

Cette leçon ne doit pas être limitée, quant à ses conclusions, à l'ontologie des objets fictionnels. J'entends les phrases suivantes selon la même interprétation ontologique :

(E6) Il y a exactement un entier naturel entre 3 et 5

assertion qui concerne un domaine, à savoir le domaine des entiers naturels. De la même manière, c'est le cas pour

(E7) La République Fédérale d'Allemagne existe

elle existe, par exemple, dans l'Union Européenne, ou dans le domaine des démocraties modernes.

Quand on applique cette forme de pluralisme ontologique à l'allégorie des cubes, on peut dire qu'il y a trois cubes dans le domaine des cubes, et

1. S. Kripke, *Reference and Existence*, Oxford-New York, Oxford University Press, 2013, p. 60 (Remarque 3), 73, 78, 81.

N particules élémentaires dans le domaine d'une région spatiotemporelle particulière. La tentation d'établir un domaine de base réducteur et unifié de toutes ces expressions, et de réduire, par exemple, les cubes et l'œuvre d'art à une région spatiotemporelle correspondante viole immédiatement la croyance reçue en l'existence des autres descriptions. Carnap exprime ainsi son attachement de jeunesse au réalisme métaphysique dans l'*Aufbau* : « il n'y a [...] qu'un domaine d'objets, et donc une seule science » [1].

Mais un tel engagement n'est pas nécessaire au réalisme neutre. Comment des considérations supportant le débat sur le réalisme pourraient-elles motiver en quoi que ce soit des propositions métaphysiques substantielles telles que celle suivant laquelle la philologie, la sociologie, la science politique, et peut-être aussi la géologie, la biologie et la chimie ne sont pas toutes des sciences aux engagements objectivement vrais? Tout cela va contre l'argument selon lequel on ne peut avancer un réalisme *ontologique* que si nous nous engageons en faveur d'un réalisme *métaphysique* plus substantiel, et celui qui veut identifier ontologie et métaphysique.

Comme je l'ai fait remarquer jusqu'ici, la faiblesse du réalisme métaphysique n'implique pas de thérapie antiréaliste, puisqu'on peut encore défendre un réalisme qui soit à la fois ontologiquement réaliste et ontologiquement pluraliste. Il pourrait être utile de clarifier ma position en revenant sur la sorte de pluralisme ontologique que Kristopher McDaniel et Jason Turner ont récemment soumis à la discussion [2]. La position à laquelle ils se réfèrent et qu'ils nomment « pluralisme ontologique » n'est qu'esquissée, puisqu'ils se focalisent sur la justification métaontologique de la cohérence de l'idée même selon laquelle il pourrait y avoir « des modes d'êtres » (*ways of being*) [3]. Leur discussion quant à la viabilité

1. R. Carnap, *La construction logique du monde*, trad. fr. Th. Rivain revue par E. Schwartz, Paris, Vrin, 2002, p. 60.

2. K. McDaniel : « Ways of Being », in D. Chalmers, D. Manley, R. Wassermann (eds.), *Metametaphysics*, Oxford-New York, Clarendon Press, 2009 ; « A Return to the Analogy of Being », *Philosophy and Phenomenological Research* 81(3), 2010, p. 688-717 ; « Being and Almost Nothingness », *Nous* 44(4), 2010, p. 628-649 ; « Heidegger's Metaphysics of Material Beings », *Philosophy and Phenomenological Research*, lxxxvii, 2013, p. 332-357 ; J. Turner, « Ontological Pluralism », *The Journal of Philosophy* 107(1), 2010, p. 5-34 ; « Ontological Nihilism », *Oxford Studies in Metaphysics* 6, 2011, p. 1-54. À ce propos voir aussi B. Caplan, « Ontological Superpluralism », *Philosophical Perspectives* 25, 2011, p. 79–114.

3. J. Turner, « Ontological Pluralism », art. cit., p. 5 : « D'après le pluralisme ontologique, il y a différentes façons, différents types, et différents modes d'être ». Ce n'est pas là une remarque triviale, puisqu'elle présente le pluralisme comme une revendication non pas à

d'une telle position demeure à l'intérieur du cadre de la métaphysique. L'ontologie, pour eux, est liée à la recherche des structures fondamentales de la réalité, et dans leur conception, un désaccord ontologique concerne le sens et la fonction de la quantification existentielle au niveau de la structure fondamentale. Turner définit le pluralisme ontologique comme le concept qui dit que « *la vraie théorie fondamentale fait usage de divers quantificateurs existentiels* » [1]. Cela présuppose évidemment qu'il y ait une vraie théorie fondamentale, ce que je nie. Dans cette optique, je rejette l'idée selon laquelle nous avons seulement besoin de définir quel degré de pluralité est requis par un usage apte à la vérité du quantificateur existentiel pour sauver le monisme ontologique.

McDaniel et Turner entreprennent une ontologie domaniale au sens où nous parlons de pluralisme ontologique dans cet article – ce qui signifie qu'ils soutiennent qu'*exister* pour une chose revient à appartenir à un domaine. L'existence concerne donc des domaines et non pas la détermination de prédicats de choses et d'objets à l'intérieur d'un domaine. Turner approche de très près d'une telle ontologie domaniale.

> Les quantificateurs nous donnent des empires de choses, et les prédicats nous permettent de les subdiviser.
> Les quantificateurs sont premiers : ce n'est qu'après avoir défini nos domaines de choses, fournis par nos quantificateurs, que nous pouvons commencer à les subdiviser avec nos prédicats [2].

Le réalisme neutre ne suit pas l'assomption méthodologique répandue selon laquelle nous comprenons mieux, voire complètement l'existence en étudiant l'usage du quantificateur existentiel dans les discours pertinents [3]. Je crois que l'ordre actuel de l'explication devrait être inversé : afin de comprendre comment des assertions comprenant « ∃ » parlent de l'existence, il faut que l'on ait accès au sens d'*existence* indépendamment de tout système formel préalablement établi.

propos de la pluralité des domaines, mais des façons, types et modes d'êtres, ce qui est une façon d'être un pluraliste ontologique parmi d'autres. Cependant, je ne soutiens pas qu'il y a des façons, types ou modes d'être, mais plutôt qu'il y a des domaines d'objets (champs de sens) et que c'est la raison pour laquelle il y a différents sens d'« *existence* ».

1. *Ibid.*, p. 9.

2. *Ibid.*, p. 30.

3. Un défenseur paradigmatique de cette idée dans l'ontologie contemporaine est Peter van Inwagen. Voir *Existence. Essays in Ontology*, Cambridge, Cambridge University Press, 2014.

Malgré les différences entre les pluralismes ontologiques de McDaniel et de Turner et celui que j'ai présenté ici, nos usages divergents du terme ne sont pas de purs et simples homonymes. C'est que, dans mon vocabulaire, leur pluralisme ontologique est indissociablement lié à un réalisme métaphysique, et le réalisme métaphysique est quelque chose que je rejette. La différence entre leur pluralisme ontologique et la vision que je défends ici, est que je prends position quant à moi pour un pluralisme ontologique sans métaphysique et, nécessairement, sans réalisme métaphysique.

La vision défendue est donc un réalisme neutre, qui est neutre à la fois en ce qu'il considère que la métaphysique est un sujet vide; et que, au minimum, on ne doit pas favoriser une position métaphysique si on veut être un réaliste ontologique, à la fois pluraliste et neutre, dans le sens mis en avant dans cet essai [1].

1. La première version anglaise de ce texte était fondée sur la traduction de l'allemand par Abby Rutherford et Gregory Scott Moss. La version allemande, très différente, « Neutraler Realismus » est devenue l'article de proue pour la section discussion d'un volume du *Philosophisches Jahrbuch*, 121/II 2014, p. 352-372.

CHAPITRE V

LE RÉALISME SAUVAGE
LOGIQUE ET ONTOLOGIE CHEZ LES AZANDÉ

ÉTAT DE GUERRE (DES SCIENCES)

Le contexte de cet essai est épistémologique, il appartient à l'après « guerre des sciences ». Par cette expression grandiloquente, on a désigné les débats qui ont agité le petit monde de la philosophie des sciences et de la théorie de la connaissance à la suite de l'affaire Sokal. D'un côté se trouvent des « réalistes », souvent des philosophes analytiques anglo-saxons, mais pas seulement, puisqu'il existe maintenant une foule d'analytiques français et plus largement continentaux. De l'autre, on a affaire à des « constructivistes », souvent des tenants de la *French Thought*, mais pas seulement, dans la mesure où beaucoup de Nord-américains se reconnaissent dans ce type de pensée.

J'avoue avoir du mal à me situer dans ces débats. Je suis spontanément porté vers le « constructivisme », mais je ne comprends pas pourquoi il faudrait que je renonce à parler en termes « réalistes ». Il est bien vrai qu'il y a de la construction, que tout, dans l'invention des théories, est toujours pris dans de complexes parcours enchevêtrés, dans de sinueuses aventures historiquement et sociologiquement déterminées. J'aurais donc tendance, d'abord, à faire droit aux réquisits d'historicisation et d'anthropologisation émanant des « *science studies* », expression que l'on traduit en français par « études sociales de science ». En même temps, je ne vois pas pourquoi, par-delà la contingence de telles déterminations, on devrait renoncer à la portée réaliste de nos constructions : ce que nous inventons nous permet parfois d'atteindre les choses mêmes, d'effectuer de profonds coups de sonde en direction de la réalité, en un mot de découvrir ou de dévoiler des pans entiers et concrets de la nature.

Je dirais, en me référant au travail de clarification proposé par Ian Hacking dans *The Social Construction of* What?[1], que je suis contingentiste. Hacking a en effet isolé un premier point de blocage dans la guerre des sciences : à l'inéluctabilité des découvertes scientifiques défendue par les réalistes s'oppose l'attachement constructiviste à la contingence de l'avènement des connaissances. Si je me réfère au deuxième point de blocage, proprement métaphysique, qui concerne l'engagement ontologique de l'homme de science, je dois admettre que je suis idéaliste ou nominaliste. Et cependant, cette adhésion à des thèses constructivistes ne m'empêche nullement d'être réaliste, au sens où je suis d'avis que toutes nos projections retrouvent et recouvrent des entités indépendantes de nous. La médiété de ma position se manifeste dans le rapport à ce que Hacking identifie comme troisième point de blocage, à savoir le problème de la stabilité des énoncés scientifiques. Je ne vois pas pourquoi il faudrait attribuer toute la stabilité soit aux objets – la portée ontologique des énoncés conditionnant seule leur stabilité selon le réaliste –, soit aux sujets – tout revenant pour le constructiviste aux réseaux psycho-sociaux, à l'insertion des non-humains dans la toile des relations instaurées par les humains. Car il y a, dans l'invention des théories ou l'élaboration des énoncés, indissociabilité des circonstances naturelles et réalistes d'une part, des conditions culturelles, mentales ou sociales d'autre part.

J'ajouterai une précision liée à deux « surdéterminations affectives » du débat, soulignées par Hacking. Premièrement, le savant réaliste a le sentiment que le constructiviste sape son travail en « dévoilant » les soubassements historico-sociaux de son engagement ontologique. Il est donc méfiant à l'égard de ce qu'il perçoit comme une entreprise de « démystification ». Deuxièmement, le réaliste se sent politiquement débordé sur sa gauche par le constructiviste. Il pensait que ses découvertes étaient porteuses de progrès. Voilà que son adversaire lui coupe l'herbe sous le pied en faisant apparaître le dévoilement démystificateur comme un processus d'émancipation : la diversité des pensées n'est plus inféodée à la pratique théorique moderne, les raisons des autres ne sont plus mesurées à l'aune de notre rationalité ni rejetées au nom de ses vérités. Or je suis d'accord pour intégrer des ingrédients psycho-sociaux et historico-culturels à la somme des déterminants entrant dans la composition d'une connaissance fiable. Je suis décidé à défendre la possibilité des connaissances qui ne viendraient pas d'abord s'inscrire dans les cadres

1. I. Hacking, *Entre science et réalité. La construction sociale de* quoi ?, trad. fr. B. Jurdant, Paris, La découverte, 2002, p. 98-135.

modernes d'expérimentation et de rationalisation, en somme pour sortir du laboratoire et voir si d'autres savoirs s'élaborent ailleurs, autrement. Dès lors, je suis partisan de mettre de l'eau historique et anthropologique dans mon vin épistémologique. Mais l'ivresse épistémologique est essentielle aussi, et la démystification constructiviste ne saurait nous dessaouler totalement. Elle devrait plutôt nous introduire à d'autres ivresses. Descendre jusqu'au détail anthropologique ou historique de la diversité des pratiques théoriques ne doit pas nous conduire à renoncer aux exigences de l'épistémologie, mais au contraire à élargir le spectre de ce que nous entendons par connaissances ou sciences, et nous permettre d'approcher d'autres genres de vérités, voire d'autres vérités tout court.

La récente « anthropologie de la nature » de Philippe Descola a semblé faire un pas dans cette direction, en faisant droit à une multiplicité d'« ontologies » [1]. Mais la question se pose de savoir si Descola prend au sérieux l'existence de telles ontologies. Car cette anthropologie ne nous projette pas dans la poussière du monde en nous faisant suivre la pente ontologique que les autres descendent. Elle se retient et nous retient d'épouser un tel élan ou de telles tendances. Elle nous entraîne tout au contraire dans une régression ou dans une remontée en deçà de la pente, en nous ramenant à la racine de l'élan ou des tendances, au cœur des ressorts mentaux des sujets de l'identification du monde ou de la projection des idées. Loin d'assumer l'irréductible diversité humaine des relations gnoséologiques à la nature, l'anthropologie de la nature se rabat sur l'unité cognitivo-centrée d'un timide « universalisme relatif ». Plutôt que de nous apprendre ce que les « ontologies » nous apprennent du monde, elle s'interroge sur les conditions d'apprentissage du monde pour les autres, et cela en usant des ressources de notre science (cognitive) de l'apprentissage. La multiplicité naturaliste de départ conduit, via l'unicité du fondement cognitif, à une symétrisation multiculturaliste : les autres aussi cultivent un certain rapport à la nature, et sous ce rapport, compte tenu des structures de l'esprit humain et de ses tendances à identifier, nous ne différons pas les uns des autres. Mais aussi bien, subrepticement, c'est la question du réalisme en général, y compris moderne, qui est escamotée. En remontant au fondement, on a mis à distance et bientôt oublié l'expérience sauvage. Celle-ci, considérée en elle-même, n'aurait-elle pas dû conduire à envisager l'existence d'un véritable réalisme

1. Voir Ph. Descola, *Anthropologie de la nature. Leçon inaugurale prononcée le jeudi 29 mars 2001*, Paris, Collège de France, 2001, en particulier p. 27-28 et *Par-delà Nature et Culture*, Paris, Gallimard, 2005.

sauvage, symétrique du réalisme moderne, et de même niveau scientifique et ontologique que lui ?

Soulignons la portée politique de ces considérations. Je le rappelle, c'était l'ultime caractérisation des points de blocage de la guerre des sciences, la deuxième et dernière surdétermination affective du débat. Mais là encore, on n'a pas à trancher entre réalistes et constructivistes, on n'est pas tenu de s'engager dans un camp plutôt que l'autre, dans la mesure où les camps sont mal faits, l'opposition mal dessinée et incorrectement pensée : on n'a pas à choisir entre le mythe moderne du progrès agité par les réalistes et la démystification « postmoderne » offerte par les constructivistes. Accordons-nous avec le constructivisme pour dévoiler, mais à condition d'affirmer que ce que l'on dévoile chez les autres, mêlé à des constructions historiques et sociales, à des projections mentales et culturelles, c'est encore du réel, une autre et une nouvelle connaissance du réel. Dès lors, on n'a pas à abandonner l'idée de progrès, mais on admettra que le progrès même passe par une nette renonciation aux exigences européano-centrées du réalisme moderne, assortie d'une plus grande attention accordée au réalisme sauvage et aux vérités découvertes par ce réalisme. Les impératifs, à la fois gauchistes et pragmatistes, de l'anthropologie constructiviste nous contraignent à faire un détour, mais ce détour est loin d'être problématique puisqu'il nous reconduit aux attendus critiques d'une gauche épistémologique plus classique [1].

« Si nous étions à leur place, nous raisonnerions comme eux » : cette phrase résume parfaitement mon programme, elle rend compte de la tâche qui attend l'épistémologie dès lors qu'elle accepte de relever le défi imposé par le détour anthropologique. Elle est due au philosophe de la connaissance Émile Meyerson qui l'employait, dans le cadre d'une discussion critique de l'anthropologie de la « mentalité primitive », pour dire le type très particulier de relation qui peut et doit s'établir entre le réalisme moderne et l'expérience bororo de la réalité [2].

On a souvent dit de l'épistémologie meyersonienne qu'elle est « réaliste ». Mais elle a un pouvoir d'enveloppement de tous les

1. À cet égard, la différence est grande avec Bruno Latour, dont les « politiques de la nature » noient tout dans la nuit noire et sans référence d'un « bain d'acide lactique » et renoncent à l'exercice d'une pensée critique. Je me permets de renvoyer sur ce point à F. Fruteau de Laclos, « Les voies de l'instauration : Souriau chez les contemporains », *Critique*, n° 775, décembre 2011, p. 931-948

2. É. Meyerson, *Du cheminement de la pensée* [1931], Paris, Vrin, 2011, p. 117-120. J'ai évoqué une première fois ces débats dans *Émile Meyerson*, Paris, Les Belles Lettres, 2014, en particulier p. 159-182.

réalismes qui la rend incommensurable aux positions réalistes défendues ou attaquées dans la guerre des sciences. Si Meyerson est réaliste, ce n'est pas au sens où il dirait ce qu'est le réel. Il n'accorde pas davantage sa foi au sens du réel de ses contemporains, les hommes de science révolutionnaires de son temps, inventeurs de la théorie de la relativité ou des quanta. S'il est réaliste, c'est dans la mesure où il juge que personne, ni le moderne ni le supposé « primitif », ne doute de la portée réaliste de ses constructions. Mais lui-même, en tant qu'épistémologue informé de la bizarrerie historiquement et anthropologiquement attestée des visions du monde, n'adhère à aucune postulation en particulier : il entreprend plutôt de décrire les conditions de la postulation ou de la construction des hypothèses sur la nature du réel. Meyerson est donc moins réaliste qu'il n'est l'épistémologue du ou des réalismes, le philosophe de la tendance à viser le réel et de la conviction de l'avoir atteint, enfin le peintre des pans de la nature effectivement atteints par ces visées.

Le « réalisme » de Meyerson est malheureusement l'objet d'incessantes reprises à contresens, aussi bien de la part des réalistes que du côté des constructivistes, les premiers identifiant en Meyerson un allié, les seconds un ennemi. Claudine Tiercelin y voit un soutien de premier plan dans son entreprise métaphysique réaliste : comme lui, elle prétend s'interroger sur ce qui fait le « ciment des choses ». Toutefois, elle affirme également préférer les « soieries » de la « philosophie de la nature » aux « cotonnades » de la « philosophie de l'intellect » de Meyerson [1]. C'est dire si Claudine Tiercelin saute allégrement le pas qui sépare l'humilité d'une anthropologie des connaissances réalistes des ambitions démesurées d'une métaphysique scientifique réaliste. Dans le même temps, la constructiviste Isabelle Stengers se défie de ce penseur qui paraît en savoir un peu trop long sur le cheminement de la pensée et qui présente le mécanisme d'identification comme une « fatalité » pour la raison humaine. Dans ses moments les moins polémiques, elle reconnaît cependant que Meyerson fait une grande place à la contingence des identifications, locales ou historiquement situées, de la science et du sens commun [2].

1. Voir Cl. Tiercelin, *Le ciment des choses. Petit traité de métaphysique scientifique réaliste*, Paris, Ithaque, 2011, p. 13 et *La connaissance métaphysique. Leçon inaugurale prononcée le jeudi 5 mai 2011*, Paris, Collège de France, 2011, http://lecons-cdf.revues.org/449,[DOI]10.4000/lecons-cdf.449, consulté le 3 juin 2017.

2. Voir I. Stengers, *Cosmopolitiques, 1. La guerre des sciences*, Paris-Le Plessis-Robinson, La découverte-Les empêcheurs de penser en rond, p. 29-49 et *L'hypnose en question, de Lavoisier à Lacan* (avec L. Chertok), Paris, Payot, 1989, p. 180-186.

LA SORCELLERIE AZANDÉ. ÉTUDE DE CAS

Que devons-nous trouver dans les idées des autres pour que nous puissions parler non seulement d'une pensée sauvage, mais bien plus d'un réalisme sauvage? Disons, de manière très générale, des causes naturelles d'une part, une manière rationnelle de se rapporter à ces causes d'autre part. Ces ingrédients me paraissent avoir été identifiés par certains chercheurs en anthropologie sociale et en sociologie de la connaissance.

Soit le cas de la magie zandé ou azandé. Les Zandé ou Azandé sont un peuple d'Afrique centrale, vivant dans le nord de l'actuelle République démocratique du Congo, à cheval sur la frontière avec le Soudan. Leurs pratiques sorcières ont fait l'objet d'une étude détaillée due à l'anthropologue britannique Edward Evan Evans-Pritchard, et cette étude à son tour a fait l'objet d'un commentaire sociologique de la part de David Bloor, de l'université d'Edimbourg. Toute la question est de savoir, dans la foulée des remarques de Lucien Lévy-Bruhl sur la « mentalité primitive », si les Azandé raisonnent de travers, si, suivant les termes d'Evans-Pritchard, ils « perçoivent » ou non « la contradiction comme nous le faisons » [1].

L'explication azandé selon E. E. Evans-Pritchard et D. Bloor

Voyons ce qu'il en est. Toutes les calamités humaines sont le fruit de la sorcellerie selon les Azandé. Or, pour être sorcier, il faut et il suffit que se trouve dans le ventre de l'individu une « substance ensorcellante ». Cette substance est un caractère physique qui se transmet de génération en génération. La logique voudrait que, dès qu'un cas de sorcellerie est avéré, toute une lignée de sorciers soit identifiée. Mais les Azandé ne procèdent absolument pas à une telle induction. Ils s'arrangent toujours pour trouver des exceptions à la règle, pour contourner d'une façon ou d'une autre la thèse d'une transmission héréditaire de la substance ensorcellante. La conclusion épistémologique que l'on serait tenté de tirer d'une telle observation anthropologique est que les Azandé ne sont pas arrêtés par le principe de contradiction. Ils seraient indifférents à la stricte observance des lois logiques et leur pratique théorique relèverait typiquement de la « mentalité prélogique » dont rendait compte Lévy-Bruhl.

1. E. E. Evans-Pritchard, *Withcraft, Oracles and Magic among the Azande* [*Sorcellerie, oracles et magie chez les Azandé*, trad. fr. L. Évrard, Paris, Gallimard, 1972], cité par D. Bloor, *Socio-logie de la logique. Les limites de l'épistémologie*, trad. fr. D. Ebnöther, Paris, Pandore, 1983 [traduction de *Knowledge and Social Imagery*, London, Routledge & Kegan Paul, 1976], p. 156.

Un examen plus poussé montre qu'il n'en est rien. Reproduisons le schéma syllogistique d'un raisonnement azandé [1] :

> Le membre d'un clan est déclaré sorcier
> Inférence possible : tous les membres du clan sont des sorciers
> Mais tout le monde sait que tout le clan ne peut être sorcier
> Conclusions déviées : il y a des sorciers froids

En vérité, les Azandé ne sont pas contradictoires. Ils savent très bien – parce qu'ils le constatent empiriquement – que tous les individus d'une même lignée ne sont pas des sorciers. Ils vont dès lors raisonner. Leur raisonnement consiste en une réflexion sur les conditions auxquelles le principe de la présence d'une substance ensorcellante peut s'appliquer sans contradiction. Deux possibilités s'offrent à eux : la substance en question n'est pas active chez les individus considérés, ou alors elle l'a été et elle ne l'est plus ; dans ce dernier cas, on a affaire à un « sorcier froid » ou à un sorcier dont la substance s'est « refroidie ».

C'est tout à fait typique du raisonnement scientifique. D'abord, la postulation d'une substance est strictement conforme aux canons d'une explication ou de la recherche d'une explication dans les sciences. C'est en ces termes en tout cas que Meyerson développait ses analyses épistémologiques. On a beaucoup moqué la « vertu dormitive » par laquelle Molière s'employait à « expliquer » les effets de l'opium sur l'un de ses personnages, et Molière lui-même moquait ce procédé « logique » de la médecine dans *Le malade imaginaire*. Mais le fait est – précise Meyerson – que les explications scientifiques sont en général de cet ordre : les savants en appellent à des « vertus » ou à des « puissances » susceptibles de rendre raison de l'apparition et de l'évolution des phénomènes [2]. La célèbre hypothèse chimique du phlogistique était de ce genre : elle représentait la « vertu de combustilité » des corps. Dira-t-on que l'existence d'une telle vertu a été vivement contestée, qu'elle a même été renversée par une chimie enfin moderne et scientifique, la chimie de l'oxygène de Lavoisier ? Mais de deux choses l'une. D'une part, tout le monde ne s'accorde pas à faire passer le fil de la « coupure épistémologique » entre Stahl, Cavendish, Scheele, Priestley d'un côté et Lavoisier de l'autre. Ainsi Kant voyait-il avec Stahl l'avènement d'une chimie enfin scientifique. D'autre part, l'oxygène ne représente lui-même qu'un phlogistique négatif : il a suffi

1. Nous reprenons le schéma qui se trouve chez Bloor, *Socio-logie de la logique*, *op. cit.*, p. 159.

2. Voir É. Meyerson, *De l'explication dans les sciences* [1921], Paris, Fayard, 1995, chap. x, « L'état de puissance », p. 399-421.

que Lavoisier renverse littéralement le phlogistique pour constituer sa chimie ; rien ne se perd dans le corps en combustion, mais il s'ajoute un élément, la combustion ne représentant qu'une oxygénation. Certes, il fallait penser à ce renversement, véritablement révolutionnaire. Tant qu'ils ont pu, les expérimentateurs qui ont précédé Lavoisier ont produit des hypothèses auxiliaires, des hypothèses *ad hoc*, mais cette production théorique leur a permis de préparer la révolution chimique de Lavoisier : ils avaient amassé grâce à la théorie du phlogistique une foule de faits significatifs ; ils disposaient grâce à elle d'un outil de découverte et d'un moyen d'explication remarquables. Pour ceux qui, dans une veine épistémologique française, douteraient de l'intérêt de la doctrine de la vertu de combustibilité, on ne peut que renvoyer aux débats actuels en philosophie analytique sur les « vertus », les « dispositions » ou les « pouvoirs causaux » [1].

Les Azandé ne procèdent pas autrement. Avec la substance ensorcellante, ils disposent d'une vertu explicative qui leur permet de rendre raison d'une foule de phénomènes, en particulier des calamités qui les frappent. Comme l'application d'un tel principe explicatif souffre certaines exceptions notables, ils produisent des hypothèses *ad hoc*. L'hypothèse de la froideur ou du refroidissement de la substance, de l'inactivité ou de la désactivation de la puissance, leur offre la possibilité de comprendre les exceptions tout en maintenant le cadre gnoséologique général. Ainsi peuvent-ils continuer de vivre dans leur milieu naturel en l'expliquant ; ils persévèrent dans l'existence tout en produisant une science de l'essence ou des essences de cette existence.

Défense et illustration d'un empirisme démodé

David Bloor commente en des termes très intéressants la logique azandé ; plus précisément les rapports du formel et de l'informel, du logique et de l'empirique, chez les Azandé. Il est ainsi d'avis que « l'application des schémas logiques est un simple moyen d'ordonner après-coup nos réflexions, et [qu'] elle est toujours sujette à négociation [2] ». Plus généralement, il juge qu'il y a une « priorité de l'informel sur le formel », que « l'application des principes formels est toujours un sujet

1. B. Gnassounou, M. Kistler (dir.), *Causes, pouvoirs, dispositions en philosophie. Le retour des vertus dormitives*, Paris, P.U.F, 2005.

2. D. Bloor, *Socio-logie de la logique*, *op. cit.*, p. 157 ; voir également p. 158 : « La logique de l'institution ne menace pas l'institution de la sorcellerie car un raisonnement logique peut toujours s'en voir opposer un autre ».

potentiel de négociation informelle [1] ». Par son attention à l'« informel », Bloor procède, au cœur de son analyse de la pensée sauvage, à une reconnaissance du réalisme sauvage. Il ne s'attache pas seulement à l'idéel chez les « Primitifs », mais prend en compte et au sérieux leur rapport à l'expérience. La reprise commentée de l'étude anthropologique de la magie azandé par le sociologue de la connaissance est l'occasion d'affirmer avec force son souci d'un abord empiriste de la connaissance des autres, un tel empirisme fût-il, comme il en convient, totalement « démodé » :

> Laissons les philosophes débattre comme ils veulent de ces problèmes de justification, de logique et de langage. L'important pour une étude naturaliste de la connaissance, c'est d'offrir une représentation solide et plausible du rôle de la sensation. S'il se trouve que cette représentation est exprimée dans le même langage qu'un empirisme démodé, alors tant mieux pour notre héritage philosophique auquel nous restons plus fidèles que beaucoup d'empiristes récents [2].

Les « problèmes de justification, de logique et de langage » auxquels Bloor fait allusion et dont il estime qu'ils doivent être laissés aux « philosophes » concernent des débats importants de l'histoire de l'épistémologie, au premier chef la discussion sur le « langage d'observation » et le « langage théorique ». Cette distinction, héritée du Cercle de Vienne, renvoie à une ligne de fracture assez nette entre approches réalistes et principes constructivistes. La théorie réaliste de la connaissance trouve en effet dans la reconnaissance de l'existence d'un pur langage observationnel, faits d'énoncés-protocoles (*Protokollsätze*), le moyen de départager les langages théoriques en concurrence, les différents systèmes d'explication s'affrontant pour être confirmés ou ne pas être réfutés par les descriptions faites des procédures d'expérimentation. Mais les thèses défendues par Thomas Kuhn dans *La structure des révolutions scientifiques* ont ouvert la voie au constructivisme : s'il est impossible de séparer les théories et les faits, s'il n'y a aucun sens à chercher à rapporter nos idées à ces faits pour les vérifier ou les invalider, cela signifie que rien n'est donné à quoi nous pourrions mesurer nos prétentions explicatives ou nos visées descriptives, que tout, en somme, est construit [3].

1. *Ibid.*, p. 149-150; voir également p. 151 : « Ce qu'on peut négocier, c'est n'importe quelle application particulière de cette règle. [...] Le fait que l'application des principes formels d'inférence soit négociée explique certaines variations importantes dans le comportement logique ou mathématique. »

2. *Ibid.*, p. 37.

3. Th. Kuhn, *La structure des révolutions scientifiques* [1962, 1969], trad. fr. L. Meyer, Paris, Flammarion, 1972, p. 169-181.

Or, il faut y insister, Bloor se détourne de tels débats. « Il existerait – écrit-il – deux langages de nature différente : le langage des faits et le langage de la théorie. [...] Certains ont mis en question la vérité ou même la haute probabilité des croyances prétendument tirées de l'expérience et, plus récemment, l'ensemble de la conception des deux langages[1] ». Mais Bloor n'y croit pas, cela ne l'intéresse pas. Il entend au contraire « faire entrer dans la sociologie de la connaissance une composante aussi scandaleusement empiriste » que celle que l'on trouve dans l'empirisme de John Stuart Mill ; il se réclame d'un « type d'empirisme » qui a un « sens biologique et évolutionniste » « aussi méprisé par les empiristes modernes que par leurs adversaires ». En cela consiste une « étude naturaliste de la connaissance » : analyse des conditions, toujours différentes dans l'histoire des savoirs et des connaissances, par lesquelles les données de l'expérience viennent affecter nos sens et appeler l'élaboration de théories susceptibles de les expliquer. Sur le volet « biologique et évolutionniste », on se reportera à l'importance accordée par Bloor, via la référence à la *Logique* de Mill, aux conditions génétiques de l'apprentissage mathématique et, en celles-ci, au « témoignage des sens »[2]. Ce sont là des références « démodées » dans la mesure où Mill paraît avoir été définitivement réfuté pour son « psychologisme »par Gottlob Frege.

Il est bien vrai que Bloor s'accorde partiellement avec Frege. Ce logicien a raison dans ce qu'il nie chez Mill : tout dans les sciences ne se réduit pas aux données subjectives de la psychologie. Mais il a tort dans ce qu'il affirme, par-delà Mill, sur le mode d'existence des idéalités mathématiques. Car l'objectivité des formes logiques ou mathématiques n'est pas assurée par de telles idéalités, mais par l'autorité des institutions sociales : « si on veut donner un sens fondamental à la définition de Frege [de l'objectivité], il faut assimiler l'objectivité au social. La croyance institutionnalisée satisfait à cette condition : elle est l'objectivité[3] ». L'intérêt du « sociologisme » de Bloor est d'ouvrir une voie objectiviste originale entre les conditions subjectives de la genèse empirique et les présupposés idéalistes d'un certain platonisme de la logique et des mathématiques.

1. D. Bloor, *Socio-logie de la logique*, *op. cit.*, p. 37.

2. J. S. Mill cité par D. Bloor, *Socio-logie de la logique*, *op. cit.*, p. 101.

3. *Ibid.*, p. 110 ; voir également p. 118 : « L'autorité est une catégorie sociale, et il a été important de s'apercevoir que la définition de Frege n'était pleinement satisfaisante que si on y ajoutait le rôle des institutions sociales. Ce que nous avons fait, c'est donc développer sur un plan sociologique la théorie de Mill. La composante psychologique de cette théorie nous a donné le contenu des idées mathématiques, la composante sociale explique la sélection parmi les modèles physiques et leur aura d'autorité. »

Symétriser les croyances ?

Ici, il faut s'arrêter un peu, dans la mesure où ce tableau de la sociologie de la connaissance de Bloor diffère de celui qu'on nous propose en général. On estime que l'apport principal de ce membre de l'« École d'Edimbourg » est d'avoir procédé à une première mise en balance anthropologique des savoirs. Il a prétendu traiter à égalité les croyances vraies et les croyances fausses, ce qui après-coup se révèle être une vérité scientifique et ce qui nous apparaît rétrospectivement comme un énoncé erroné. C'est que, plaide Bloor, sur le moment, à savoir durant la période où s'affrontent des théories scientifiques concurrentes, il est impossible de savoir quelles croyances seront admises comme vraies et quelles autres seront tenues pour erronées. L'issue des controverses ne saurait être tranchée *a priori*, pour de simples raisons rationnelles ou en vertu de bonnes et précises adéquations à l'expérience : tout se joue dans l'adhésion que manifesteront les sujets de la connaissance à l'égard des propositions formulées, cette adhésion ne se laissant clairement appréciée que par l'analyse des causes sociales qui président à la circulation et à l'imposition des théories.

Ce que je viens de résumer, c'est le principe dit « de symétrie » ou « d'impartialité », pour lequel Bloor est connu et reconnu. Pour être tout à fait exact, il faut préciser qu'il est attaqué aussi bien par les réalistes que par les constructivistes pour avoir mené cette symétrisation, les premiers lui reprochant d'avoir poussé le bouchon trop loin, les seconds pas assez loin. On lui en veut dans les deux camps d'avoir restreint la connaissance à sa composante sociale. Bloor s'emploie à instituer une « science de la science », mais la science de second degré qu'il invoque est assimilée à une science de la culture, à savoir la sociologie : il y a bien des causes de l'acceptation, mais elles sont toujours et seulement sociales. Les réalistes déplorent ainsi que soient sous-évaluées les causes naturelles susceptibles de rendre compte de la portée réaliste de nos croyances vraies, que soit sous-estimée la manière dont, dans l'interaction, celles-ci peuvent se révéler être en adéquation avec les faits auxquels nous avons affaire et que nous tentons d'expliquer. Par-delà ces débats sur la causalité sociale ou naturelle, ils regrettent également que soit négligée la rationalité inhérente à nos procédures argumentatives [1]. Le constructiviste regrette également que la portée de l'analyse de Bloor soit sociale et rien que sociale. Il plaide pour une extension de la symétrisation aux causes naturelles. L'impartialité à l'égard des croyances ou des cultures scientifiques est une

1. Voir par exemple A. Barberousse, M. Kistler et P. Ludwig, *La philosophie des sciences au XXe siècle*, Paris, Flammarion, 2000, p. 165-169.

bonne chose, mais elle ne mène qu'à une posture « multiculturaliste ». Or, il faudrait pouvoir reconnaître qu'aux croyances correspondent des choses, qu'aux cultures répondent des natures, constituant toutes ensemble d'indécomposables « ontologies ». Autrement dit, le principe de symétrie doit être généralisé et au multiculturalisme doit être adjoint un authentique « multinaturalisme » [1]. On pourrait avoir l'impression que, sur un point au moins (le premier), en appelant à une prise en compte des choses naturelles, le constructiviste s'accorde avec le réaliste. Il n'en est rien, tant diffèrent ce que l'un et l'autre appellent « cause » ou « chose ». En effet, si le social ne peut être considéré indépendamment du naturel, inversement ou symétriquement, il n'est pas de choses qui soient dissociables de stratégies toutes rhétoriques pour faire valoir une cause : le non-humain ne saurait être pensé sans l'humain qui se fait son porte-voix ou son héraut. Ainsi, la tentative réaliste pour jeter un pont (causal) entre l'esprit et la nature n'est pas seulement vaine, elle est inutile : nous n'avons pas à rejoindre l'autre rive, celle des choses, depuis la retraite de nos idées, car nous parlons au milieu d'elles et elles parlent par nous. Par où, au passage, se manifestent la vacuité en même temps que l'innocuité du second reproche réaliste adressé à la symétrisation : il n'y a pas lieu de distinguer croyance et raison, attachement ontologique à une chose et défense rhétorique d'une cause.

Cela, ce sont les visions réaliste et constructiviste de la sociologie de Bloor. Mais elles ne correspondent pas à ce que l'analyse de la magie azandé nous permet de repérer. Car Bloor n'est pas le constructiviste social qu'on nous dépeint de chaque côté. Il est bien vrai qu'il y a de sa part construction sociale plutôt que reconnaissance de l'objectivité rationnelle. La construction « rationnelle » a une portée sociale et non pas cosmique, la cosmologie étant elle-même conçue comme une des composantes du legs de l'institution sociale. Bloor estime par exemple que la conception, répandue au Moyen Âge, d'un monde fait d'un ensemble de sphères concentriques, en tant qu'« élément de la théorie cosmologique de l'époque », est une « composante théorique de la connaissance », *c'est-à-dire* « un phénomène social, une croyance institutionnalisée, un élément de la culture. C'était la vision du monde reçue et transmise, cautionnée par les autorités, soutenue par la théologie et la morale et qui, en retour, servait à les étayer [2] ». Voilà une conception que ni le réaliste ni le constructiviste ne peuvent accepter. Mais de part et d'autre, on néglige

1. Sur tous ces points, voir B. Latour, *Nous n'avons jamais été modernes. Essai d'anthropologie symétrique*, Paris, La découverte, 1991, p. 112-116, 124-131.

2. D. Bloor, *Socio-logie de la logique*, *op. cit.*, p. 110.

un ingrédient qui est pourtant au point de départ de l'« étude naturaliste de la connaissance », qui la fonde et refait surface dans les études de cas, notamment dans l'analyse de la sorcellerie azandé : l'importance accordée à l'expérience, appréhendée dans les termes « démodés » de Mill du « témoignage des sens » ; la reconnaissance de la priorité de l'informel sur le formel, des situations particulières sur les schémas logiques, de la négociation de la subsomption des cas sur l'application stricte et bornée des règles. La « symétrisation » que conduit Bloor comprend en vérité les éléments suivants : des causes naturelles et des raisons formelles (quoique socialement motivées), mais aussi des processus de négociation portant sur la façon dont les agents connaissants parviennent à donner un sens rationnel aux choses dont ils font l'expérience, c'est-à-dire selon Bloor à adapter leurs raisons aux causes matérielles qui affectent et informent leurs sens.

Il y a symétrisation dans la mesure où le sociologue identifie du réel et du mental, du donné causal et du construit théorique, chez les autres autant que chez nous. En particulier, l'illogisme est indûment attribué à la mentalité sauvage, comme si l'on avait affaire, par exemple chez les Azandé, à d'intenables contradictions entre les cas de l'expérience et les formes de la pensée. On a bien plutôt affaire à une souple navette permanente entre les conditions empiriques de l'information et la formalisation des cadres d'intellection. Ainsi apparaît la complétude de la connaissance des autres : elle n'est pas seulement cohérente et consistante, comme le montrait déjà l'approche symboliste de la pensée sauvage ; comprenant une composante expérimentale, témoignant pour une forte tendance réaliste, elle se révèle science sauvage de la nature. Les Azandé sont très logiques, mais pour le comprendre, il ne faut pas raisonner abstraitement, mais plutôt voir contextuellement comment se négocient les contradictions – ou ce qui nous paraît tel –, en rapport avec quelle expérience phénoménale ou cosmique, moyennant la médiation négociée de quels principes d'ordre logique.

Bombardier ou automobiliste, qui est l'assassin ?

À vrai dire, pour que la symétrie soit parfaite, il faudrait pouvoir montrer que nous, modernes occidentaux, ne procédons pas autrement dans les trois quarts de nos mouvements d'intellection. Je l'ai montré plus haut en empruntant la voie courte de la démonstration meyersonienne de la pertinence du discours occidental savant des vertus ou des puissances : par nos raisons, nous présupposons des causes au fondement des phénomènes ; et nous adaptons constamment le réseau de nos raisons et de nos causes au faisceau mouvant des variations phénoménales. Il est frappant de constater que l'exemple du phlogistique est également pris par Bloor[1]. Dans la foulée de l'analyse de la magie azandé, Bloor signale la complexité gnoséologique de la moindre de nos pratiques théoriques. Si nous étions à la place des Azandé, nous devrions parvenir à raisonner comme ils le font, en dépit du dépaysement dont sont porteuses leur vie et leur connaissance au regard de nos propres expériences et des explications que nous produisons généralement. Inversement ou symétriquement, Bloor montre tout ce que pourrait avoir d'exotique, d'étonnant, d'incompréhensible même au premier abord pour des Azandé, le tissu de raisons que nous inventons pour rendre compte des situations en lesquelles nous plongent nos existences. Aussi bien, ils auraient eux-mêmes tendance à nous trouver totalement illogiques, car il leur manque l'arrière-plan naturel et historico-social qui est le nôtre. Rappelons le petit exercice de sociologie-fiction auquel se livre Bloor sur les automobilistes et les chasseurs militaires pour souligner la « relativité » des définitions du meurtre et de la mort accidentelle.

Soit la définition de ce qu'est un assassin dans notre culture : « quelqu'un qui tue délibérément[2] ». Il se trouve que le cas des pilotes de bombardiers entre sous cette définition, pour autant qu'ils tuent délibérément. Nous devrions donc être amenés à conclure que ce sont des assassins. Et cependant nous ne le faisons pas. Nous comprenons l'inférence, nous entendons qu'elle puisse être logiquement tirée, mais nous ne nous y rendons pas. Nous objectons que les pilotes de bombardiers accomplissent leur devoir. Du point de vue azandé, cette clause spéciale, ce détour par des raisons d'ordre moral, passera aisément pour la production d'une hypothèse *ad hoc* en vue de sauver nos principes, de ne pas entamer la rationalité de nos consécutions. Voici la conclusion que Bloor tire de tous ces développements :

> Nous avons été habitués à accepter les actions des pilotes de bombardiers et des automobilistes. Les institutions sont stables, et ce sont nos raisonnements informels qui procèdent aux ajustements nécessaires. [...] L'assimilation

1. La médiation historiographique de Kuhn, discuté par Bloor, explique la présence du cas en question. Le phlogistique est un exemple central de l'analyse kuhnienne du changement de paradigme en chimie. Or Kuhn avait une connaissance profonde des écrits de Meyerson. Voir Th. Kuhn, *La structure des révolutions scientifiques*, *op. cit.*, p. 8 ; *La tension essentielle*, Paris, Gallimard, 1990, « Relations entre l'histoire des sciences et la philosophie des sciences » [1968], p. 44.

2. D. Bloor, *Socio-logie de la logique*, *op. cit.*, p. 159 pour cette citation et toutes celles qui suivent dans le paragraphe.

inductive de tel cas à tel autre passe avant les déductions formelles qui nous amèneraient normalement à émettre des condamnations.

Bloor a en effet pris l'exemple des morts accidentelles sur la route. Confronté à nos comptes rendus raisonnés de telles situations, l'Azandé ne manquerait pas d'être « frappé par la manière dont les concepts d'accident, de hasard, de responsabilité, d'erreur et d'intention prolifèrent et se mélangent dans notre culture. » N'est-ce pas le signe que nous tentons d'échapper à la « force logique » des raisonnements par « tout un arsenal de distinctions métaphysiques embrouillées et changeantes » [1] ?

Les Azandé ne font preuve d'aucune « mentalité primitive » ; si nous continuons de les déclarer illogiques, il faudra admettre que nous le sommes autant qu'eux. Tel est l'enseignement que nous pouvons tirer de leur point de vue sur nos aviateurs de guerre et nos conducteurs de voiture. Tout le monde est illogique ou personne ne l'est. Ou plutôt, personne n'est aussi illogique qu'il le paraît au premier abord. Nous le comprenons sitôt que nous restituons les conditions naturelles et les négociations informelles qui donnent sens à nos pratiques ainsi qu'aux pratiques des autres.

TIRER DES CONCLUSIONS RÉALISTES

Je suis tout à fait d'accord avec les conclusions de Bloor sur l'importance qu'occupe chez les autres le réel causal ; d'accord avec lui encore lorsqu'il insiste sur le rapport que ce réel causal entretient avec le formel, objet d'une construction idéative toujours négociable. Seulement, Bloor déclare aussi que le raisonnement, qui fait le fond de la négociation des contradictions apparentes, est *toujours* informel. Je voudrais insister sur ce point, car sont abordés ici des enjeux logiques d'une importance décisive pour l'idée que l'on se fait du réalisme sauvage. Bloor considère en effet que, lorsque l'on raisonne, on va simplement du cas au cas, du particulier au particulier, selon un mouvement de translation ou de navette dans l'empirique qui fait l'économie d'une montée en abstraction. Il doit à

1. Bloor prolonge encore l'expérience de pensée par un dialogue socratique entre le moderne et le non-moderne. Si l'Azandé s'informait du point de vue des personnes bombardées, il pourrait très bien lui être répondu qu'on ne peut pas demander à ces gens de « réagir de manière parfaitement logique » : nous pointerions un « manquement compréhensible aux règles de conduite strictement rationnelles », qui les amènent à confondre pilotes de bombardiers et assassins (*ibid.*, p. 160).

la *Logique* de Mill cette définition du raisonnement informel, qui est tout le raisonnement, à quoi se ramène selon lui n'importe quel raisonnement :

> le raisonnement procède, comme le dit Mill, « du particulier au particulier ». [...] Mill dit que le véritable processus d'inférence consiste à aller des cas particuliers aux cas particuliers futurs. Pour lui, les propositions générales servent simplement de « carnets de notes » aux inférences déjà faites [1].

Toutefois, est-il bien sûr que les propositions générales, les formes universelles, les principes logiques, ne soient que des « carnets de notes » des inférences déjà faites, que la raison se cantonne à un « rôle de comptabilisation, un rôle bureaucratique », qu'elle se contente d'être une « sorte de système d'enregistrement et de classement des événements [2] » ? Il est bien vrai que le raisonnement n'a pas la rigueur déductive des inférences d'une logique symbolique ou formelle. Mais toute logique est-elle symbolique ou formelle ? N'avons-nous le choix qu'entre un empirisme des matières, raisonnant à même les cas particuliers, et un logicisme sec, enchaînant abstraitement ses propositions ? Il me semble que Bloor ne se détourne de la logique et ne se rabat sur l'empirisme que parce qu'il fait sienne la version logiciste du raisonnement qu'il trouve dans la critique frégéenne de Mill. Que se passerait-il cependant s'il s'avérait que la logique n'est pas ce qu'en dit le logicisme, que toute la logique ne se réduit pas à des principes idéels, donnés nativement à l'esprit humain et lui permettant de dérouler tranquillement le fil de ses déductions à la façon des géomètres ?

Le sens du formel ou des formes idéelles, de l'instauration idéative, que je souhaiterais défendre pour finir ouvrirait à une acception du réalisme différente de celle de l'empirisme strict de la *Logique* de Mill. Les formes comptent au plus haut point ; la médiation des principes ne cesse de jouer, serait-ce sur le mode de la négociation. N'est-ce pas justement ce que dit Bloor ? Pas exactement : il dit que les principes « enregistrent », qu'ils viennent dans l'après-coup du raisonnement et que leur fonction est de comptabiliser les cas tout en stabilisant les formes. Or je soutiens que les principes jouent aussi au préalable, en amont, non pas certes absolument *a priori*, comme s'ils s'imposaient depuis un ciel des Idées platonicien, car c'est bien ici-bas qu'ils ont été forgés ou formés. Mais de fait, ils l'*ont été*, et ils survolent à présent les situations, ils les encadrent ou leur donnent forme thématiquement. Aucune surnature idéelle n'est donnée,

1. D. Bloor, *Socio-logie de la logique*, *op. cit.*, p. 148.
2. *Ibid.*, p. 149.

mais des natures ou des essences sont construites au contact de la Nature, ces natures ou essences étant projetées par la nature humaine sur la Nature en vue de l'expliquer.

Si l'on a raison de soutenir avec les empiristes et les nominalistes que l'existence précède l'essence, ainsi que le dit plaisamment Hacking en reprenant le mot de Sartre [1], on doit aussi admettre que l'essence, une fois formée, tient une place importante dans l'appréhension des phénomènes. Il n'y a pas lieu de revenir sur la critique nominaliste des prétentions logicistes. De ce point de vue, Bloor est un représentant parmi d'autres d'une longue lignée critique. Mais il faut reconnaître que les formes ou les idées, dès lors qu'elles ont été inventées ou instaurées, les principes, dès lors qu'ils ont été formalisés, interviennent et intercèdent dans les situations, en contrôlant les inférences et en orientant les identifications, quoi qu'ils puissent, sous les coups de boutoir de l'expérience, être destitués avant d'être reconstitués – déformés, transformés, voire entièrement réformés. Ils ont beau ne pas être donnés une fois pour toutes, une fois qu'ils sont construits, et tant que leur existence et leur évidence sont acceptées, maintenues, perpétuées, ils ont un effet sur les chaînes des raisonnements jusqu'aux moins formels, agissant alors sur un mode implicite.

N'est-ce pas ce qui vient naturellement à l'esprit lorsqu'on lit ces affirmations de Bloor : « Bien sûr, plus les principes logiques sont formalisés, plus le processus de négociation est explicite et conscient; à l'inverse, moins les principes sont explicites, plus la négociation est tacite [2] » ? Si la négociation est tacite, c'est que les principes ne sont pas explicites. On ne doit pas conclure pour autant à leur absence à l'horizon du raisonnement. Ils sont là, et bien là, mais œuvrent sourdement à l'avènement des conclusions en s'imposant comme prémisses implicites. De leur travail souterrain, mais bien réel, dépend la navette qui conduit du particulier au particulier. La pensée ne chemine jamais tout à fait au hasard, elle est toujours en possession de quelque idée préconçue. Héritée de cogitations antérieures, les siennes propres ou celles d'autres individus, d'autres communautés, cette idée guide, même obscurément, toutes les consécutions. Négliger la présence de conceptions antécédentes qui jouent au présent et pour l'avenir le rôle de préconceptions, c'est s'exposer à

1. I. Hacking, « Façonner les gens II. Choix – Nominalisme », Cours au Collège de France du 29 mars 2005, https://www.college-de-france.fr/media/ian-hacking/UPL7958749278773673222_6___Choix_nominalisme.pdf (consulté le 11 juillet 2017), p. 1-2.

2. D. Bloor, *Socio-logie de la logique*, *op. cit.*, p. 151.

ne rien comprendre à ce que Meyerson appelait le « cheminement de la pensée » [1].

Soit la sorcellerie prise comme principe ou comme thème de tous les raisonnements azandé. Les Azandé sont constamment amenés à négocier leur définition de la sorcellerie, à transiger avec le principe de la substance ensorcellante, en fonction des cas concrets auxquels ils sont confrontés, en l'occurrence face au nombre important d'individus appartenant à des lignées de sorciers mais ne présentant pas eux-mêmes les signes ou les symptômes d'ensorcelleurs. Mais précisément ils n'abordent jamais l'expérience, n'ont jamais affaire à des sorciers vivants et agissants ou à des personnes apparentées à ces sorciers, sans être conditionnés dans leur appréhension des phénomènes par le principe de la substance ensorcellante. Aussi bien, les « exceptions » au principe, ou le principe d'exception qui leur permet de sous-spécifier la classe des sorciers dont la substance ensorcellante n'est pas ou plus active, ne sont possibles, pensables et formulables, que compte tenu du principe lui-même. L'esprit ne s'avance jamais vierge au-devant des phénomènes ; il leur suppose des qualités ou caractères singuliers que certains cas viendront confirmer, tandis que d'autres appelleront la reconnaissance de situations d'exception ou la création de classes d'exceptions. On ne gère l'informel que parce qu'on détient des clefs formelles d'appréhension du monde.

Il est bien vrai qu'on va du particulier au particulier en faisant l'économie des principes de la logique formelle. On ne peut s'empêcher toutefois de formuler des principes, de se donner une logique, ce formalisme étant non réductible aux formes de la logique symbolique, tout en étant supérieur aux matières et aux cas visés. Informels au regard de la logique formelle, les principes ne le sont pas au regard des formes d'une logique philosophique découlant d'enquêtes d'anthropologie historique et comparée. Car, en nous penchant sur les raisonnements effectivement menés, en comparant ces raisonnements, nous ne sommes pas seulement instruits par la diversité des matières identifiées, mais aussi par l'unité des formes du raisonnement, quoique la liste de ces formes soit ouverte, toujours susceptible d'être complétée ou amendée. On peut tenir pour décisive la critique nominaliste adressée au rationalisme moderne occidental et dénoncer les prétentions de notre connaissance

1. Sur Mill et l'insuffisance du dénombrement des cas d'une part, sur la nécessité de mobiliser des formes en vue de mener le moindre raisonnement, sans pour autant souscrire aux conclusions de Frege, d'autre part, voir É. Meyerson, *Du cheminement de la pensée*, *op. cit.*, p. 334-343, 404-405, 447-451, 504-505. Voir F. Fruteau de Laclos, *Émile Meyerson*, *op. cit.*, p. 69, 149.

dès lors qu'elle déclare valoir pour tous absolument, universellement et nécessairement, sans cependant renoncer à identifier des procédés qui entrent dans la construction du monde ou à fixer les principes d'une logique réflexive décrivant l'armature de nos attentes naturelles ou de nos structures intellectuelles.

Une autre face gnoséologique se fait alors jour. Non pas celle qui mène du réel au rationnel, suivant la voie d'un empirisme délibérément démodé qui fait de la raison la simple chambre d'enregistrement des tractations informelles avec les principes. Mais celle qui va du rationnel au réel, qui suit la pente de la rationalisation du réel lui-même ; réalisme transcendantal si l'on veut, à condition d'admettre que le transcendantal n'est pas fixé de toute éternité, que l'établissement d'une table des catégories est redevable d'investigations *a posteriori* sur les cheminements effectifs de la pensée. En nous attelant à identifier les matières de l'expérience et les formes du raisonnement, nous serons en mesure de rendre raison des mécanismes de pensée qui président à l'invention et aux métamorphoses de tout réalisme, même et surtout du réalisme sauvage.

CHAPITRE VI

LE POSSIBLE, LE RÉALISABLE ET L'IDÉAL : EN LISANT LA *RÉPUBLIQUE* DE PLATON

> L'utopiste a tendance à s'en tenir à la première phase, la contemplation du but. Il en reste même souvent à la contemplation de l'idéal, non précisé en un but bien défini. Il a tendance à croire qu'en regardant attentivement l'idéal, il fera, de son accomplissement, une pure affaire de copiage, de calquage. [...]
> Le plus grand des auteurs d'utopie, Platon, en offre un exemple tout à fait caractéristique. La conception platonicienne d'un monde des Idées – essences et valeurs – dont le statut est différent de celui du monde réel, et qui sert de modèle à celui-ci, est une conception géniale qui reste toujours vraie. [...] Par contre, la conception platonicienne du mode d'actualisation de l'idéal par copiage est, au moins dans la *République*, extraordinairement simpliste. Pour Platon, réaliser un État juste, c'est essentiellement en bien copier l'Idée [1].

INTRODUCTION : LA *RÉPUBLIQUE* EST-ELLE UNE UTOPIE ?

À consulter n'importe quel ouvrage consacré au concept d'utopie ou à l'histoire des utopies – de tels ouvrages aujourd'hui ne manquent pas –, un même constat s'impose : la *République* de Platon y occupe toujours une place éminente. Il en est ainsi, par exemple, de l'essai célèbre de Lewis Mumford, *The Story of Utopias*, qui distingue deux types d'utopie, les « utopies de fuite » (*utopias of escape*) et les « utopies de reconstruction » (*utopias of reconstruction*), et fait de la *République* de Platon un paradigme du second type [2]. Il en va de même de l'*Histoire de*

1. R. Ruyer, *L'utopie et les utopies*, Paris, P.U.F., 1950, p. 60-61.
2. L. Mumford, *The Story of Utopias*, New York, The Viking Press, [1922] 1962.

l'Utopie de Jean Servier qui, cherchant à distinguer le millénarisme de la pensée utopique [1], confère à Platon un rôle inaugural dans l'histoire de la seconde, la *République* préparant le texte fondateur du genre, l'*Utopia* de More, publiée à Louvain en 1516 [2]. De nombreux autres exemples pourraient évidemment être convoqués, notamment l'ouvrage de Raymond Ruyer dont quelques lignes figurent ici en épigraphe, mais tous iraient invariablement dans le même sens : la *République* est partie intégrante de l'histoire de la pensée utopique.

Il n'est qu'à considérer l'inventeur du terme même d'*utopie* et du genre littéraire correspondant pour se convaincre qu'il n'y a sans doute là rien d'étonnant. Car Thomas More ne fait pas mystère que son ouvrage s'inscrit directement dans le sillage de la *République*. Dans l'édition qui parut à Bâle en 1518, la comparaison avec le dialogue de Platon survient dès l'épigraphe qui comporte un sizain (le sizain d'Anémolius, sans doute More lui-même) où on lit : *Nunc civitatis aemula Platonicae, / fortasse victrix* (« Émule à présent de la platonicienne cité, / sur elle peut-être l'emportant ») [3]. Pour More, la *République* est ainsi l'archétype tant du genre littéraire que du type de discours politique qu'il est en train d'inventer.

Un tel rapprochement éclaire, sans aucun doute, les enjeux philosophiques et politiques de l'*Utopie* de Thomas More [4]. Mais éclaire-t-il quoi que ce soit du projet philosophique et politique qui préside à la *République*? Doit-on déduire de l'importance conférée par More à la *République* qu'elle est une utopie? [5] Répondre à cette question n'est pas

1. J. Servier, *Histoire de l'utopie*, Paris, Gallimard, 1967. Le millénarisme, soutient Servier, a été à la source de toutes les révolutions contre l'ordre social et les régimes autoritaires à travers l'histoire. La pensée utopique exprime au contraire les angoisses des intellectuels et des philosophes qui rêvent d'une cité juste, parfaitement juste, parce qu'ils refusent l'idée même de l'égalitarisme et craignent l'anarchie plus que tout.

2. *Ibid.*, p. 53 : « la cité juste dont Platon a tracé le plan prépare les utopies des siècles à venir. »

3. Voir la magnifique édition d'André Prévost qui comprend un fac-similé de l'édition de Bâle : T. More, *L'Utopie*, texte original, appareil critique, exégèse, traduction et notes par A. Prévost; préface de M. Schumann, Paris, Mame, 1979.

4. Sur l'arrière-fond platonicien de l'*Utopie* de More, voir J.-Y. Lacroix, *L'Utopia de More et la tradition platonicienne*, Paris, Vrin, 2007, p. 13-20, et surtout C. Starnes, *The New Republic : A Commentary on Book I of More's* Utopia *Showing Its Relation to Plato's* Republic, Waterloo (Ont.), Wilfrid Laurier University Press, 1990.

5. Précisons, à toutes fins utiles, que pour bonne ou mauvaise que soit cette question, le fait de faire usage, pour décrire la *République*, d'un terme forgé près de deux mille ans après sa rédaction ne pose pas de véritable problème. Après tout, bon nombre des termes philosophiques utilisés pour éclairer les textes et les arguments anciens étaient inconnus des auteurs de ces textes. L'anachronisme n'est un problème que s'il n'est pas conscient de lui-même.

simple, car le terme *utopie* est doté de significations très différentes : il n'est donc pas évident de donner de l'utopie une définition claire à la lumière de laquelle la *République* pourrait être examinée. Considérons cependant le sens étroit du terme : l'utopie comme genre littéraire. À un niveau encore très général, il n'est pas difficile de considérer que la *République* est une utopie au sens où elle préfigure le paradigme du genre, l'*Utopie* de More. Mais on ne saurait en rester là. Ce sont les critères même de ce genre qu'il faut considérer afin de savoir si, oui ou non, la *République* les satisfait.

Pour ce faire, il est utile de rappeler ces critères tels qu'ils ont été dégagés et définis par Pierre-François Moreau dans son ouvrage consacré au récit utopique [1]. À l'encontre d'une tendance consistant à voir l'utopie partout et à qualifier d'*utopique* n'importe quel projet littéraire décrivant une société alternative ou un ailleurs possible [2], Moreau soutient que tout récit utopique comporte quatre traits distinctifs : la fermeture, la différence, la gestion sociale et la rationalité [3]. En effet, 1) les récits utopiques présentent des systèmes *fermés*, qui sont presque exclusivement autoréférentiels et par conséquent stables ; 2) ils présentent des systèmes radicalement *différents*, où la question de la possibilité de réalisation n'est jamais posée et où le rapport au monde réel n'est jamais interrogé ; 3) ils développent une *socialisation* complète de tous les aspects de la vie humaine, socialisation qui porte notamment sur la division du travail et la régulation des comportements sociaux et des pratiques sexuelles ; 4) ils sont intégralement *rationnels*, se fondant sur l'idée que la rationalité est selon la nature et qu'il est rationnel, et par conséquent meilleur, de vivre en conformité avec la nature, ce principe constituant le socle d'une anthropologie et d'un système politique.

1. P.-F. Moreau, *Le récit utopique. Droit naturel et roman de l'État*, Paris, P.U.F, 1982.

2. Cette tendance, sévèrement critiquée par Moreau dans son livre de 1982, s'est vue confirmée dans les trente dernières années. On voit désormais l'utopie partout : dans la philosophie, dans la littérature et notamment dans certains genres de la littérature (la science-fiction), dans l'architecture et l'urbanisme, dans la technique… Tant et si bien que les utopies sont devenues objets de dictionnaires et de catalogues, et l'utopie un sujet qu'il est nécessaire de catégoriser en élaborant des typologies. Parmi les nombreux dictionnaires disponibles, voir V. Fortunati et R. Trousson (eds.), *Dictionary of Literary Utopias*, Paris, H. Champion, 2000 ; M. Riot-Sarcey, T. Bouchet et A. Picon (éd..), *Dictionnaire des utopies*, Paris, Larousse, 2002 ; J.M. Morris, A.L. Kross (eds) *Historical Dictionary of Utopianism*, Lanham, Toronto, Oxford, The Scarecrow Press, 2004.

3. Ces quatre critères ont donné lieu à un commentaire extrêmement intéressant de P. Macherey : voir *De l'utopie !*, Saint Vincent de Mercuze, De l'incidence Éditeur, p. 32-36.

La première caractéristique correspond bien au récit de la cité idéale que propose la *République*. En effet, s'il est vrai que le dialogue ne passe pas complètement sous silence la question de la politique étrangère de la cité idéale, il se préoccupe toutefois presque exclusivement de l'harmonie et de l'ordre internes de celle-ci. La troisième et la quatrième caractéristique distinctive du genre sont encore plus clairement identifiables dans la *République* dont la cité idéale, comme on sait, présente un système social strictement hiérarchique, fondé sur la division du travail et la répartition de la propriété, mais également sur la conformité avec la nature, entendue comme principe de spécialisation (le fameux principe : « un homme, une fonction », ou plus précisément : « une nature, une compétence »).

En revanche, s'agissant de la deuxième caractéristique, les choses sont beaucoup plus complexes, et j'en viens ainsi au problème qui va occuper le reste de cet article. Pour reprendre l'expression de Macherey, les utopies ainsi définies sont des « descriptions d'essence », par quoi il faut entendre : des descriptions où la question de la réalisation possible est radicalement suspendue[1]. Si tel est bien le cas, il s'ensuit que toute prise en compte du problème de la réalisation, ou plus exactement, qu'on me pardonne ce barbarisme, de la *réalisabilité* suffit à exclure l'œuvre en question du genre de l'utopie. Si tel est bien le cas, la *République* ne peut être considérée comme un récit utopique, parce que la question de la possibilité de réaliser l'idéal y est non seulement soulevée en détail, mais située au cœur même de l'argument d'ensemble du dialogue, justifiant à elle seule l'occasion de la digression centrale que constituent les livres V à VII de la *République*.

Il s'agira donc de prendre l'exact contre-pied de la position défendue par Raymond Ruyer dans le passage ouvrant cet article. Car rien n'est moins vrai que de dire que « la conception platonicienne du mode d'actualisation de l'idéal par copiage est, au moins dans la *République*, extraordinairement simpliste. » Bien au contraire : en abordant la question de la réalisabilité de la cité idéale, Platon conçoit les rapports du possible, du réalisable et de l'idéal de manière extraordinairement subtile. Tel est du moins ce que je me propose de montrer dans cet article, ma thèse principale étant que la question de la réalisabilité de la cité idéale est intimement liée à la défense de la philosophie qui occupe les livres

1. P. Macherey, *De l'utopie !*, *op. cit.*, p. 34. Moreau écrit d'ailleurs : « Au demeurant, à qui prétendrait que ces mondes sont invivables, on ferait remarquer qu'ils ne sont pas faits pour y vivre. Sans quoi leurs auteurs auraient écrit des projets de réforme, et non des utopies. » (P.-F. Moreau, *Le récit utopique*, *op. cit.*, p. 98).

centraux de la *République*, tant et si bien que la transformation de l'image même que la plupart des gens se font du philosophe est peut-être l'élément le plus important de la réalisation possible de la *Kallipolis*.

DÉSIRABILITÉ ET RÉALISABILITÉ DANS LA DIGRESSION CENTRALE DE LA *RÉPUBLIQUE*

Désirabilité et réalisabilité

Les livres V à VII de la *République* forment une séquence philosophique unifiée au cœur du dialogue, séquence où Socrate aborde plusieurs questions centrales de l'ontologie et de l'épistémologie platoniciennes, et où les lecteurs d'hier comme ceux d'aujourd'hui ont trouvé certains des passages et des images les plus célèbres du *corpus platonicum* (la comparaison du Bien avec le Soleil, le sectionnement de la Ligne et, bien sûr, l'allégorie de la Caverne). Pourtant, l'importance philosophique et l'extraordinaire fortune de ces passages des livres centraux de la *République* ne doivent pas masquer le fait que ces trois livres sont unifiés en profondeur par une question philosophique qui les relie non seulement les uns aux autres (justifiant ainsi que l'on parle de « digression centrale » à leurs propos), mais également à l'argument d'ensemble du dialogue [1].

Au début du livre V, en 449 a-451 b, Socrate est sur le point d'amorcer ce qui constitue notre livre VIII. Mais ses interlocuteurs l'en empêchent parce qu'ils entendent le contraindre à expliquer comment la communauté des femmes et des enfants à laquelle il a fait allusion quelques pages auparavant (au livre IV, 423 e-424 a) sera organisée en pratique. « De quelle manière se fera la mise en commun ? » demande Adimante. Et Socrate de lui répondre :

> Heureux homme, dis-je, cela n'est pas facile à exposer. Il y a là, en effet, de nombreux points susceptibles de provoquer l'incrédulité, encore plus dans les sujets que nous avons abordés auparavant. En effet, que ce qui est dit là soit possible (ὡς δυνατά), on pourrait en douter, et même en admettant que cela se réalise (καὶ εἰ ὅτι μάλιστα γένοιτο), on mettra aussi en doute que ce soit là ce qu'il y a de mieux (ὡς ἄριστ' ἂν εἴη ταῦτα). C'est bien pourquoi on hésite quelque peu à s'attacher à ces sujets : on craint que ce

1. Sur cette stratégie d'écriture platonicienne relativement fréquente, consistant à digresser pour mieux progresser, voir l'article de M. Dixsaut, « Macrology and digression » *in* G. Boys-Stones, D. El Murr and C. Gill (eds.), *The Platonic Art of Philosophy*, Cambridge, Cambridge University Press, 2013, p. 10-26.

> qu'on aura décrit ne semble être qu'un vœu pieux (εὐχή), mon cher camarade. (*République*, V, 450 c 6-d 2) [1]

Ce passage montre d'abord que Platon est parfaitement conscient de l'exigence que doit satisfaire l'argument à venir. En effet, puisque les propositions qu'il s'apprête à placer dans la bouche de Socrate iront à l'encontre de l'opinion commune, il doit montrer qu'elles ne sont pas de simples « vœux pieux » [2]. Manière frappante, me semble-t-il, de devancer et confronter certaines des objections qui seront faites ultérieurement à la cité idéale, qualifiée d'utopique, d'irréelle, ou tout simplement d'impossible, par bon nombre de lecteurs de la *République* [3].

Dans ce passage, on trouve par ailleurs la formulation de deux questions distinctes : les propositions de Socrate sont-elles *désirables* ? Sont-elles *réalisables* ? C'est cette double question de la désirabilité et de la réalisabilité qui unifie l'ensemble de l'argument à venir et qui structure le propos des livres centraux du dialogue. Pour s'en convaincre, on pourra se reporter au résumé analytique que je joins en appendice à cet article, résumé qui appelle au moins trois remarques.

D'abord, il fait apparaître que la double question de la désirabilité et de la réalisabilité de la cité idéale s'étend à l'ensemble des livres V, VI et VII. Significativement, le livre V s'ouvre avec elle et, non moins significativement, la séquence s'achève à la fin du livre VII, juste avant que Socrate ne s'apprête à examiner les constitutions non-idéales.

Ensuite, ce résumé fait également apparaître que certains des passages les plus célèbres de la *République* sur l'ontologie, l'épistémologie, l'éducation, et bien sûr la *philosophia*, sont parties intégrantes d'un argument plus global consacré à la question de la réalisabilité. Ceci, évidemment, ne signifie pas pour autant que la portée de ces passages célèbres se réduit à cette simple question. Mais c'est la question de la possible réalisation de l'idéal qui motive explicitement la digression, et c'est à cette question que les passages célèbres du livre VI doivent s'articuler.

1. Dans cet article, les traductions de la *République* sont empruntées à Pierre Pachet : Platon, *La République*, trad. fr. P. Pachet, Paris, Gallimard, 1993. La linéation de la *République* renvoie à l'édition de J. Burnet, sur laquelle se fonde la traduction de Pachet : *Platonis Opera*, ed. I. Burnet, vol. IV, Oxford, Clarendon Press, 1902.

2. En grec : εὐχή. Ce terme peut signifier « prière » mais également « vœu pieux » : voir les remarques de M. Burnyeat, « Utopia and Fantasy : The Praticability of Plato' Ideally Just City » *in* J. Hopkins and A. Savide (eds.), *Psychoanalysis, Mind, and Art*, Oxford, Blackwell, 1992, p. 175-187 ; réimpression *in* G. Fine (ed.), *Plato, 2. Ethics, Politics, Religion, and the Soul*, Oxford, Oxford University Press, p. 297-308 : passage p. 301-302.

3. À commencer par le premier d'entre eux, Aristote, qui consacre plusieurs chapitres du livre II de la *Politique* à critiquer non seulement le bien-fondé mais aussi la faisabilité des mesures prônées par Socrate.

Enfin, ce résumé analytique montre que les deux questions, celle de la désirabilité de la cité idéale et celle de sa réalisabilité, ne sont pas abordées avec le même détail ni avec la même urgence philosophique, si l'on peut dire. Eu égard à la question de la désirabilité, l'argument de Socrate consiste en effet à montrer, d'abord, que la meilleure éducation fait les meilleurs citoyens et en outre, que plus la cité est unifiée, meilleure elle est. Parce que la cité idéale comprend les meilleurs citoyens (mâles et femelles) pour la protéger et la préserver, et parce que son organisation même préviendra l'apparition de toute dissension, la cité idéale est désirable au plus haut point. En revanche, eu égard à la question de la réalisabilité, les choses sont beaucoup plus compliquées. Rien d'étonnant, alors, à ce que Socrate consacre beaucoup plus de temps à cette question qu'à la première. Que les deux questions ne soient pas sur le même plan est clairement indiqué par un passage du livre V (458 a-b) où Socrate, alors même qu'il s'est défendu, dès le début de la digression, d'être un simple utopiste ou un rêveur, demande l'autorisation de s'adonner au seul rêve, et donc de repousser l'examen de la question de la réalisabilité. Grâce à ce curieux décrochage discursif, il apparaît que la question de la désirabilité n'est pas aussi problématique que celle de la réalisabilité et qu'il faudra mobiliser de tout autres ressources pour traiter la seconde. Il n'est pas difficile de comprendre pourquoi il en est ainsi. Décider si les propositions de Socrate caractérisant la cité idéale sont désirables ne pourrait bien être qu'une question de cohérence interne : il pourrait suffire de montrer quelles conséquences désirables suivent de prémisses antérieurement accordées. Mais voilà qui, s'agissant de la question de la réalisabilité, ne saurait suffire, car pour montrer si une proposition est réalisable, il faut aller au-delà des seuls principes. Telle est la tâche absolument indispensable à laquelle Socrate va devoir s'atteler pour ne pas se noyer sous l'océan de ridicule qu'il craint tant.

L'océan de ridicule : les trois vagues

Tout lecteur des livres V et VI de la *République* sait que Socrate ne cesse de se préoccuper de prévenir le ridicule que ses propositions vont selon lui susciter. C'est cette préoccupation même qui appelle le motif littéraire unifiant l'ensemble du long argument sur la désirabilité et la réalisabilité de la cité idéale. Selon le motif littéraire bien connu de la triple vague (τρικυμία)[1], chaque vague représente une condition de

1. Voir *Rép.*, V, 457 b 7-c 2 (première vague) ; 472 a 1-7, cité *infra* (les deux premières vagues font partie d'une triple vague) ; 473 c 3-9 (la troisième vague).

possibilité de la cité idéale, une condition dont il faut montrer à chaque fois qu'elle est désirable et réalisable, ce qui ne signifie pas, j'y reviendrai plus loin, que les trois conditions soient sur le même plan logique. Ce riche motif littéraire ne se contente pas de signaler métaphoriquement la difficulté de la tâche qui est celle de Socrate ici : il suggère que pour traiter de la question de la réalisabilité de la cité idéale, il faut aller à contre-courant, c'est-à-dire surmonter l'opinion, la *doxa*. La peur du ridicule sur laquelle Socrate insiste tant est donc, en réalité, la peur d'être si *paradoxal* que les mesures qu'il propose ne sauraient que susciter l'ἀδοξία (473 c 8), non seulement l'incrédulité mais même la mauvaise réputation. Ce point est crucial pour saisir le projet de Platon dans la digression centrale et l'insistance avec laquelle il répète que la cité idéale est réalisable : en faisant de Socrate ce héros perdu dans un océan de ridicule et nageant à contre-courant, Platon signale dès à présent que la réalisation de la cité idéale est intimement liée à la possibilité de transformer une certaine *doxa*.

Venons-en maintenant à chacune des trois vagues, dont l'ordre est significatif, puisque la difficulté rencontrée par Socrate y est croissante.

La première vague

La première vague concerne l'aptitude égale des femmes et des hommes à être gardiens, ou gardiennes, de *Kallipolis*. Socrate explique que les gardiennes auront exactement la même éducation que les gardiens, et exactement les mêmes activités, notamment la conduite de la guerre (451 b-452 e). Les deux questions de la désirabilité et de la réalisabilité sont examinées tour à tour, mais donnent lieu à des approches très différentes.

S'agissant de la première, la conclusion de l'argument, atteinte en 457 a-c, suit d'un argument très simple que Socrate avance en 456 c-e. Étant donné que l'éducation de la cité idéale produit les meilleurs citoyens, et que les hommes et les femmes seront sujets au même processus pédagogique, l'éducation de la cité idéale produira les meilleures citoyennes. Puisque le fait d'avoir les meilleurs citoyens possible est ce qu'il y a de plus désirable pour toute cité quelle qu'elle soit, cette extraordinaire mesure défendue par Socrate est désirable au plus haut point.

S'agissant de la réalisabilité, les choses sont moins simples. La conclusion de l'argument signale le recours au critère de la conformité à la nature : « nous voici d'accord qu'il n'est pas contre-nature (μὴ παρὰ φύσιν) d'attribuer aux femmes des gardiens à la fois musique et gymnastique (456 b). » Quelques lignes auparavant, Socrate a fait état d'une objection possible contre sa première mesure, objection qu'il a décrite comme *éristique*, mais qu'il a néanmoins considérée comme suffisamment sérieuse pour mériter une réponse. Puisque les hommes et les femmes ont des *natures* différentes, ne suit-il pas, en effet, du principe de spécialisation (énoncé dès le livre II, et coextensif à la justice depuis le livre IV) que les hommes et les femmes doivent avoir également des *occupations* différentes ? En réponse à cette objection, Socrate montre que la différence de nature peut recouvrir des choses tout à fait différentes et que la différence sexuelle, qui en est un exemple, n'a aucune pertinence quant au fait de savoir qui est compétent pour être gardien de la cité. En ce sens, donc, l'éducation commune des femmes et des hommes obéit au principe de spécialisation et, par conséquent, est conforme à la nature.

La conclusion ne tarde pas à venir : « La législation que nous avions instituée n'est donc ni impossible ni semblable à un vœu pieux, puisqu'il s'agit d'une loi que nous avons instituée conformément à la nature. » (*Rép*., V, 456 b 12-c 2) De la conformité à la nature à la réalisabilité, la conséquence est donc bonne. Quoi qu'on pense de la validité de cette inférence, il faut remarquer qu'elle joue un rôle central dans la façon dont Platon conçoit la réalisabilité à ce stade du dialogue. C'est en effet une telle inférence qui a permis à Socrate de faire naître le dispositif même de la *Kallipolis*. Au livre II, 374 d-376 d, Socrate se demande comment le mélange de douceur et d'ardeur qui doit caractériser l'âme du gardien est possible. La réponse positive qu'il donne à cette question vient de l'analogie qui va gouverner la structure de la cité idéale : l'existence des chiens de bonne race montre qu'une éducation peut produire un mélange parfaitement équilibré de douceur et d'ardeur, de courage et de savoir. Le mélange qui caractérise les gardiens de la cité idéale n'est donc pas contre-nature ; partant, il est possible. (*Rép*., II, 375 e).

La deuxième vague

Une fois la première vague surmontée, la deuxième mesure nécessaire à la réalisation de la cité idéale est introduite sous la forme d'une loi :

> Que ces femmes soient toutes communes à tous ces hommes, et qu'aucune ne vive en privé avec aucun ; que les enfants eux aussi soient communs, et qu'un parent ne connaisse pas son propre rejeton, ni un enfant son parent. (*Rép*., 457 c 10-d 3)

Comme Glaucon le remarque immédiatement, la force paradoxale de cette mesure est bien plus importante que la précédente. La vague qu'elle doit surmonter l'est donc également. Parce qu'elle est telle (et la réception de ce passage de la *République* prouve que Glaucon a vu juste), il sera difficile de croire qu'elle est réalisable et désirable. Mais qu'à cela ne tienne : Glaucon exige tout de même de Socrate qu'il montre qu'elle est les deux. C'est à ce moment du livre V que Socrate demande la permission de repousser à plus tard son examen de la question de savoir comment la communauté des femmes et des enfants est réalisable, afin de montrer d'abord qu'elle est ce qu'il y a de plus désirable pour la cité.

S'ensuivent huit pages Stephanus assez curieuses où Socrate semble faire deux choses à la fois. D'une part, il décrit quel genre de vie commune sera celle des gardiens et quel genre de politique sexuelle et eugéniste le maintien de cette vie commune exigerait. D'autre part, il ne cesse de rallonger son argument, digressant à l'envie et repoussant toujours plus loin l'examen promis de la question de la réalisabilité. Tant et si bien que Glaucon en vient à l'arrêter tout net et à exiger qu'il tienne enfin parole :

> Eh bien, étant donné que j'accorde qu'on aurait tout cela, avec dix mille autres choses, si ce régime politique venait à être, alors ne m'en dis pas plus, mais essayons dorénavant de nous persuader de ce point même : que c'est une chose réalisable, et de quelle façon elle est réalisable : le reste, laissons-le. (*Rép.* V, 471 e 1-5)

Il y aurait beaucoup à dire sur cette stratégie à retardement mise en place par Platon ici, stratégie consistant à montrer un Socrate s'évertuant à repousser l'examen d'une question par tous les moyens. Il y aurait notamment beaucoup à dire, même si beaucoup a déjà été dit, sur la façon dont cet effet de retardement s'articule à l'arrière-fond aristophanien de cette section de la *République* et aux attentes que Platon sait être celles de ses lecteurs, dont on ne peut douter qu'ils songent immédiatement à l'*Assemblée des femmes* dès que Socrate mentionne le « drame féminin » (451 c 1 : δρᾶμα τὸ γυναικεῖον)[1]. Laissons cependant ces points et considérons comment Socrate répond aux injonctions de Glaucon.

> C'est bien soudainement, dis-je, que tu fais là comme une sortie contre mon discours, et que tu ne me pardonnes pas de lambiner ! C'est peut-être que tu ne sais pas qu'après avoir échappé à grand-peine à deux vagues, voici qu'à présent tu lances contre moi la plus grande et la plus difficile de cette série de trois vagues. Lorsque tu l'auras vue, et entendue, tu me pardonneras tout à fait d'avoir évidemment hésité : j'avais peur d'énoncer, pour entreprendre de l'examiner, un argument aussi paradoxal. (*Rép.*, V, 472 a 1-7)

Ce passage montre, sans ambiguïté aucune, que la troisième mesure de Socrate, dont la troisième vague représente la force paradoxale, n'est pas

1. Sur l'arrière-fond aristophanien de ce passage et l'usage qu'en fait Platon à destination de ses lecteurs, voir les remarques pénétrantes de M. Burnyeat, « Utopia and Fantasy », art. cit., p. 305-306.

sur le même plan que les précédentes et qu'elle a donc un statut à part. Cette troisième mesure n'est pas, en effet, une condition supplémentaire de la désirabilité et de la réalisabilité de la cité idéale : elle est, pour ainsi dire, une super-condition, c'est-à-dire la condition des deux premières conditions. La réalisabilité de la première mesure dépend, on l'a vue, de l'inférence de la conformité naturelle à la possibilité. Mais qu'en est-il de la réalisabilité de la deuxième mesure ? S'agissant de cette dernière, le poids des us et des coutumes, des opinions et des pratiques, est tellement lourd qu'il faut envisager les choses autrement, et comprendre que la réalisabilité dépend en réalité d'une condition supplémentaire, dont il s'agira d'interroger plus tard à la fois la désirabilité et la réalisabilité.

Que la troisième condition de possibilité de la cité idéale ait un statut tout à fait différent des deux premières n'apparaît pas seulement quand on considère la logique de l'argument et la façon dont Platon intrique les conditions de réalisabilité : ce statut peut également être élucidé à partir de l'image même de la triple vague. Comme on a pu le montrer récemment, Platon ne fait pas référence ici à trois vaguelettes perçues par le promeneur tranquillement installé sur une plage : ce à quoi il fait référence est le phénomène cataclysmique, bien connu dès l'Antiquité, du *tsunami*[1]. La réalité actuelle des *tsunamis* et nos témoignages anciens s'accordent pleinement : un *tsunami* est constitué de trois vagues dont la troisième est de très loin la plus importante et la plus destructrice. L'image est à prendre au sérieux. Elle signifie que, quand nous entrons, en 472 a, dans la discussion de la troisième condition de possibilité de la cité idéale, c'est à un cataclysme théorique qu'il faut se préparer, et à une destruction radicale des structures politiques connues des interlocuteurs de Socrate et des lecteurs de Platon.

La troisième vague

Au moment où la troisième vague déferle, Socrate élucide enfin comment il faut comprendre la prétention de la cité idéale à être réalisable.

Paradigme, réalisabilité et approximation

Socrate commence par rappeler ce qui a été admis précédemment. La recherche antérieure d'une définition de la justice a consisté à rechercher un paradigme, un cas pur et parfait, qui pourrait servir de point de référence, afin d'être capable de juger quel genre de vie est le plus proche

1. Voir D. Sedley, « Plato's tsunami », *Hyperboreus*, 11, 2, 2005, p. 205-214.

et lequel est le plus éloigné du paradigme. Mais cette recherche d'un modèle d'homme juste n'a pas consisté à savoir si un tel paradigme est réalisable, autrement dit, si un homme parfaitement juste peut venir à être. Il en va de même, conclut Socrate, avec la cité idéale, parfaitement juste : le paradigme d'une cité parfaite a été produit en parole, et ce paradigme n'est pas moins vrai si l'on s'avère incapable de montrer comment cette cité pourrait être réalisée.

Ce passage est fondamental parce qu'on voit que Socrate y mobilise un concept de possibilité qui ne s'impose pas avec évidence. On entend généralement la possibilité au sens où Kant, par exemple, montre que rien ne distingue un objet réel de son concept possible si ce n'est son existence actuelle, ce que Kant appelle sa « position »[1]. Mais ce n'est pas du tout le sens que Platon confère au terme *dunaton* quand il parle de la *réalisabilité* de la cité idéale. Bien au contraire : Socrate explique justement dans ce long passage (472 c-473 b) qu'il est impossible que la cité construite en paroles soit identique à une cité réelle. C'est là tout le paradoxe de ce passage : la cité paradigmatique est dite être possible, réalisable, dans la mesure même où il est impossible que le modèle soit exactement reproduit dans la réalité empirique. Socrate ne demande donc rien moins à ses interlocuteurs que d'accepter un nouveau sens du mot *possible*, ou *réalisable* :

> — Est-il possible qu'une chose soit réalisée telle qu'elle est dite, ou bien cela tient-il à la nature des choses que la réalisation touche moins à la vérité que la description, même si ce n'est pas l'avis de tel ou tel ? Mais toi, en es-tu d'accord, ou non ?
> — J'en suis d'accord, dit-il.
> — Alors, ne me contrains pas à devoir te montrer ce que nous avons exposé en paroles être en tous points tel dans les faits aussi. Mais si nous nous avérons capables de trouver comment une cité pourrait s'établir de façon à être très proche de ce qui a été dit, nous pourrons affirmer avoir trouvé que cela peut venir à être : or c'est ce que tu exiges. Ne te contenteras-tu pas d'être arrivé à cela ? Pour moi, je m'en contenterais. (*Rép.*, V, 473 a 1-b 2)

La *possibilité par approximation*, telle est donc la manière dont il faut désormais poser la question de la réalisabilité de la cité idéale. Voilà qui me semble constituer l'un des tournants majeurs dans l'argument

1. Voir Kant, *Critique de la raison pure*, A 599/B 627, cité par André Laks qui éclaire le concept de possibilité utilisé par Socrate ici en le comparant à la définition kantienne : voir A. Laks, « Legislation and Demiurgy : On the Relationship Between Plato's *Republic* and *Laws* », *Classical Antiquity*, 9, 1999, p. 209-229 : p. 214-216.

de la digression centrale de la *République*. Socrate et ses interlocuteurs s'accordent sur le fait qu'il y a des obstacles, disons, métaphysiques à la réalisation de l'idéal, mais ce n'est pas le problème qui est en jeu ici. Ce problème n'est mentionné que pour être immédiatement écarté. La question n'est donc pas de savoir comment surmonter les obstacles métaphysiques à la réalisation de l'idéal, obstacles de toute façon insurmontables, comme le rappelle, d'une autre manière, le fait qu'aux dires mêmes de Socrate (au livre VIII, 548 a), la cité idéale ne manquerait pas, si elle était réalisée, de se dissoudre un jour, du seul fait qu'elle est née. Le problème que pose notre passage est bien plutôt celui de savoir comment surmonter les obstacles humains qui ont jusque-là empêché la réalisation d'une approximation de la cité idéale. Comme des peintres, les protagonistes du dialogue ont décrit *Kallipolis*, le paradigme de la cité idéalement juste. La question de sa réalisabilité revient maintenant à savoir comment la meilleure approximation de celle-ci pourrait venir à être dans l'Histoire [1].

Face à l'insistance de Glaucon, la réponse de Socrate se développe en deux temps bien distincts. Dans le premier, comme on vient de le voir, Socrate montre que dire de quelque chose qu'il est réalisable n'implique pas de le déclarer identique à son propre concept, sa *position* mise à part. Dans le second temps, Socrate, une fois de plus, opère un tournant radical et demande :

> Dès lors, après cela, il faut apparemment que nous essayions de chercher, et de démontrer, ce qui va mal à présent dans les cités, et qui les empêche d'être régies de cette façon-là ; et quel est le plus petit changement qui pourrait amener une cité à ce mode de régime politique ; un seul dans le meilleur des cas, et sinon deux, et sinon encore les moins nombreux – en nombre – et les plus petits – quant à l'importance – qu'il est possible. (*Rép.*, V, 473 b 4-9)

Cette longue phrase est à proprement parler extraordinaire en ce qu'elle transforme complètement la façon dont la question de la réalisabilité est posée. En effet, la question ne porte plus sur la réalisabilité de la cité paradigmatique mais sur celle du philosophe-roi, qui, bien qu'il soit une partie de la cité dont il est question, est d'abord et avant tout la condition même du processus d'approximation qui rend la réalisation possible. Il suit de cette inflexion de l'enquête de Socrate que la question de la réalisabilité de la cité parfaitement juste est évacuée, tout comme d'ailleurs l'est l'examen des détails de ce que serait la cité la plus proche de la cité

1. Voir M. Burnyeat, « Utopia and Fantasy », art. cit, p. 299.

paradigmatique. Tout se passe comme si désormais, avec la troisième vague, Socrate s'interrogeait non pas sur la possibilité de réaliser l'idéal mais bien sûr celle d'*idéaliser le réel*[1] en examinant les conditions de possibilité de la seule troisième vague : la coïncidence en un ou quelques individus du pouvoir et de la philosophie.

La philosophie et la puissance de la doxa

Comme pour les deux premières, Socrate note que sa troisième proposition est paradoxale. Pour comprendre en quoi l'idée même du philosophe-roi est paradoxale, il suffit par exemple de se rappeler la diatribe d'un Calliclès, selon lequel le philosophe est assurément l'être le moins capable de gouverner qui que ce soit (*Gorgias*, 484 c-485 e). Mais l'insistance de Socrate sur le poids de la *doxa* a une signification plus profonde que l'examen de la troisième vague permet d'élucider. En effet, la première et surtout la deuxième mesure de Socrate contredisaient l'opinion commune; la façon dont Socrate formule les choses pour la troisième mesure dit quelque chose de plus : ce n'est plus tant un « discours paradoxal » (472 a 6 : παράδοξον λόγον) qu'un discours *tout à fait contre la doxa elle-même* (473 e 4 : πολὺ παρὰ δόξαν), que doit maintenant tenir Socrate, discours si contraire à l'opinion que « c'est précisément cela », dit-il, « qui depuis longtemps suscite en moi une hésitation à parler » (473 e 3). Par conséquent, pour montrer que la question de la réalisabilité d'une approximation de la cité idéale n'est pas le fruit d'un esprit utopique, au mauvais sens du terme, il va falloir lutter contre la puissance même qui, depuis le début de la digression centrale, a jeté le discrédit et le ridicule sur les propositions de Socrate. Et cette puissance est bien sûr celle de l'opinion.

Cela explique selon moi pourquoi Socrate ouvre une nouvelle séquence à partir de 473 b[2]. En effet, s'il faut définir ce qu'est un philosophe – et telle est bien la tâche dévolue aux pages 474 d-488 a à la charnière des livres V et VI –, c'est bien parce qu'il est nécessaire de contrebalancer la puissance de l'opinion et, *in fine*, de transformer radicalement l'image même du philosophe dans cette opinion populaire. Cette entreprise occupe tout l'argument qui s'étend de 474 d à 502 c[3].

1. Je reprends cette expression à J. Brunschwig, « *Platon*, République » dans F. Châtelet, O. Duhamel et É. Pisier (éd.), *Dictionnaire des œuvres politiques*, Paris, P.U.F, 1986, p. 880-892 : p. 885.

2. Cf. *Rép.* V, 473 b 4 : τὸ δὲ δὴ μετὰ τοῦτο… (« Dès lors, après cela… »).

3. Voir le résumé analytique en appendice à cet article.

D'où l'importance de l'objection qu'Adimante avance en 487 b-488 a, au cœur même de cette séquence du dialogue. Une fois le naturel philosophe défini et le philosophe distingué du *philodoxe*, Socrate pense qu'il suit de la nature et de l'éducation du philosophe qu'il a tous les titres et toutes les capacités pour gouverner. Une fois encore, de la nature à la réalisabilité, la conséquence lui semble bonne. Mais Adimante, pour sa part, considère que l'argument est insuffisant et qu'il faut en dire plus pour convaincre tous ceux qui objecteront que Socrate les a piégés « dans cette autre sorte de jeu de dés, joué, lui, non avec des jetons mais avec des paroles » (*Rép.* VI, 487 c 2-3). Même si elle est récurrente dans les Dialogues, l'allusion faite ici à la confusion dans laquelle se trouve le plus grand nombre, incapable de distinguer la dialectique socratique de l'éristique sophistique, confirme que l'enjeu est bien l'image du philosophe dans l'opinion populaire. Cette image est d'ailleurs très précisément décrite par Adimante :

> En ce moment en effet, on pourrait te dire qu'en paroles on n'a rien à opposer à chacune de tes questions, mais qu'en fait on voit que parmi tous ceux qui se sont dirigés vers la philosophie (non pas ceux qui se sont attachés à elle dès leur jeunesse pour se faire éduquer, et l'ont quittée ensuite, mais ceux qui s'y adonnent plus longuement), les uns – la plupart – deviennent tout à fait déformés, pour ne pas dire immoraux, et que les autres qui semblent les plus respectables, sans doute sous l'effet de cette occupation dont toi tu fais l'éloge, deviennent inutiles aux cités. (*Rép.*, VI, 487 c 4-d 5)

Socrate est d'accord avec Adimante : la philosophie a mauvaise réputation. C'est également cette réputation qu'il faut dissiper en proposant une autre image du philosophe et de son rapport à la cité. Or telle est la tâche qui occupe Socrate pendant une bonne partie du livre VI.

La réalisabilité du philosophe-roi

Une question demeure ouverte : quels arguments Socrate apporte-t-il pour montrer que cette super-condition de la réalisation de la cité idéale qu'est le philosophe-roi est-elle même réalisable ? Qu'est-ce qui en effet permet à Platon de penser que la coïncidence du pouvoir et de la philosophie est quelque chose de plus qu'un vœu pieux, qu'un vague rêve utopique ? Pour répondre pleinement à cette question, il faut, me semble-t-il, articuler deux niveaux de lecture de la *République*.

Socrate traite de la réalisabilité du philosophe-roi dans la section conclusive du long argument correspondant à la troisième vague (497 a-502 c).

> C'est en considération de cela, dis-je, et en le prévoyant, que tout à l'heure, malgré nos craintes, nous disions cependant, sous la contrainte de la vérité, ceci : il n'y a aucune chance qu'une cité, ou un régime politique, ou encore, de la même façon, un homme devienne jamais parfait, avant que ces philosophes peu nombreux et qui à présent sont nommés non pas méchants mais inutiles, ne tombent, par chance, sous l'effet d'une contrainte qui les oblige, qu'ils le veuillent ou non, à se soucier d'une cité, et qui oblige cette cité à les écouter ; ou bien que sur les fils de ceux qui à présent sont dans les organes du pouvoir ou de la royauté, ou sur ces hommes eux-mêmes, ne vienne s'abattre, par quelque inspiration divine, l'amour véritable de la philosophie véritable. Que l'une de ces choses, ou les deux, ne puisse se produire, j'affirme pour ma part qu'il n'y a pas de raison de le penser. Sinon, en effet, ce serait à juste titre qu'on se rirait de nous, comme des gens qui tiennent vainement des propos semblables à des vœux pieux. N'est-ce pas ?
> — Oui, c'est cela.
> — Si donc l'on admet que la nécessité de se soucier d'une cité s'est imposée à des hommes éminents en philosophie au cours de l'infinité du temps passé, ou bien s'impose à présent dans quelque lieu barbare situé quelque part loin en dehors de ce que perçoit notre vision, ou si elle doit s'imposer encore dans l'avenir, alors nous sommes prêts sur ce sujet à nous battre – en paroles – pour affirmer qu'a existé le régime politique que nous avons décrit, qu'il existe, et qu'il existera, lorsque cette Muse-ci sera devenue maîtresse d'une cité. Car il n'est pas impossible que cela se produise, et nous ne disons pas non plus des choses impossibles. Qu'elles soient difficiles, nous en sommes certes d'accord nous aussi. (*Rép.* VI, 499 a 11-d 6)

Dans ce passage, Socrate offre l'une de ses ultimes réflexions sur la question de la réalisabilité de la cité idéale. Il se pourrait bien, dit-il, que quelque chance ou quelque nécessité, ou encore quelque inspiration divine transforme un gouvernant, ou l'un de ses enfants, en philosophe. Tout ceci semble peu probable. Mais en repoussant les limites de l'espace et du temps, Socrate retourne cette improbabilité contre elle-même. À quelle condition, demande-t-il, pourrait-on considérer que les propositions faites sont des vœux pieux ? À la condition d'être à même de prouver que dans l'infinité du temps passé il n'y a jamais eu de philosophe-roi ou que dans l'avenir, il n'y en aura jamais, ou encore qu'à présent, dans le vaste monde, il est certain qu'il n'en existe aucun. Mais qui donc peut prétendre prouver que cela est impossible ? Tout se passe comme si, en étendant ainsi l'espace et le temps, Socrate renvoyait la lecture utopique de la *République* à son principe même, en montrant que c'est la non-existence du philosophe-roi qui est en réalité hautement improbable.

Conclusion

Est-ce là le fin mot de Platon sur la question de la possibilité du philosophe-roi, et par là même, sur celle de la cité idéale de la *République* ? Je ne pense pas, car la *République* aborde la question de la réalisabilité à un second niveau, qui n'est plus, pour ainsi dire, celui de Socrate, mais bien celui de Platon, qui distribue les rôles et met en scène le drame.

Les passages des livres V et VI consacrés au philosophe, à sa nature, à son savoir, à sa mauvaise réputation et à son éducation dans la cité, sont parties intégrantes, je l'ai dit maintes fois, de l'argument visant à montrer que cette super-condition de la cité idéale qu'est le philosophe-roi est réalisable. Ces passages offrent par ailleurs, une image particulière du philosophe, image bien différente et souvent opposée à celle qui est la sienne dans l'opinion du plus grand nombre. Ces deux caractéristiques des livres centraux de la *République* sont en réalité intimement liées.

Adimante explique, au livre VI, pourquoi les philosophes ont si mauvaise réputation : l'opinion du plus grand nombre considère qu'ils sont au mieux « inutiles » (489b3 : ἄχρηστοι), au pire, « complètement corrompus » (489d3 : παμπόνηροι). Socrate consacre ensuite plus de dix pages à tenter d'expliquer pourquoi cette double image du philosophe est devenue monnaie courante dans l'opinion. La raison principale expliquant la corruption du naturel philosophe est la mauvaise éducation. Mais, ajoute Socrate, si la philosophie en venait à être enseignée autrement, et à l'âge qui convient, le naturel philosophe se développerait comme il faut (498 b-c). Adimante demeure quelque peu sceptique et pense que la plupart des gens, et notamment Thrasymaque, le seraient également. Socrate, quant à lui, s'avère plus optimiste :

> — Ne va pas, dis-je, jeter la discorde entre moi et Thrasymaque, qui venons de devenir amis, sans avoir d'ailleurs été ennemis auparavant. En effet, nous ne relâcherons pas nos efforts, jusqu'à les avoir convaincus, lui et les autres, ou leur avoir procuré quelque avance pour cette autre vie qu'ils mèneront lorsque, nés à nouveau, ils rencontreront le même genre d'arguments.
> — Eh bien, dit-il c'est une courte durée que tu vises !
> — Une durée nulle, dis-je, en tout cas comparée à la totalité du temps. Cependant, que la masse des gens ne se laisse pas persuader par ce que nous disons, rien d'étonnant à cela. En effet, ils n'ont jamais vu se produire ce qu'il s'agit à présent de décrire. (*Rép.*, VI, 498 c 9-d 8)

Socrate reconnaît ici que sa discussion avec Glaucon et Adimante vise, en partie au moins, à transformer l'image du philosophe en montrant sa véritable nature et sa véritable utilité, à l'encontre des préjugés qui font de lui un être inutile, voire dangereux, dans l'opinion populaire. Que cette tâche ne soit pas une tâche impossible aux yeux de Socrate est on ne peut plus clair dans le passage suivant :

> O bienheureux homme, n'accuse pas si fort la masse des gens. Tu le verras, ils changeront d'opinion si seulement tu sais, sans esprit de querelle, mais en leur parlant pour les encourager, et pour défaire la calomnie lancée contre l'amour du savoir, leur montrer ceux que tu dis être les philosophes, et définir, comme tu l'as fait à l'instant, leur naturel et leur occupation ; ils comprendront ainsi que tu ne veux pas parler de ceux qu'eux-mêmes croient être tels. Et si jamais ils peuvent les voir sous cet angle, sois sûr qu'ils changeront d'opinion et de réponse. (*Rép.* VI, 499 d 10-500 a 4)

L'entreprise radicale de définition du philosophe et de la *philosophia* à laquelle se consacre la *République* ne peut donc pas être déconnectée des arguments en faveur de la réalisabilité de la cité idéale. Cette entreprise est aussi, et peut-être surtout, une entreprise de persuasion, par laquelle Platon entend substituer son image du philosophe à celle que donne Adimante en écho à l'opinion du plus grand nombre. Lus cette façon, les passages des livres V et VI consacrés à la philosophie jouent donc un rôle de premier plan dans la question de la réalisabilité du philosophe-roi puisqu'ils participent activement à rendre cette image plus acceptable, donc moins improbable. Platon conçoit donc l'écriture même de la *République*, sa publication et sa diffusion, et son adresse à un lectorat que Glaucon et Adimante représentent très bien, comme un moyen de participer effectivement à l'établissement des conditions propices à ce « plus petit changement » dont Socrate dit qu'il est la condition de tous les autres. La *République* ne se contente pas de parler de la réalisabilité : à un niveau, pour ainsi dire, performatif, elle contribue à rendre possible l'approximation de la cité idéale qu'elle décrit.

On jugera peut-être que recourir à la stratégie littéraire et persuasive de la *République* est un bien piètre moyen de répondre à l'exigence de réalisabilité que le dialogue pose. On rappellera alors, comme Socrate le fait lui-même dans un passage cité précédemment, que « la totalité du temps » est peut-être l'échelle qui convient pour décider si, oui ou non, Platon était un utopiste assez fou pour croire que son chef d'œuvre pourrait changer le monde.

APPENDICE
RÉSUMÉ ANALYTIQUE DE *RÉPUBLIQUE*, 449 A-541 B (LIVRES V À VII)

Prélude à la digression (449 a-451 b) : désirabilité et réalisabilité

1. La première vague (451 b-457 c)
    - 1.1. (451 b-456 b) Rien ne s'oppose dans la nature à ce que les femmes gardiennes partagent les mêmes tâches que les gardiens mâles : cette mesure est réalisable
    - 1.2. (456 c-457 c) Cette mesure est non seulement réalisable mais désirable et profitable pour la cité
2. La deuxième vague (457 c-471 c)
    - 2.1. (457 c-458 b) Désirabilité et réalisabilité
    - 2.2. (458 b-466 d) La désirabilité de la communauté des femmes et des enfants
        - 2.2. 1. (458 b-461 e) La vie commune des gardiens implique une politique sexuelle et eugéniste
        - 2.2. 1. (461 e-466 d) Cette communauté est désirable au plus haut point parce qu'elle confère la plus grande unité à la cité et prévient tout risque de dissension
        - 2.3. (466 d-471 e) La réalisabilité de la communauté des femmes et des enfants (examen repoussé à la section suivante)
3. La troisième vague (472 a-541 b)
    - 3.1. (472 b-473 b) Paradigme, réalisabilité et approximation
    - 3.2. (473 b-474 d) La troisième vague est la coïncidence du pouvoir politique et de la philosophie
    - 3.3. (474 d-488 a) Qu'est-ce qu'un philosophe ?
        - 3.3. 1. (474 d-475 d) Première définition : le philosophe est un « amoureux de la sagesse » (définition rejetée)
        - 3.3. 2. (475 e-487 a) Seconde définition : le philosophe est amoureux de la vérité (définition acceptée)
        - 3.3. 3. (484 a-487 a) Conséquence de la précédente définition : le naturel philosophe est le plus apte à gouverner
        - 3.3. 4. (487 b-488 a) Objection : (Adimante) pour la plupart des gens, les philosophes sont soit totalement corrompus (487 d 2-3 : παμπονήρους) soit inutiles (d 5 : ἀχρήστους). Pourquoi en ce cas devraient-ils gouverner ?

3.4. (488 a-497 a) Pourquoi les philosophes ont-ils si mauvaise réputation ? (Défense de la philosophie)

- 3.4. 1. (488 a-489 d) Certains philosophes sont inutiles parce que les cités n'en font pas usage
- 3.4. 2. (489 d-493 e) Certains philosophes sont corrompus parce qu'ils sont mal éduqués
- 3.4. 3. (494 a-497 a) Pourquoi cette situation est inévitable dans les cités actuelles

3.5. (497 a-502 c) Conclusion sur la réalisabilité de la cité idéale

3.6. (502 c-540 d) Nouveau point : l'éducation des philosophes-rois

3.7. (540 d-541 b) Conclusion générale portant sur la réalisabilité de la cité idéale

CHAPITRE VII

L'EFFET DE RÉEL
LES AMBIGUÏTÉS POLITIQUES DU RÉALISME SOCIAL

1968 n'est pas seulement une année de haute intensité politique. Dans une jeune province du champ académique qui veut indépendance et reconnaissance, la sémiologie, c'est aussi l'année où l'on veut rompre – définitivement ! – avec la supposée transparence du discours. Aussi, à l'occasion d'un numéro de la revue *Communication* coordonné par Tzvetan Todorov, on s'attaque collectivement, cette année-là, à la catégorie du vraisemblable. Julia Kristeva, Gérard Genette, Roland Barthes entre autres, sont de la partie. C'est dans ce numéro que Barthes publie l'un de ses textes les plus fameux, bref et percutant comme son titre : « L'effet de réel » [1].

Il y analyse ce qu'on pourrait appeler une stratégie textuelle à l'œuvre chez les écrivains dits « réalistes » du XIXe siècle. Elle consiste à introduire des éléments *immotivés* dans la description – immotivés au sens où ils n'ont aucune fonction narrative, aucune fonction dans le récit (puisque les réalistes sont pour l'essentiel des romanciers); mais de façon générale aucune fonction sémantique dans l'économie générale du texte, pas même une fonction documentaire, et surtout pas celle d'une quelconque *ekphrasis*, c'est-à-dire une ambition de saturation référentielle, de saturation du réel par l'écrit. Selon Barthes, le réaliste ne veut pas dans sa description embrasser tout le réel, il ne se livre pas à cet exercice de virtuosité qui consiste à transférer dans la sphère de l'écrit toutes les dimensions qui sont celles du monde subjectivement éprouvé,

1. R. Barthes, « L'effet de réel », *Communications*, n°11, 1968, p. 84-89.

ou plus prosaïquement à faire de la littérature une notation du réel [1]. Non, le réaliste n'écrit pas au nom d'une plénitude référentielle – il n'écrit ni au nom du vrai, ni au nom du vraisemblable. Il est plutôt cet écrivain qui adopte certains axiomes indissolublement esthétiques, moraux et politiques qu'on pourrait résumer ainsi pour le second XIXe siècle : la littérature ne doit servir aucune cause morale, ni d'enseignement – axiome esthétique ; sa morale est celle de l'art pour l'art, ce n'est donc pas une morale mais une esthétique, qui a toutefois un pendant moral, une morale pessimiste pour tout ce qui ne ressortit pas à l'art – axiome moral ; le monde social est ce qui désespère l'art, et le rôle de la représentation est de se retourner contre la situation – axiome politique. Pour les mettre en œuvre dans des textes, le réaliste utilise des stratégies, en particulier ce fameux « effet de réel ». Il utilise des détails qui sont censés d'ordinaire *dénoter* du réel, comme Flaubert, décrivant la salle où se tient Mme Aubain, la patronne de Félicité : « *un vieux piano supportait, sous un baromètre, un tas pyramidal de boîtes et de cartons* ». Mais ces détails, plutôt que de renvoyer à des objets, dans une plénitude référentielle, fonctionnant selon le régime de la notation, signifient la catégorie même de réel, c'est-à-dire renvoient aux axiomes de cette littérature, se contentent de dire *nous sommes le réel, ce qui résiste à toutes les intentions, y compris celles, sémantiques, de l'écriture*. En ce sens, il ne s'agit pas d'une notation du réel, mais bien d'une construction : c'est une lacune aménagée dans la construction du sens, un ensemble de signes vides de toute fonction sémantique ou sémiotique, autant que narrative, qui sert de marqueur du réel dans le texte. C'est dire que selon Barthes, le réel comme catégorie est construit dans cette littérature comme ensemble de signes *vides* et non pas de signes référentiels, et il sert les ambitions de cette littérature, en particulier celle de retourner la représentation contre la situation. En d'autres termes, *le réalisme, c'est le constructivisme réalisé*, puisque la catégorie de réalité figure comme une invention : l'ensemble des signes immotivés dans la sphère de l'écrit, qui fonctionnent par leur caractère

1. À ce titre, rappelons que Proust se revendiquait plus réaliste que les réalistes eux-mêmes, sur ce terrain précisément, celui de la phénoménologie : « la littérature qui se contente de « décrire les choses », d'en donner seulement un misérable relevé de lignes et de surfaces, est celle qui, tout en s'appelant réaliste, est la plus éloignée de la réalité, celle qui nous appauvrit et nous attriste le plus, car elle coupe brusquement toute communication de notre moi présent avec le passé, dont les choses gardaient l'essence, et l'avenir, où elles nous incitent à la goûter de nouveau. C'est elle que l'art digne de ce nom doit exprimer, et, s'il y échoue, on peut encore tirer de son impuissance un enseignement (tandis qu'on n'en tire aucun des réussites du réalisme), à savoir que cette essence est en partie subjective et incommunicable. » (Proust, *Le temps retrouvé*, 1927, dans *À la recherche du temps perdu*, Paris, Gallimard, 1989, tome IV, p. 463)

immotivé lui-même. Barthes montre aussi à sa façon à quel point les réalistes sont d'habiles moralistes – Sartre les appelait les chevaliers du Néant – et de grands esthètes. Des *inventeurs*, donc.

Si j'ai choisi de faire allusion à ce texte de Barthes dans mon titre, ce n'est pas simplement par goût du paradoxe, pour invoquer l'interprétation la plus constructiviste qui soit du réalisme : c'est parce qu'il me semble effectivement que le nouveau réalisme social proposé par Searle et amendé par les meilleurs esprits – je pense essentiellement ici à Barry Smith et à Maurizio Ferraris – consiste lui-même en un ensemble d'axiomes indissolublement épistémologiques, ontologiques mais j'oserais ajouter moraux et politiques qui conduisent nos philosophes dans des stratégies textuelles aurait dit Barthes, des stratégies philosophiques ici, qui évoquent là aussi le maximum du constructivisme. Pour chacun d'entre eux, la « réalité sociale » est quelque chose qu'on construit, et n'est pas quelque chose de donné, un mode d'être, un monde, un horizon ou un arrière-plan pour reprendre des formulations phénoménologiques.

Je dis : pour nos réalistes sociaux, la réalité sociale est construite. Ici, il faut marquer le pas. Cette réalité sociale n'est pas simplement construite comme peut l'être un objet épistémique, au sens où l'on dit qu'une science construit son objet, découpe dans le réel, dans les phénomènes, des invariants qui vont former ses objets principaux. C'est là un sens de la construction que le constructivisme tant critiqué par les réalistes a effectivement mal compris car ce n'est pas une construction à proprement parler : c'est même plutôt une déconstruction, une analyse. Non, la réalité sociale, celle des réalistes sociaux, est bien quelque chose de construit au niveau *ontologique* lui-même, ce qui à mes yeux est plus grave et représente bien un constructivisme radical.

Selon le réalisme social, le monde social *fonctionne comme un ensemble de constructions* plus ou moins bien agencées, que ces constructions prennent la forme la plus obvie et empiriquement accessible des institutions, le droit au premier chef, ou de produits d'institutions, le mariage, la propriété ou la monnaie par exemple, ou à un niveau infra-institutionnel, de relations, voire de l'intersubjectivité même : tout est *construit*. Comme si la réalité sociale, pour donner lieu à une connaissance objective, devait être abordée de l'extérieur, depuis un point de vue où il n'y aurait pas de social, pas encore de social, et où cette *réalité serait à conquérir* non seulement par l'agent épistémique, mais du *point de vue du groupe social lui-même, plus exactement du point de vue des individus qui le composent, conspirent à sa propre construction.* Le réalisme social a construit la catégorie de réalité sociale qu'il essaye d'imposer aux sciences sociales elles-mêmes, à la connaissance du monde social. Mais cela n'est pas sans conséquence, notamment politique. Ce qui me conduit à mon second argument.

Le voici : cette doctrine de la construction de la réalité sociale, qu'elle emprunte les voies de l'intentionnalité collective, des actes de langage, des actes sociaux ou de la documentalité (je reviendrai sur ces notions), a des conséquences politiques sur lesquelles je ne suis pas le premier à insister bien sûr – et peut-être n'est-il pas inutile de rappeler que dans les analyses qui vont suivre, j'essaie de poursuivre les réflexions critiques que Jocelyn Benoist a proposées dans un article paru de 2006, « l'introuvable réalisme social » et dans le dernier chapitre et le post-scriptum de ses *Éléments de philosophie réaliste.*[1] N'identifiant la réalité sociale que dans sa dimension constructive, ces réalismes contemporains forment des doctrines non critiques car elles ne perçoivent le social réalisé qu'en termes d'institutions – les institutions constituent le mode d'approche fondamental de la réalité sociale proposé par ces doctrines. Alors pourquoi saisir le social par l'institution, et surtout par l'institution du social lui-même, l'idée selon lequel le social n'est incorporé que dans des institutions, constitue-t-il une approche non critique? On pourrait dire que les théories des réalistes sociaux partagent les mêmes ambiguïtés politiques que les doctrines jusnaturalistes, les doctrines du droit naturel dont elles sont en réalité les descendantes directes : à savoir qu'elles sont conservatrices d'un ordre social, n'ont pas d'intérêt épistémique ou politique pour le *changement social lui-même*, car elles figurent toute réalité sociale historiquement constituée comme une *transcendance – ce précisément parce que le social est institué et que l'institution du social comme réalité comporte une dimension d'irréversibilité et de permanence*. Je donnerai un aperçu de cet argument en m'intéressant à un des rares textes de sciences sociales qui ait vraiment capté l'attention des réalistes, grâce aux efforts conjugués de Searle et de Barry Smith : le livre de Hernando de Soto, *Le mystère du capital*[2]. Dans ce livre, de Soto nous révèle, comme son titre l'indique, le mystère du capital : le capitalisme est l'enfant du droit civil, du droit de propriété, et cette création institutionnelle même du droit de propriété, déficiente dans les

1. J. Benoist, « L'introuvable réalisme social », *Le Cercle herméneutique*, 2006, n° 5-6, p. 168-183; *Éléments de philosophie réaliste*, Paris, Vrin, 2011.

2. H. de Soto, *The Mystery of Capital : Why Capitalism Triumphs in the West and Fails Everywhere Else*, New York, Basic Books, 2000; *Le Mystère du capital. Pourquoi le capitalisme triomphe en Occident et échoue partout ailleurs ?*, trad. fr. M. le Séac'h, Paris, Flammarion, 2005.

pays en voie de développement, expliquerait leur retard sur les pays occidentaux, puisque dépourvus de ce droit ils seraient alors incapables de convertir un capital mort, une maison, un meuble, etc., en un capital vivant, un bien à porter sur le marché. L'approche de de Soto, il n'est pas difficile de le percevoir dans ce résumé, est une approche absolument non critique du capitalisme, jamais elle ne le pense comme moment où comme problème, mais comme solution, pire encore, comme transcendance. Et du coup elle ne nous livre aucune information nouvelle sur les ressorts du capitalisme, et contribue malgré elle, politiquement, à l'assujettissement encore plus dramatique des pays en voie de développement à ce modèle social destructeur. Le parti pris réaliste est un parti pris non critique, contrairement à ce que les réalistes ne cessent de rappeler.

Le dernier argument, l'argument conclusif, consistera à montrer que la soif de réalité de nos réalistes serait bien mieux étanchée par les sciences sociales elles-mêmes, s'ils prenaient la peine de les considérer. Car ce qu'il y a de plus intriguant, de plus irritant aussi, dans ces doctrines philosophiques, c'est qu'à aucun moment elles n'envisagent sérieusement de se confronter sinon à la marge, à des positivités, je veux dire ici : aux sciences sociales que sont la sociologie, l'économie, le droit, etc. Si bien qu'elles forment avec le constructivisme radical pourtant dénoncé par elles à grand renfort de manifestes, comme un couple de frères ennemis, partageant un même principe implicite : la partition disciplinaire qui conduit la philosophie à se préserver au maximum de ce qui constitue une menace pour son privilège de locuteur, à savoir les sciences sociales. Pourtant, à lire de près les grandes théories de ces sciences, on s'aperçoit qu'elles défendent bien mieux que nos réalistes contemporains des doctrines réalistes *du social, sans pour autant sombrer dans le constructivisme radical, et en maintenant sur la réalité sociale un point de vue critique*. Elles prennent le social comme un donné au sens fort du terme : quelque chose auquel on ne peut échapper et que cela n'a pas de sens d'appréhender de l'extérieur, ou pour citer Durkheim auquel je me référerai plus loin : « une nature définie qui s'impose, avec laquelle il faut compter et qui, alors même qu'on parvient à la neutraliser, n'est jamais complètement vaincue »[1]. Je n'en donnerai ici qu'un seul exemple : la façon dont les faits sociaux sont traités chez Durkheim comme des choses, et l'exigence de réalisme de la sociologie durkheimienne.

1. E. Durkheim, *Les règles de la méthode sociologique*, Préface de la seconde édition (1895), Paris, Flammarion, 1988, p. 89.

LE « RÉALISME SOCIAL » COMME CONSTRUCTIVISME RADICAL

D'où vient l'ambition réaliste ? De deux nécessités qui s'entrecroisent et se renforcent sans jamais se recouvrir : l'une épistémologique, l'autre ontologique. Or, ces deux nécessités sont très différentes, ont des horizons, des enjeux très différents. Considérons la première, l'épistémologique : il s'agit de produire et/ou de garantir une connaissance objective de la réalité, en l'occurrence ici de la réalité sociale. Or, la connaissance a, selon les réalistes, des contraintes que ne respecte pas l'approche postmoderne, l'approche constructiviste à laquelle les réalistes s'opposent (et qui figure bien souvent comme un épouvantail commode car on peine à trouver des doctrines constructivistes radicales qui aient eu quelque portée) : que les énoncés de connaissance puissent être vérifiés, selon un modèle de vérité qui est un modèle de vérité-correspondance, autrement dit qu'à nos énoncés correspondent dans la réalité sociale des états de choses, et que ces états de chose aient la propriété d'être indépendants, indépendants en particulier de la conscience des sujets épistémiques qui énoncent ou non sur eux des vérités. Le réalisme provient donc de la nécessité de reconnaître qu'il existe un monde *mind-independent*, un monde social indépendant de l'esprit du savant, qui ne figure pas *comme une fiction du savant lui-même*. La réalité existe en dehors du système de représentation des agents et en particulier en dehors du système de représentation de l'agent qui connaît. Le monde social n'est pas une création de l'esprit individuel, n'est pas une fiction que construit le savant, pas non plus une expérience de pensée. C'est bien une réalité *sui generis* à laquelle on peut avoir accès comme quelque chose d'indépendant. Cette contrainte épistémique, comme on le verra, est très largement partagée par les sciences sociales, quoi qu'en disent les constructivistes eux-mêmes qui sont une certaine espèce de métaphysiciens qui n'intéressent pas du tout les sciences sociales elles-mêmes et ne s'intéressent pas aux sciences sociales, sinon marginalement. En revanche, les réalistes sociaux qui maintiennent ce réquisit épistémologique sont très peu sensibles à la puissance de l'argument sémiologique structuraliste indiqué en introduction : l'idée selon laquelle le langage n'est pas transparent et que la question de l'adéquation dans la thèse d'*adequatio rei et intellectus* pose autant de problèmes qu'elle en résout. On ne se débarrasse pas aussi vite de la question de l'accès une fois qu'on l'a posée.

La seconde contrainte avancée par les réalistes sociaux est métaphysique et même ontologique : s'il existe une connaissance objective du monde social, il faut être en mesure d'établir *de quel ordre de réalité cette connaissance est la connaissance*. Autrement dit, montrer dans la sphère du réel quelles sont les propriétés spécifiques de la *réalité sociale*. C'est là que la philosophie se sépare de la science et en particulier des sciences sociales : les sciences sociales veulent isoler dans le monde des phénomènes, de l'apparaître, des invariants qui relèvent de la socialité, qu'il s'agisse d'actes sociaux, de conduites sociales, de formes de coexistence, d'institutions ou autres. Les sciences sociales isolent un ensemble de faits bruts : ce qui constitue pour l'observateur des données, les éléments d'une expérience complexe qui sont simples et réitérables, avec un coefficient de variation plus ou moins faible, et ils les ordonnent selon des lois (lois morphologiques, lois statistiques, etc.). Pour le sociologue, l'économiste, ce qu'on appelle la réalité, c'est ce qui apparaît à l'observateur, soit : les phénomènes. Il lui appartient ensuite de discriminer ce qui dans cet apparaître est fonction ou non de la position de l'observateur, de ses présupposés, etc. Cette opération de purification, d'analyse, est une opération épistémologique.

Le philosophe, réaliste social, veut lui à la fois distinguer un niveau de réalité avec des propriétés spécifiques et en même temps être en mesure d'unifier la réalité sous une seule et même caractérisation ontologique. Ainsi, la réalité sociale va devoir être distinguée aussi bien de la réalité physique que de la réalité psychique, c'est-à-dire de la sphère mentale, des représentations. Mais par ailleurs, il va devoir garantir une même structure ontologique à ces trois ordres de réalité, à moins de diviser cette dernière entre différents mondes réels, différents plans de réalité auxquels le sujet appartiendrait. On entre ici dans le régime propre de ce réalisme qui est effectivement métaphysique. Et dans des interrogations qui ne sont pas celles des sciences sociales.

Par exemple, pour le réaliste qu'est Ferraris, la connaissance de la réalité sociale s'assimile à une taxinomie : « la finalité ultime de la théorie de l'expérience est de justifier une taxinomie des objets, c'est-à-dire de fonder une typologie des objets (naturel, idéal, social). La fonction la plus importante de cette taxinomie est de permettre de fonder une théorie de la société » [1]. Il est inutile de dire que fonder une théorie de la société, en particulier sur une taxinomie des objets sociaux, n'est pas du tout l'objectif des sciences de la société, pas plus du reste que fonder une théorie de la nature sur une taxinomie des objets naturels n'est l'objectif de la physique ou de la biologie. Deux discours ici circulent rigoureusement parallèlement les uns aux autres. Et l'on sait que la science physique dans sa forme moderne l'a emporté sur la taxinomie, comme du reste

1. M. Ferraris, *Documentality : Why It Is Necessary to Leave Traces*, translated by Richard Davies, New York, Fordham University Press, 2012, chap. 3, p. 121.

la science sociale l'emporte sur la taxinomie des objets sociaux : tout simplement parce qu'elle produit plus de jugements qui augmentent notre connaissance du monde social, plus de jugements extensifs au sens de Kant.

Dans le cas de l'initiateur de ces réflexions, Searle, il s'agit comme on sait de n'admettre qu'un seul et même plan de réalité, de ne pas fragmenter la réalité en différents niveaux. Searle est un naturaliste et même d'un naturalisme physicaliste : il pose qu'il y a un *continuum* qui va de la réalité physique à la réalité sociale, mais qui passe par des plans allant vers sans cesse plus de complexité. Son interrogation de départ est la suivante :

> Nous vivons très exactement *dans un monde*, pas dans deux ou trois ou dix-sept. Jusqu'à plus ample informé, les caractéristiques les plus fondamentales de ce monde sont celles que décrivent la physique, la chimie et les autres sciences de la nature. Mais l'existence de phénomènes qui ne sont pas de manière évidente physiques ou chimiques est source de perplexité.

Et un peu plus loin il ajoute :

> Comment une réalité mentale, un monde de conscience, d'intentionnalité, et d'autres phénomènes mentaux s'ajustent-ils à un monde entièrement constitué de particules physiques et d'autres champs de force ? (...) Comment peut-il y avoir un monde objectif d'argent, de propriétés foncières, de mariages, de gouvernements, d'élections, de matches de football, de soirées mondaines et de cours de justice, dans un monde entièrement constitué de particules physiques dans un champ de force, et dans lequel certaines de ces particules s'organisent en un système qui sont des animaux biologiques conscients, tels que nous ? [1]

La réponse est dans la question : dans une certaine organisation de ces particules de matière. Une organisation qui permet la conscience sous la forme d'une intentionnalité, pour le premier élément de réponse ; et pour le second, c'est-à-dire la construction de la réalité sociale, une organisation de l'intentionnalité (intentionnalité collective) qui permet de créer les règles constitutives de la réalité sociale, en particulier la fameuse assignation ou imposition de fonction qui prend la forme : X a la fonction Y dans le contexte C – chacun des éléments qui composent cette relation fonctionnelle pouvant en dernière instance être renvoyé à des particules physiques dans un champ de force.

Que Barak Obama soit président des États-Unis est le fruit d'une imposition intentionnelle collective de fonction à une entité qui est un

1. J. Searle, *La construction de la réalité sociale*, trad. fr. Cl. Tiercelin, Paris, Gallimard, 1998, Introduction, p. 9-10.

individu biologique. Mais chaque élément mis en relation fonctionnelle renvoie en dernière instance à quelque chose de physique. Le rôle du philosophe est alors de montrer comment le monde social émerge à partir du monde physique puisque, comme le rappelle Searle, « les faits institutionnels sont, pour ainsi dire, *un cran au-dessus* des faits bruts » [1]. Là réside la particularité de l'approche de Searle : contrairement à un Otto Neurath par exemple, l'économiste et sociologue du Cercle de Vienne, auteur d'une sociologie empirique, sociologie critique (en particulier d'ailleurs de la sociologie wébérienne), qui souhaite que méthodologiquement la sociologie puisse renvoyer en dernière instance tous ses énoncés à des structures physiques du monde *accessibles à la perception externe*, selon un principe qui n'est pas tant ontologique qu'épistémologique (le primat est celui de la perception), Searle lui entend bien être en mesure de rendre compte théoriquement de chaque fait social comme *d'une construction réalisée* à partir de faits bruts. Comme si cela avait un sens de dissocier entre faits bruts et faits sociaux, comme si les faits sociaux n'étaient pas eux-mêmes des *faits bruts*. Comme on le voit, pour Searle, ce n'est pas que la réalité sociale soit identifiable dans des phénomènes qui en dernière instance ont une même structure, une même organisation que les phénomènes de la physique, sont tout aussi réels que la réalité physique : la réalité sociale émerge à partir d'un *substrat* physique.

Si je prends maintenant le cas de Barry Smith, je m'aperçois que, s'il ne part pas du tout de ce naturalisme physicaliste, il rencontre des contraintes similaires qui le contraignent à procéder aussi à un certain étagement ontologique [2]. Pour Barry Smith, ce qui caractérise la réalité n'est pas tant qu'elle est physique, mais plutôt qu'elle a une structure objective, une structure d'objet. Barry Smith veut bien peupler le monde d'entités idéales nombreuses et diversifiées, comme des objets mathématiques ou des valeurs morales par exemple, pourvu qu'elles aient une structure objective et une consistance, un mode d'existence indépendant permettant aux énoncés judicatifs, aux propositions qui portent sur elles d'être vrais ou faux. Et le monde social est l'un de ces mondes. Sa particularité, au regard du monde mathématique ou du monde physique, c'est qu'il est engendré par des actes sociaux qui sont des actes de langage. Barry Smith est un réaliste social d'un nouveau type :

1. *Ibid.*, chap. II, p. 54.

2. Les positions de Barry Smith sont résumées au mieux dans B. Smith et J. Searle, « The Construction of Social Reality : An Exchange », *American Journal of Economics and Sociology*, 62 : 2 (2003), p. 285-309.

en un sens, c'est plutôt un disciple d'Adolf Reinach que de John Searle. Il n'entend pas supprimer la distinction entre monde de type 1, 2 et 3 que Karl Popper avait pu proposer. Il entend en revanche montrer à quel type d'actes les domaines de réalité renvoient. Et dans le cas de la réalité sociale, on a affaire indiscutablement à un ensemble d'objets, des objets sociaux, qui sont construits à l'occasion d'actes, des actes sociaux, qui sont des actes de langage. Autrement dit, le monde social est une création du langage. Que le langage présuppose ou non la socialité, qu'un acte de langage présuppose des interactions sociales, ce n'est pas tellement le problème de Barry Smith : pour lui, l'objectivité du social réside dans les objets quasi-abstraits que sont les objets sociaux, qui sont engendrés par des actes sociaux. Par conséquent la connaissance du monde social est une connaissance *des propriétés de ces objets*. Là encore, la réalité sociale n'est pas donnée, elle est construite puisque, si les objets nous sont donnés du point de vue épistémique, puisqu'ils sont déjà réalisés, ils sont construits du point de vue ontologique et notre connaissance doit passer par la reconnaissance du fait qu'ils sont construits. Une obligation, une prétention, sont le résultat d'une promesse, l'exercice du pouvoir en démocratie le résultat d'une élection, etc. Tout dans le monde social est affaire de conséquences objectives d'actes sociaux. Du coup, le monde social est peuplé d'objets sociaux qui sont les objets de la connaissance du social. Dire que Smith est reinachien nous permet d'indiquer la source du malentendu : car Reinach entendait construire une ontologie du droit et non une ontologie du social en général.

Maurizio Ferraris nous offre certainement la version la plus mesurée du réalisme social, et la plus en phase avec le développement actuel des sciences. L'ontologie sert ici selon lui des fins qui sont d'abord des fins critiques : elle sert de limite – sous-entendu, de limite aux autres approches. Pour Maurizio Ferraris, tout n'est pas objet dans le monde social, et contrairement à Barry Smith, tout acte social, y compris un acte de langage, n'a pas la propriété de constituer des objets. En revanche, si un discours ontologique doit être maintenu sur le social, il doit prendre acte du fait que certaines relations sociales peuvent *bel et bien être créatrices d'objets*. Ces relations sociales relèvent de l'inscription et non de la représentation, de l'intentionnalité, ou de l'énonciation. Les objets sociaux sont le résultat d'actes sociaux enregistrés, sur un morceau de papier, un fichier d'ordinateur, ou même simplement dans la mémoire des gens qui sont impliqués dans l'acte. Ce qui est décisif pour la constitution de l'objectivité sociale, c'est cette modalité particulière de reconnaissance sociale que Ferraris appelle la documentalité ou le textualisme faible.

L'inscription est constitutive de la réalité sociale, si par réalité on entend encore l'objectivité. La documentalité ou le textualisme faible comme on le voit, semble se soutenir d'une référence à un textualisme fort, à un sens fort de la documentalité, qui est assurément un sens juridique, où les effets d'homologation des actes sont les plus manifestes. Une fois encore, tout dans le social fonctionnerait comme dans la sphère juridique, même sous une forme atténuée, faible. Mais, pourrait-on alors objecter, jusqu'à quel point ? Face à la documentalité forte, de type juridique, que fait-on des autres modes de constitution des objets sociaux, par exemple des stratégies d'alliance dans des sociétés sans écritures (le système de parenté) ou des stratégies d'échange dans ces mêmes sociétés (par exemple le système d'échange baptisé *Kula* par Malinowski) ? En quoi peut-on supposer alors que l'inscription précède l'institution ? Il n'y a, à proprement parler, ni document, ni acte juridique, ni mémoire autre que celles des membres de la tribu. Reste que l'objectif est de manifester une dimension essentielle de la réalité sociale contre les constructivismes de tout poil, qui est sa *permanence*. Ce qui me conduit comme naturellement à mon second point, les ambiguïtés politiques de ces réalismes.

L'HÉRITAGE JUSNATURALISTE DU RÉALISME SOCIAL

On l'aura compris, dans chacun des trois cas qui nous concernent et auxquels je me suis limité, la réalité sociale renvoie à un ensemble de produits : produits d'une intentionnalité collective, d'une imposition de fonction chez Searle, d'actes de langage chez Barry Smith, d'inscriptions ou d'enregistrements chez Maurizio Ferraris. Ces produits ont une seconde caractéristique fondamentale pour nos réalistes, outre le fait qu'ils sont des produits, c'est que dans chacun des cas ils survivent dans le temps aux actes qui les ont engendrés : la particularité de l'imposition de fonction chez Searle, c'est qu'elle produit des fonctions qui survivent à l'imposition elle-même et n'ont pas besoin que l'imposition soit constamment réactualisée. De même, chez Barry Smith, ma promesse crée une obligation qui ne s'éteint pas après que la promesse a été prononcée mais seulement après qu'elle a été tenue, c'est-à-dire que le contenu de la promesse a été réalisé. Enfin, chez Maurizio Ferraris : le propre du document, quel que soit son support, une trace, c'est qu'il survit au geste qui l'a produit. En d'autres termes, la dimension essentielle à laquelle nos réalistes semblent tenir, dans leur propre conception de la réalité, n'est pas simplement l'extériorité à l'esprit, la consistance indépendante mais bien la *permanence*, au sens temporel que Kant retient dans sa théorie des principes, quand il parle du principe de permanence de la substance. Le réel, ce n'est pas seulement ce qui tient tout seul, malgré nous et en dehors de nous, ce qui a une modalité d'existence indépendante de nos représentations, c'est ce qui *perdure*, contre, nous dit Maurizio Ferraris dans son manifeste, la *réalité liquide et évanescente de la postmodernité*. « À travers l'analyse des caractéristiques spécifiques des objets sociaux, poursuit-il, il apparaît que la société *n'est rien de liquide* : elle est faite d'objets comme des promesses et des paris, de la monnaie et des passeports, qui peuvent être souvent *plus solides* que des tables et des chaises, et dont notre bonheur ou notre malheur dépendent largement » [1].

C'est là me semble-t-il que réside essentiellement la dimension très idéologique de ces réalismes, une dimension où le principe de permanence de la substance l'a emporté sur les principes critiques, historicistes, qui sont ceux des sciences sociales et que les constructivistes ont avalisés, parfois de façon caricaturale : les réalistes sont constitutivement tournés vers la permanence et non vers le changement et l'historicité des objets qu'ils considèrent. La particularité du social c'est qu'il produit des institutions durables, mais à aucun moment on ne nous parle chez les réalistes de leur durée de vie, ni du fait qu'elles sont corruptibles. Elles figurent bel et bien comme des transcendances, et les individus ou les groupes sociaux se trouvent littéralement noyés sous les objets sociaux qu'ils ont construits plus ou moins consciemment.

Ce principe d'une création du social qui est création d'une entité permanente, est largement partagé avec le modèle jusnaturaliste : il part d'un avant le social, puis opère toujours une césure qui définit une entrée dans le social qui est seconde nature, est parfaitement assimilable au juridique, au droit, et fait signe vers une permanence nouvelle. Non pas qu'il s'agisse d'une pure et simple fascination pour la permanence effective des institutions, ce qui pourrait faire l'objet d'un jugement d'expérience (oui, les institutions durent, mais certaines ont une durée de vie beaucoup plus courte que les hommes qui les créent). Non, c'est que cette fixité est suggérée même dans la compréhension qui est produite de la genèse du social.

Un exemple typique, je l'ai dit, est à chercher chez Hernando de Soto, dans son livre, le mystère du capital qui a été très chaleureusement accueilli dans les milieux réalistes comme une confirmation de leurs vues, une application de leur conception de la réalité sociale. Pour de Soto, il y a bien un mystère du capital, qui est cette transfiguration d'une réalité physique donnée, une chose, en une réalité juridique qu'on appelle un capital. Marx

1. M. Ferraris, *Manifesto of new realism*, Albany (NY), Suny Press, 2014, p. 56.

aurait dit : une marchandise, c'est-à-dire un bien susceptible d'entrer dans la sphère générale des échanges, un bien susceptible d'aller au marché. Pour Marx, vous le savez, cette transfiguration, dont il parle très bien au chapitre premier du *Capital*, dans le passage consacré au fétichisme de la marchandise et à son secret, tient au fait que la marchandise elle-même dissimule un *rapport social* : la marchandise renvoie l'image du rapport social des producteurs au travail global, comme un rapport social *existant en dehors d'eux, entre les objets*. En d'autres termes, la marchandise sur le marché dissimule le fait qu'elle est le fruit d'un travail. Mais pour de Soto, le mystère est très différent, et il faut bien reconnaître qu'il a le culot de reprocher à Marx de l'avoir mal compris. Cette transfiguration d'une chose en bien est réalisée précisément selon de Soto par un acte social : *l'institution de la propriété*. En d'autres termes, le social ne figure pas en amont, dissimulé sous la chose (la chaise, le fruit, l'immeuble), mais en aval : il est ce qui une fois construit par une institution transfigure la chose même, la chose physique, le fait brut, en fait social. Avant d'être intégrée à la propriété, l'immeuble, la chaise, ne sont rien de social au sens où elles ne peuvent être partagées, elles restent dans la sphère domestique qui semble être pour de Soto une sphère extra-sociale car elle est extra-légale.

Mais il faut que cet acte de transfiguration ait une certaine universalité et une certaine permanence, faute de quoi la propriété serait toujours remise en cause d'une part; d'autre part, il serait corrélativement impossible d'apporter son bien sur un marché et de l'échanger. Cette universalité et cette permanence sont garanties par *des institutions elles-mêmes*. Autrement dit : le capital est une institution de second ordre qui fait intervenir une institution de premier ordre, une institution politique, qu'on appellerait l'État moderne par exemple. De là à dire que le capitalisme est un enfant des États modernes et des législations modernes des États, il n'y a qu'un pas, pas particulièrement neuf en réalité, que l'on n'hésitera pas à franchir : oui, loin d'être une production du marché, d'une sphère des échanges soustraite à l'attention de la sphère publique en général, et autonomisée d'elle, le capitalisme est un rapport social codifié, rendu possible par l'État. Les marchés eux-mêmes sont des créations des États, ils ne perdurent que par eux et à travers eux. Soit. Mais ce n'est pas véritablement le propos de de Soto, qui nous conduirait alors, si on le poussait jusqu'à ses extrêmes conséquences, dans une diatribe marxiste.

Non, le propos de de Soto est de nous dire précisément que les États en voie de développement souffrent d'avoir insuffisamment homologué leurs droits de propriétés, d'avoir insuffisamment codifié le rapport des personnes aux biens et d'avoir laissé proliférer des relations non juridiques, extralégales, des hommes aux choses, qui engendrent un capital mort, soit tout un ensemble de bien qu'on ne peut mener au marché : des objets non sociaux. C'est le cas par exemple des logements extra-légaux de Port-Au-Prince ou du Caire, qu'il s'agisse des bâtis des bidonvilles, ou des constructions illégales sur des zones agricoles, voire des rehaussements d'édifices publics ou privés, etc., qui figurent comme autant de capital mort car, n'étant pas juridiquement reconnus comme des biens, ils ne peuvent se voir attribuer de valeur sur un marché. Les pauvres ne sont pas si pauvres, eux aussi sont des propriétaires, mais ils ne bénéficient pas de la possibilité de faire prospérer leur propriété, de la convertir en capital, c'est-à-dire de lui faire prendre d'une façon ou d'une autre, de la valeur. Les pauvres ne savent pas ce qu'ils perdent.

Ce qui frappe dans la présentation que de Soto nous fait du capitalisme, c'est qu'il a complètement éliminé sa dimension sociale précisément, en particulier les rapports de domination qui sont structurants de la relation capitaliste elle-même. Car pour qu'il y ait capitalisme, il ne faut pas simplement qu'il y ait du capital, il est essentiel que ce capital soit inégalement distribué et que certains aient besoin de rentrer dans le marché les mains vides pour dégager par *leur travail* une plus-value rentrant dans le capital d'autrui. Le capitalisme n'est en aucun cas un système d'échange égalitaire entre des propriétaires qui maximisent leur profit dans la vente de leur bien, c'est un système *de production de plus-value et celle-ci repose en dernière instance sur une expropriation garantie ou non par un État*. De Soto semble absolument incapable de voir que le mystère du capital ne réside en rien dans le droit de propriété, qui n'a absolument rien de mystérieux, mais dans ce que ce droit cache lui-même, ce qu'il recèle : à savoir *l'expropriation*, de même que la marchandise dissimule le travail qui la produit. C'est l'expropriation originaire qui donne un profil si particulier au produit du travail humain dans le capitalisme, comme le montre Marx dans le dernier chapitre du premier livre du *Capital*, à propos de l'accumulation originaire.

Un exemple tiré des analyses de de Soto nous fait très bien comprendre cette naïveté. Dans une conférence donnée à New York en avril 2003 lors d'un workshop organisé par Barry Smith et publiée dans un collectif désormais bien connu, formé de la fusion des deux titres de Searle et de de Soto : *Le mystère du capital et la construction de la réalité sociale*, de Sotto se targue d'avoir réussi à faire rentrer les télécommunications péruviennes en bourse et d'avoir achevé leur privatisation[1]. Voici

1. H. de Soto, « What I Do and How Philosophy Has Helped Me », in B. Smith, D. Mark, I. Ehrlich (eds.), *The Mystery of Capital and the Construction of Social Reality*, La Salle (Ill.), Open Court, 2008, p. 1-18.

sommairement comment les choses se sont déroulées : le gouvernement a chargé l'organisation coordonnée par de Soto d'aider à la privatisation de la compagnie de télécommunications péruviennes, qui à l'époque était une société d'État assez largement mal gérée car les propriétaires effectifs étaient en réalité les compagnies de production et de vente des téléphones et l'administrateur l'État lui-même. La valeur totale placée sur le marché (en stock-options) par l'État était de 53 millions de dollars US, mais il fallait trouver acheteur et personne ne se présentait. De Soto et son groupe se sont alors avisés que la privatisation, je le cite, était un acte *essentiellement légal.* « Nous nous demandâmes alors, ajoute-t-il, comment nous pourrions créer un *système de propriété* pour la compagnie de téléphone que les investisseurs étrangers seraient en mesure de comprendre [1]. C'est alors qu'ils ont dressé l'acte de propriété des télécommunications péruviennes. Trois ans plus tard, la compagnie de téléphonie nationale était vendue au consortium espagnol Telefonica pour la somme de 2 milliards de dollars. Pour de Soto, c'est une grande victoire si l'on compare les deux milliards de dollars US engrangés par l'État à la valeur estimée trois ans auparavant par l'État lui-même au moment de la première entrée sur le marché, 53 millions de dollars. Si tous les biens de la nation mis en vente étaient réévalués de la sorte, le Pérou serait en droit de se proclamer quarante fois plus riche qu'il n'est en réalité – à condition de se déposséder intégralement de tous ses biens en les mettant sur le marché… Mais on peut aussi estimer que de Soto a vendu un bien social d'une grande valeur pour un plat de lentilles : avec, au moment de la cession, 12 millions d'usagers qui comptabilisent seulement 38% de la population, et donc une marge de progression immense, c'est un achat particulièrement peu coûteux et une perte de revenu sèche pour l'État, ainsi qu'une perte d'autonomie pour la population péruvienne – ce qu'on appelle précisément une expropriation [2]. En poursuivant l'expérience, on pourrait douter de l'intérêt pour les citoyens des pays en voie de développement de faire reconnaître leur propriété extra-légale : outre les taxes de l'État que cela occasionnerait, la valeur de leur bien serait bien inférieure à leur valeur d'usage et occasionnerait une fois mise sur le marché, on peut s'en douter, de nombreuses expropriations.

On voit bien que le motif principal de compréhension de la réalité sociale chez de Soto est celui de la transcendance, une transcendance en

1. *Ibid.*, p. 9.

2. Les profits liés à la croissance du secteur ne se sont d'ailleurs pas fait attendre comme le constate un analyste du marché en 2013 : « Analyst Angle : Peru is a rising telecom star », https://www.rcrwireless.com/20130327/opinion/analyst-angle-peru-rising-telecom-star-2

quelque sorte sur-culturelle : la raison humaine crée des objets qui sont dotés d'une permanence et avec lesquels elle apprend à composer. Mais ce qui est le plus frappant, c'est que ces objets sociaux dissimulent des rapports sociaux d'un tout autre type que ceux qui sont représentés par nos réalistes : notamment, mais pas seulement, des rapports de domination. Une fois encore, l'analogie avec le jusnaturaliste s'impose me semble-t-il : pour le jusnaturaliste, l'entrée dans la sphère juridique s'effectue toujours sur un pied d'égalité, comme si les institutions étaient en dernière instance des productions de la base. Du reste c'est ce que Searle nous dit quand il se mêle de politique : selon une tradition d'un républicanisme jusnaturaliste classique, la source du pouvoir, dans la mesure où elle réside dans l'imposition de fonction, donc dans la reconnaissance, vient d'en bas. Soit, mais en quelle mesure cette reconnaissance n'a-t-elle pas été forcée, contrainte ? Ce n'est pas la même chose de reconnaître un contrat la corde au cou ou un pistolet sur la tempe, ou encore par l'effet d'une tradition séculaire, que de le reconnaître librement parce qu'on est pleinement partie prenante de la décision. Derrière ces situations, il y a toute l'épaisseur, toute la dureté du monde social, sa force de contrainte.

Peut-être est-ce précisément parce que le réalisme qui nous est proposé ici est un réalisme non critique, un réalisme thétique, qui ne fait qu'empiler les unes sur les autres les objectivités sociales, sans principe de discrimination.

LE RÉALISME CRITIQUE DES SCIENCES SOCIALES : L'EXEMPLE DE DURKHEIM

Je me limiterai ici à une invitation aux réalistes : pourquoi ne pas vous tourner vers les positivités, les sciences qui traitent du monde social, pour voir comment elles pensent la réalité sociale ou les réalités sociales dont elles traitent ? Après tout, quand Searle nous parle du monde physique, il en parle, et fort bien, dans les termes de la science : autrement dit, la façon dont il donne un contenu à la réalité physique est intégralement tirée des énoncés de la science physique elle-même.

Alors pourquoi ne pas faire de même pour ce qui concerne la réalité sociale ? Je pense qu'il y a là une crainte plus ou moins consciente, celle pour la philosophie de perdre à nouveau le privilège du locuteur, c'est-à-dire de voir toute une partie de son propos captée, capturée par les sciences. Je ne m'étendrai pas sur le bien ou le mal fondé de cette crainte car elle engage une conception de la philosophie que l'on n'est pas obligé de partager, une conception critique, dont je ne suis pas sûr, contrairement à Maurizio Ferraris, que le réalisme social soit en mesure de tenir l'agenda. Mais je me contenterai ici simplement de rappeler à leur bon souvenir une théorie réaliste du social qui est à la fois une théorie critique, celle de Durkheim, dans *Les règles de la méthode sociologique*.

Dans la préface à la seconde édition des *Règles*, en 1895, soit un siècle avant la construction de la réalité sociale de Searle, Durkheim s'explique sur les enjeux épistémologiques aussi bien que phénoménologiques voire ontologiques, de son propre réalisme. Il reprend les trois formules qui ont suscité le plus de critiques de ses contemporains. Une formule épistémologique, relative à l'observation des faits sociaux : « les faits sociaux doivent être traités comme des choses ». Et deux formules phénoménologiques relatives à la nature des faits sociaux : « les faits sociaux sont extérieurs aux individus », d'une part et « ce sont des manières de faire ou de penser, reconnaissables à cette particularité qu'elles sont susceptibles d'exercer sur les consciences particulières une influence coercitive », d'autre part – en d'autres termes, les faits sociaux sont des faits de contrainte.

Que veut dire : traiter les faits sociaux comme des choses ? Cela signifie : les traiter au même titre que des choses matérielles, bien que d'une autre manière, puisque précisément ce ne sont pas des choses matérielles. Mais qu'est-ce qu'une chose ?

> La chose s'oppose à l'idée comme ce que l'on connaît du dehors à ce que l'on connaît du dedans. Est chose tout objet de connaissance qui n'est pas naturellement compénétrable à l'intelligence, tout ce dont nous ne pouvons nous faire une notion adéquate par un simple procédé d'analyse mentale, tout ce que l'esprit ne peut arriver à comprendre qu'à condition de *sortir de lui-même*, par voie d'observation et d'expérimentations, en passant progressivement des caractères les plus extérieurs et les plus immédiatement accessibles aux moins visibles et aux plus profonds. Traiter des faits d'un certain ordre comme des choses, ce n'est donc pas les classer dans telle ou telle catégorie du réel ; c'est observer vis-à-vis d'eux *une certaine attitude mentale*[1].

La sociologie se définit bien ici comme une science de la réalité sociale, qui vient s'opposer à ou faire bien plus qu'une analyse idéologique. De ce point de vue, il ne serait pas forcément injuste de dire que les fameux réalistes sociaux opposent une analyse idéologique, une idéologie du social, à une science de la réalité sociale, puisqu'ils préfèrent leurs conceptions sur le monde social – centrées sur la catégorie de l'objet,

1. E. Durkheim, *Les règles de la méthode sociologique*, *op. cit.*, Préface à la seconde édition, p. 77.

avec ses caractères propres, la permanence notamment – à l'étude des faits. Ce qui les place en contradiction avec la vocation qu'ils ont donnée à leur propre réalisme quand celui-ci se déployait dans le domaine de la physique, puisqu'ils y préféraient alors les énoncés de la science de la réalité physique à leur analyse idéologique de ces mêmes faits (du moins pour Searle).

Mais en quoi consistent lesdits faits, qu'il nous faut considérer comme des choses en mettant à distance toutes les préconceptions que nous avons sur eux ? Durkheim avance un certain nombre de propriétés de ces faits, deux principales en réalité : ils sont extérieurs aux individus et ce sont des faits de contrainte – propriétés qui pourraient bien servir nos réalistes dans leur analyse ontologique, cette fois.

Durkheim n'entend pas nier l'intérêt par exemple d'une démarche émergentiste : oui la conscience peut et même doit naître à partir d'un substrat biologique voire physique, et le monde social suppose des êtres conscients. Mais précisément, et c'est ce qui fait de la sociologie une science à part entière et non une province des sciences physiques ou biologiques, le monde social est une synthèse *sui generis* qui dégage des phénomènes nouveaux, des faits spécifiques qui résident dans la société même qui les produit et non dans la conscience des agents voire dans leur organisation. Le principe de l'étagement des niveaux de phénoménalité (du physique au social en passant par le biologique, par exemple) n'a pas de sens pour la sociologie, ou en tous les cas pas d'intérêt puisqu'elle procède à partir de l'*épokhè* même, de la suspension de ce type d'interrogation.

> Les faits sociaux sont donc, en ce sens, extérieurs aux consciences individuelles, considérées comme telles, de même que les caractères distinctifs de la vie sont extérieurs aux substances minérales qui composent l'être vivant. On ne peut les résorber dans les éléments sans se contredire, puisque, par définition, ils supposent autre chose que ce que contiennent ces éléments [1].

Ainsi pour Durkheim, cela n'aurait pas de sens de faire procéder le social à partir d'une intentionnalité, fût-elle collective, car ce serait encore une fois résorber le social dans ses éléments psychologiques. Il n'est pas sûr du tout que les lois qui s'appliquent aux représentations sociales soient de même nature que celles qui régissent les représentations individuelles et nous ne sommes pas encore en mesure de montrer que les règles d'association des idées qui prévalent en psychologie sont valables au niveau social. En revanche, nous avons *accès* au social sans aucune

1. E. Durkheim, *Les règles de la méthode sociologique*, *op. cit.*, p. 82.

présupposition psychologique ou même biologique. Reste à déterminer comment.

« La pensée collective tout entière *dans sa forme comme dans sa matière*, doit être étudiée en elle-même, pour elle-même, avec le sentiment de ce qu'elle a de spécial et il faut laisser à l'avenir le soin de rechercher dans quelle mesure elle ressemble à la pensée des particuliers. »[1] En d'autres termes, les institutions et au-delà, la société elle-même, ne pensent pas de la même façon que les individus. Elles n'ont pas de cerveau, pour parodier Mary Douglas : la matière de leur pensée n'est pas la même que celle des individus, non plus que leur forme. Toute tentative d'engendrer le social hors de lui-même, et en particulier à partir de l'individuel ou d'une quelconque intersubjectivité, est proscrite par Durkheim. Le véritable réalisme social, c'est précisément celui qui considère la réalité sociale comme *irréductible*. Et force est de reconnaître qu'avec leur constructivisme radical, les réalistes sociaux ont manqué cette irréductibilité.

Mais comment se manifeste-t-elle ? Durkheim nous dit : par la contrainte ! Et c'est là qu'intervient la dimension critique de l'analyse sociologique. Les faits sociaux sont des faits de contrainte. Durkheim, quand il exclut que les faits sociaux soient réductibles à des faits individuels, ne se contente pas de la tautologie suivante : les faits sociaux sont des faits de société. Cette tautologie est en elle-même insignifiante, car il nous reste encore à établir comment la société produit *des effets*. Or, nous dit Durkheim, elle les produit par un certain type de coercition, ce qu'on pourrait appeler avec Bourdieu la contrainte symbolique. On pourrait accuser cette caractérisation de la réalité sociale par la contrainte d'être trop large et de comprendre tout le réel en tant qu'il se donne ou se vit : la réalité physique aussi s'impose à nous, nous sommes soumis aux lois de la gravitation, et toute volonté de nous y soustraire peut se payer d'un prix très lourd – l'histoire de l'aéronautique est là pour nous le rappeler. Par ailleurs, on peut supposer qu'il y a des lois d'associations psychiques conscientes et inconscientes qui fonctionnent aussi comme des contraintes, internes celles-ci. Pour Durkheim, la contrainte sociale n'est pas de même nature, même si elle retient de la pression du monde physique sur les corps, ou des lois d'association d'idées, un élément essentiel de sa définition :

> Ce qu'a de tout à fait spécial la contrainte sociale, c'est qu'elle est due, non à la rigidité de certains arrangements moléculaires, mais au prestige dont

1. *Ibid.*, p. 86. Je souligne.

> sont investies certaines représentations. Il est vrai que les habitudes, individuelles ou héréditaires, ont, à certains égards, cette même propriété. Elles nous dominent, nous imposent des croyances ou des pratiques. Seulement elles nous dominent du dedans ; car elles sont tout entières en chacun de nous. Au contraire, les croyances et les pratiques sociales agissent sur nous du dehors ; aussi l'ascendant exercé par les uns et par les autres est-il, au fond, très différent.
>
> Il ne faut pas s'étonner, d'ailleurs, que les autres phénomènes de la nature présentent, sous d'autres formes, le caractère même par lequel nous avons défini les phénomènes sociaux. Cette similitude vient simplement de ce que les uns et les autres *sont des choses réelles*. Car *tout ce qui est réel a une nature définie qui s'impose, avec laquelle il faut compter et qui, alors même qu'on parvient à la neutraliser, n'est jamais complètement vaincue. Et au fond, c'est ce qu'il y a de plus essentiel dans la notion de contrainte sociale* [1].

Il y aurait bien sûr, pour les réalistes sociaux avides de classification, toute une nomenclature à faire de ces effets de contrainte symbolique. Ce n'est pas ce qui intéresse Durkheim ici, qui, dans une veine marxiste, situe immédiatement le problème au niveau de la *pratique – de la lutte*. Mais je n'épilogue pas. Je pense simplement que les réalistes sociaux auraient les plus grands avantages à tirer de la lecture de Durkheim et de quelques autres car ils leur révéleraient à quel point la réalité sociale n'est pas quelque chose de construit mais de donné et surtout de *subi et dans certains cas même de combattu*. C'est là que réside la dimension *critique* du réalisme durkheimien.

1. E. Durkheim, *Les règles de la méthode sociologique*, *op. cit.*, p. 88-89. Je souligne.

CHAPITRE VIII

LE RÉALISME DE CE QUI COMPTE

Nous allons partir, pour poser la question d'un nouveau réalisme, d'un réalisme non théorique, celui de la philosophie du langage ordinaire; et plus particulièrement du projet de Stanley Cavell d'un *réalisme du langage ordinaire*; son ambition dans *Dire et vouloir dire*, son premier ouvrage, de délimiter le monde ordinaire à partir de ce que nous disons et *voulons dire* (*mean what we say*). Prétention assez extraordinaire, qui se comprend si l'on s'intéresse à cette époque de la pensée de Cavell (le premier Cavell, pour ainsi dire) qui inclut *Dire et vouloir dire* (1969), *La projection du monde* (1971) *Sens de Walden* (1972). Ces trois ouvrages proposent une configuration du *monde* ordinaire, entre philosophie du langage ordinaire, ontologie du cinéma et réappropriation du monde par l'écriture, et une ambition philosophique radicale, de rédemption du réel par l'expressivité ordinaire. Elle est résumée dans l'allusion à Socrate que l'on trouve dans *Dire et vouloir dire* : savoir ce qu'on veut dire, vouloir dire ce qu'on dit est la méthode pour connaître le monde – en tout cas le monde ordinaire :

> Ce qu'ils [les interlocuteurs de Socrate] ne réalisaient pas, c'est ce qu'ils étaient en train de dire, ou ce qu'ils étaient *vraiment* en train de dire, et ainsi ils ne savaient pas ce qu'ils voulaient dire. En ce sens, ils ne s'étaient pas connus eux-mêmes, et n'avaient pas connu le monde. Je veux dire, bien sûr, le monde ordinaire. Peut-être n'est-ce pas là tout ce qui existe, mais c'est déjà bien important : la morale est dans ce monde-là, ainsi que la force et l'amour; l'art, aussi, et une partie de la connaissance (la partie qui concerne ce monde-là); et aussi la religion (où que se trouve Dieu) [1].

1. S. Cavell, *Dire et vouloir dire*, trad. fr. S. Laugier et Chr. Fournier, Paris, Cerf, 2009, p. 122-123.

Dans cette évocation du monde ordinaire, on trouve la ressource pour définir un réalisme ordinaire, limité si l'on peut dire à ce monde qui nous importe même si ce n'est pas « tout ce qu'il y a ». C'est aussi ce monde ordinaire que le cinéma donne à voir et « visionne » (d'où le titre *The World Viewed*). On peut se demander comment fonder le réalisme sur une petite partie de ce qu'il y a. On peut se demander comment fonder le réalisme *dans* le langage ordinaire, quelque chose d'aussi fragile et variable que nos usages – « ce que nous devrions dire quand » ; l'accord dans le langage devenant l'ajustement du langage au réel. On peut se demander comment fonder le réalisme dans une expérience aussi fictionnelle que le cinéma. Notre but est d'arriver à expliciter cela, pour proposer un réalisme ordinaire, et finalement tenter de montrer que c'est le seul et vrai réalisme.

Le réalisme de la projection

On partira d'une définition du réalisme non pas comme thèse ou théorie, ni comme position philosophique, mais comme exploration et enquête (au sens du pragmatisme). Il ne s'agit pas, dans ce réalisme de l'ordinaire, d'avoir accès à la réalité, ou de s'y accorder, mais d'en faire partie, de l'expérimenter. Le langage ordinaire, c'est-à-dire le langage comme pratique, est une méthode de cette exploration du réel, par l'ajustement qu'il produit entre nous et notre environnement, par la perception « affinée » des différences qu'il opère. Austin dit dans son « Plaidoyer pour les excuses » « nous nous servons de la conscience affinée que nous avons des mots pour affiner notre perception, mais pas comme arbitre ultime, des phénomènes. » [1] On sait qu'Austin traduit cette ambition, non sans ironie, par l'expression « phénoménologie linguistique ». Cavell écrit à ce propos dans *Dire et vouloir dire* « La clarté qu'Austin recherche en philosophie est à atteindre par l'établissement de la carte des champs de conscience qu'éclairent les occasions d'un mot ». Le réalisme se définit à partir de cette clarification, cette capacité d'élucidation de soi par les occasions du langage, projet reformulé pratiquement dans les mêmes mots dans *La projection du monde* à propos de la technique qui consiste à parler des films à partir des souvenirs de la vision des films : « Ce qui m'intéresse, c'est de mettre en lumière par la réflexion les causes de ma conscience des films telle qu'elle existe ».

1. J. L. Austin, *Ecrits Philosophiques*, trad. fr. L. Aubert et A.-L. Hacker, Paris, Seuil, 1994, p. 144.

Il s'agit pour Cavell, dans son œuvre sur le cinéma, toujours dans la lignée d'Austin, d'établir et de clarifier le lien entre le langage et les choses et les personnes, non dans les termes analytiques du réalisme ou de la correspondance, mais en fonction de notre individuelle adéquation à nos mots, et de l'appropriation de nos mots aux circonstances. Un véritable réalisme est alors un réalisme de l'ordinaire et on examinera l'ambition de Cavell de démontrer à propos de la valeur du langage ordinaire ET de l'ontologie du cinéma, ce qu'il nomme dans *À la recherche du bonheur* « l'intériorité réciproque des mots et du monde ».

Cavell, avec *La projection du monde*[1] et *À la recherche du bonheur*[2], a révolutionné notre approche philosophique du réalisme. Le travail de Cavell sur le cinéma est de ce point de vue entièrement cohérent avec son œuvre philosophique consacrée à la philosophie du langage ordinaire. Le travail de Cavell sur le cinéma est entièrement en cohérence avec son projet de reprise de la philosophie du langage ordinaire de Wittgenstein et d'Austin. On a pu démontrer que le livre classique de Cavell sur la comédie du remariage *À la recherche du bonheur*, quasi contemporain des *Voix de la raison*, donne la version « comique », ou pour ainsi dire la solution pratique, de la tragédie du scepticisme. *La projection du monde* est ainsi une version ontologique de l'analyse des enjeux de la philosophie du langage ordinaire, et contribue à en mettre en évidence le réalisme. Dans un essai repris dans *Le cinéma nous rend-il meilleurs ?* Cavell précise cet enjeu central de son œuvre : redéfinir le réalisme non seulement au cinéma, mais *par* le cinéma. Le réalisme du cinéma n'est pas dans sa représentation d'une réalité mais dans le fait qu'il fait partie de nos vies ordinaires dans la réalité de l'expérience cinématographique, son intégration dans nos vies.

Cavell note dans la préface à *Le cinéma nous rend-il meilleurs ?* que *La projection du monde* avait été critiquée, à sa publication en 1971, pour être « réaliste », alors que son but était bien plutôt de mettre en cause la capacité du réalisme, dans ses différentes versions philosophiques,

1. S. Cavell, *The World Viewed, Reflections on the Ontology of Film*, Penguin Books, Harvard University Press, 1971, 1979 ; *La projection du monde. Réflexions sur l'ontologie du cinéma*, trad. fr. par Chr. Fournier, Paris, Belin, 1999.

2. S. Cavell, *Pursuits of Happiness*, Cambridge (Mass.), Harvard University Press, 1981 ; *À la recherche du bonheur*, trad. fr. Chr. Fournier et S. Laugier, Paris, Vrin, 2017. Voir aussi M. Cerisuelo et S. Laugier (éd.), *Stanley Cavell, Cinéma et philosophie*, Paris, Presses de la Sorbonne Nouvelle, 2000.

« d'approcher la question de la relation du cinéma avec les choses du monde, ou avec la question de ce qu'il advient des choses à l'écran » [1].

Malgré la difficulté à donner une définition univoque du réalisme, on peut remarquer qu'il se définit souvent en termes de représentation, ou de connaissance, qui nous donneraient un accès véridique à un monde indépendant de nous (ou d'elles). Il y a un sens où le cinéma, comme l'a dit Cavell au début de *La projection du monde*, est d'emblée réaliste : le film est dépendant de la réalité qui s'imprime sur la pellicule, et qu'on projette à l'écran (*cf.* la question qui donne son titre à l'un des chapitres : « What becomes of things on film », qu'advient-il des choses à l'écran ?). Il s'agit chez Cavell, déjà, d'un réalisme radical, qui fut à l'époque considéré comme « naïf » et qu'on dirait maintenant « direct ». Le cinéma ce sont des *choses filmées et projetées*. Pas des représentations de choses, mais des choses projetées (*viewed*) sur un écran.

Cavell part de la remarque simple et géniale de Panofsky : « La matière [*medium*] des films est la réalité physique en tant que telle » [2]. La question du réalisme devient alors : qu'arrive-t-il à la réalité quand elle est projetée et passée sur un écran ? Pour Cavell, « c'est à la réalité, ou à un mode de la dépeindre, que nous avons affaire, dans la manière dont on se souvient des films, et dont on les déforme en s'en souvenant. » Les souvenirs de films – même lointains – peuvent vous harceler, un peu comme des rêves mais pas exactement, car ils sont souvenir d'une expérience. Ce qui donne au cinéma son statut de réalité, c'est qu'un souvenir de film est aussi réel qu'un souvenir de la réalité.

Le film, comme la photographie, nous présente, avons-nous envie de dire, les choses elles-mêmes. Cela peut sembler faux, dans la mesure où, Cavell le sait, « la photographie d'un tremblement de terre ou de Greta Garbo n'est (heureusement) pas un tremblement de terre en train de se produire ni (malheureusement) Greta Garbo en chair et en os ». Mais ordinairement on dira bien, devant une image de film, que « c'est Garbo », et en racontant un film, « Elle monte dans le taxi ». Exactement comme, écoutant un disque, on pourra dire à un certain moment « hmm, voilà le cor anglais » et qu'on trouverait bizarre de devoir spécifier « attention, c'est un enregistrement ».

1. S. Cavell, *Le cinéma nous rend-il meilleurs ?*, trad. fr. Chr. Fournier et E. Domenach, Montrouge, Bayard, 2003, p. 7.

2. S. Cavell, *La projection du monde*, *op. cit.*, p. 42-43. Cf. E. Panofsky, « Style and Medium in the Moving Pictures », in D. Talbot (ed.), *Film*, New York, Simon & Schuster, 1959, p. 31 ; trad. fr. par B. Turle, « Style et matière du septième art », dans E. Panofsky *Trois essais sur le style*, Paris, Le Promeneur, 1996, p. 139.

Austin, dans *Sense and Sensibilia*, remarque ainsi qu'il serait « tout simplement idiot » (*it would plainly be silly*[1]) de se demander si montrer une photographie revient à produire une illusion. On ne corrige pas (enfin, dans des « circonstances normales ») l'enfant qui dit devant une photo « c'est maman » en lui disant « non c'est une photo de ta maman ». Ce n'est pas parce qu'on lui pardonne une simplification mais parce que c'est la maman « projetée », la maman en photo. Cavell pense comme son maître Austin qu'il n'y a pas non plus de sens à dire que la photo de telle chose (telle chose projetée, à l'écran) donne des *sense-data* identiques à ceux de la chose, puisque nous faisons parfaitement la différence. – même l'enfant. Mais contrairement à Austin, Cavell maintient qu'il y a là un mystère. « Mon sentiment est plutôt que nous avons oublié à quel point ces choses sont mystérieuses. De fait c'est là quelque chose que le cinéma nous enseigne. » Le cinéma est un médium réaliste, ou passe par le scepticisme pour revenir au réalisme.

Une telle approche du réalisme est *ordinaire* en ce qu'elle sort du cadre de la réflexion proprement « esthétique » sur le cinéma, évitant la question de la représentation. Cavell, tout en ayant une culture et une sensibilité en matière de cinéma à peu près irréprochables (notamment sur l'histoire du cinéma de Hollywood, cf. *À la recherche du bonheur*, mais aussi, comme en atteste *The World Viewed*, sur le cinéma européen) ne se préoccupe pas de se demander si le cinéma est un art, et il se fiche (en un sens) de ce que nous apporte la critique d'art appliquée au cinéma. Ce qui l'intéresse, c'est l'œuvre cinématographique en tant que constitutive de notre expérience, et en tant qu'elle nous apprend quelque chose, par son propre travail – pas par ce que nous critiques et interprètes y découvrons.

Cela rejoint le mot d'ordre qu'il a repris à Wittgenstein : ramener les mots de leur usage métaphysique à leur usage ordinaire, à la maison (*Recherches philosophiques*, § 116). L'idée première de Cavell est que le propre de la pensée américaine se trouve dans son invention de l'ordinaire. Sa seconde idée est que cette invention, commencée avec Emerson et Thoreau, s'accomplit dans le cinéma hollywoodien. Il ne s'agit pas, par ce retour aux usages ordinaires, de mettre fin à la philosophie, mais de la réinventer : pas une table rase, mais plutôt, comme dans ces comédies du remariage dont Cavell a fait un de ses sujets favoris, une seconde chance ; le cinéma comme réappropriation de l'ordinaire, des moments

1. J. L. Austin, *Sense and Sensibilia*, Oxford, Oxford University Press, 1962, p. 26 ; trad. fr. P. Gochet revue par B. Ambroise, *Le langage de la perception*, Paris, Vrin, 2003, p. 107.

de la vie quotidienne, de la conversation de tous les jours, des formes de vie minuscule.

L'idée d'ordinaire ne prend son sens qu'en réponse au risque du scepticisme – à cette perte ou à cet éloignement du monde qui à la fois se révèlent et trouvent leur remède dans le cinéma. Cela nous conduit à voir l'ordinaire non comme immédiateté ou évidence, mais comme perdu, lointain – ce qu'on a sous la main, à ses pieds, ou devant soi, mais qu'il nous reste à découvrir. Comme si l'expérience de l'ordinaire était la chose la plus difficile (ce qu'Emerson appelle : la part la plus ignoble, *unhandsome*, de notre condition »[1]) et qu'il s'agissait de la recouvrer. Une des premières affirmations de Cavell – depuis son premier ouvrage *Must We Mean What We Say?* – est que nous ne savons pas ce que nous voulons dire et que la tâche de la philosophie est de nous ramener à nous-mêmes – ramener nos mots à leur usage quotidien, ou ramener la connaissance du monde à la proximité de soi-même. L'appel à l'ordinaire n'est pas une évidence ni une solution, il est traversé par ce scepticisme, par l'« inquiétante étrangeté de l'ordinaire ». Ce qui caractérise l'expérience du cinéma, c'est ainsi d'être à la fois mystérieuse et ordinaire ; ordinaire parce que rien n'est plus partageable et évident que le fait d'aller voir des films, et qu'il s'agit là de la matière de beaucoup de nos conversations ordinaires. Mystérieux parce que les films ne ressemblent à rien de ce que nous connaissons, et que même à notre époque de visions multiples et de supports vidéo, ils sont évanescents :

> Il nous faut toujours revenir à la réalité du mystère que constituent ces objets qu'on appelle des films, qui ne ressemblent à rien sur la terre. Ils ont l'évanescence des exécutions musicales, et la permanence des enregistrements, mais ils ne sont pas des enregistrements (parce qu'il n'existe rien indépendamment d'eux à quoi ils doivent être fidèles) ; et ils ne sont pas non plus des exécutions ou des représentations théâtrales (parce qu'on peut les réitérer parfaitement). Si ce que je pourrais appeler l'évanescence *historique* du cinéma est effectivement surmontée (...) – nous devrions en tirer une conscience d'autant plus forte de l'évanescence *naturelle* du cinéma, le fait que ses événements n'existent qu'en mouvement, en passant[2].

Il y a ici une proximité entre l'expérience du cinéma et ce qui constitue l'ordinaire de notre expérience, son évanescence et sa rémanence. C'est cette adéquation curieuse qui définit l'ordinaire du cinéma. Elle permet

1. Dans son essai *Experience*. Voir S. Laugier *Une autre pensée politique américaine, la démocratie radicale d'Emerson à Cavell*, Paris, Michel Houdiard, 2004.

2. S. Cavell, *Le cinéma nous rend-il meilleurs ?*, *op. cit.*, p. 30-31.

de comprendre comment on peut apprendre de l'expérience du cinéma, se laisser éduquer par elle, et parvenir, par l'expérience du film, de ses objets et de ses personnages, à « s'intéresser à sa propre expérience ».

> Ces films figurent dans leur expérience comme des événements publics mémorables, des fragments constitutifs des expériences, des souvenirs d'une vie ordinaire. Si bien que la difficulté que nous avons à les juger est la même que celle que nous avons à juger notre expérience de tous les jours, à nous exprimer de manière satisfaisante, à trouver des mots pour ce que nous voulons dire [1].

S'intéresser à son expérience, savoir ce qui compte pour soi, n'a en l'occurrence rien d'aisé. Rien n'est plus difficile que de décrire son expérience d'un film, puisqu'une telle expérience (telle que la conçoit Cavell, c'est-à-dire en salle obscure) est structurée par le couple vision + souvenir. Un fait amusant, qu'il relève et que chacun peut observer, est la difficulté pour chacun à simplement raconter ce qui se passe dans un film qu'il a vu – certainment la chose la plus difficile. Cavell note à propos de Robert Warshow, auteur d'analyses de la culture populaire dans *The Immediate Experience* [2], que la culture populaire (le cinéma mais aussi d'autres matériaux) exige du critique une attention spécifique, à sa vie culturelle "réelle", et à la recherche d'une voix personnelle.

> Ce rapport manifeste la façon dont il vit, sa vie culturelle réelle. Pour dire ce qu'il trouve dans ces préoccupations plus quotidiennes, il lui faut écrire en termes personnels, cette attention exige de lui une écriture qui soit personnelle et lui donne l'inspiration pour cela [3].

Le contact avec les œuvres populaires contraint à la recherche, *personnelle*, des mots pour *dire* une expérience qui vous a dépouillé précisément du vocabulaire nécessaire pour la décrire. Il y a ici une proximité entre l'expérience du cinéma et ce qui constitue l'ordinaire de notre expérience, son évanescence et sa rémanence. C'est cette adéquation qui définit l'ordinaire du cinéma. Elle permet de comprendre comment on peut apprendre de l'expérience du cinéma, se laisser éduquer par elle, et,

1. S. Cavell, *À la recherche du bonheur*, *op. cit.*, p. 46.

2. R. Warshow, *The immediate expérience* : *Movies Comics, Theatre and Other Aspects of Popular Culture*, New York, Doubleday, 1962, rééd. Cambridge (Mass.), Harvard University Press, 2001, postface de S. Cavell.

3. S. Cavell, « Après un demi-siècle », préface à R. Warshow, *The immediate expérience*, *op. cit.* ; trad. fr. par Chr. Fournier dans *Trafic*, « Qu'est-ce que le cinéma ? », été 2004, p. 302.

parvenir, par l'expérience du film, de ses objets et de ses personnages, à « s'intéresser à sa propre expérience ».

> Warshow exprime de diverses manières ce sens qu'il a de la nécessité du personnel – à savoir, l'intuition que l'écrivain doit inventer son propre public, que l'écrivain doit inventer toutes les significations de l'expérience, que l'intellectuel moderne se trouve « confronté à la nécessité de décrire et clarifier une expérience qui l'a elle-même dépouillé du vocabulaire dont il a besoin pour y faire face » [1].

LE RÉALISME DU DÉTAIL

Le réalisme ordinaire ne se demande pas si on peut « accéder » au réel ou seulement à une représentation du monde, mais se propose d'en faire partie, de faire l'expérience de la réalité. Cavell opère un déplacement du problème épistémologique du réel vers une compréhension du réalisme fondée sur l'ordinaire, grâce à l'exploration de formes concrètes de preuves du réel dans la vie quotidienne, d'ouvertures sur la réalité humaine que sont *le langage et le cinéma*. C'est dans la lignée de la grammaire de Wittgenstein et de la phénoménologie linguistique d'Austin que Cavell publie à quelques années d'intervalle *Dire et Vouloir dire* (*Must We mean What We Say?*, 1969) et *La projection du monde* (*The World Viewed*, 1971). Cette période que l'on peut percevoir désormais comme le « premier Cavell » et associer aussi à son livre sur Thoreau, le chef d'œuvre *The Senses of Walden* (1972), est bien celle de l'invention du réalisme. On retrouve dans le titre même de *The World Viewed* l'idée, centrale dans le réalisme ordinaire, que le cinéma, c'est à la fois le monde qui nous est projeté sur l'écran, et un coup de projecteur sur le monde, et une vision du monde. Cavell tente dans cette période, dans la continuité de la philosphie analytique dont il est l'héritier, de fonder le réalisme par des voies nouvelles ; dans des expériences comme le langage ordinaire ou l'expérience du cinéma, à la fois partagées et fondées dans le « personnel ». Pour Cavell, parler de cinéma n'est pas faire de la philosophie avec du cinéma (comme le font la majorité des philosophies du cinéma et souvent brillamment). Il s'agit plutôt de trouver dans la philosophie le moyen de répondre à cette appétence pour la réalité qui est née dans les salles de cinéma. Le travail de Cavell sur le cinéma est cohérent avec son travail sur la philosophie du langage ordinaire : l'un et l'autre permettent d'explorer ce qu'est le réalisme et de le redéfinir. Le geste de Cavell consiste avant

1. *Ibid.*

tout à surmonter un scepticisme profond qui traverse tout le débat sur le réalisme et qu'il analyse non pas comme l'incapacité (cognitive) d'atteindre le réel, mais comme le refus ou l'angoisse d'être au monde et en rapport avec autrui. Le réalisme ordinaire n'est pas une théorie ou une thèse philosophique, ou une position métaphysique, ontologique, mais une exploration du réel. La question n'est pas d'accéder au réel, mais d'en faire l'expérience. En ce sens Cavell, peu séduit par le pragmatisme (dont il a toujourd voulu se différencier) est un héritier puissant de Dewey et de la théorie de l'enquête.

Étudier le langage ordinaire et le cinéma, en faire l'enquête[1] c'est aussi renverser la hiérarchie des sujets importants en philosophie. La philosophie du langage ordinaire, comme le rappelle Austin, n'enquête pas seulement sur les mots, mais également sur les réalités désignées par les mots. La « phénoménologie linguistique » se demande ainsi comment l'exploration des usages permet l'accès à une perception affinée des phénomènes. Le langage contient toutes les différences et les relations que les hommes ont jugé utile de faire. Le langage crée, suscite, des différences plutôt qu'il n'étiquette : le langage « pénètre les phénomènes » pour reprendre une expression de Wittgenstein. Le langage ordinaire, c'est-à-dire comme pratique, est une méthode d'exploration du réel qui permet d'affiner notre perception grâce aux différences opérées par et dans le langage. Cavell hérite directement de la phénoménologie linguistique d'Austin qui propose de clarifier le lien existant entre le langage, les choses et les personnes grâce à l'analyse de l'ajustement des mots aux situations. Une telle conception du langage comme ajustement à autrui et au réel invite à remplacer le concept de correspondance des mots aux choses par celui de justesse, de ce qui « colle », « va » ou marche (*fitting*).

Le sentiment (intime et social) de trouver le « mot juste » exprime la certitude d'avoir trouvé un ajustement pragmatique au réel, et c'est cette expérience que Cavell explore. Le projet de Cavell depuis *La projection du monde* est de « se soumettre fidèlement aux exigences stylistiques d'une expression requise par la vision et le souvenir des films »[2]. Dans toute son œuvre on trouve ainsi ces descriptions de films (au début de chaque chapitre de *À la recherche du bonheur*, et de son récent ouvrage

1. S. Laugier, « Enquête de l'ordinaire – Emerson et la confiance en soi », *in* B. Karsenti et L. Quéré (éd.), « *La croyance et l'enquête* », *Raisons pratiques*, Paris, Éditions de l'EHESS, 2004.

2. S. Cavell, *Le cinéma nous rend-il meilleurs ?*, *op. cit.*, p. 6.

Cities of Words) qui sous des dehors modestes parviennent à décrire le film complètement, à en donner une vue synoptique. Comme si le plus difficile était simplement de décrire (un fait bien connu des philosophes, notamment de Wittgenstein qui vise constamment cette *übersicht* sans l'accomplir lui-même), de dire ce qui "se passe". La véritable description de l'expérience n'a rien de privé (au sens mythologique, de secret) ou de personnel. Elle est partageable, et inclut la compagnie de ceux avec qui l'on a vu le film. Et la seule source de vérification de la description (qui peut être adéquate, ou erronée) c'est soi-même : ce que cherche Cavell, c'est la confiance, la fidélité en sa propre expérience. « Sans cette confiance dans notre expérience, qui s'exprime par la volonté de trouver des mots pour la dire, nous sommes dépourvus d'autorité dans notre propre expérience » [1].

Cette question de la description est plus importante qu'il n'y paraît. Combien ont eu l'expérience de lire dans un journal ou des revues de cinéma tel compte-rendu qui était truffé d'erreurs factuelles sur, tout simplement, ce qui se passe dans le film ? Il s'agit là d'un phénomène relevé tôt par Cavell : lors de son premier séminaire sur le cinéma, en 1963, il propose d'ouvrir les séances par le compte-rendu par l'un des participants de l'expérience d'un film : « tout le monde aurait eu des expériences cinématographiques mémorables, la conversation se développerait naturellement autour de ces expériences, et l'absence d'un canon critique établi signifierait que nous serions contraints de nous en remettre exclusivement à notre fidélité à notre propre expérience et à notre désir d'en faire part. » Mais il s'avéra que les descriptions n'étaient jamais tout à fait exactes, l'ordre de la narration pas respecté, un détail oublié ou, plus souvent, rajouté, etc. Arriver à l'exactitude de cette description devrait être le premier, voire le seul but d'une critique réaliste. « Après cela, note Cavell, j'ai remarqué que quasiment tous les résumés de films, que ce soit dans le cadre de 'critiques'de journaux ou dans les programmes d'un quelconque festival, contiennent au moins une inexactitude de description, et souvent davantage. Est-ce parce que les résumés *n'ont pas vraiment d'importance* ? »

Ici émerge un enjeu premier de la pensée sur le cinéma (« the thought of movies ») : savoir ce qui est important, ce qui *compte* (*matter*) pour nous. Cavell parle à ce propos dans *À la recherche du bonheur* de « l'importance de l'importance », amendant en passant une remarque

1. S. Cavell, *À la recherche du bonheur*, *op. cit.*, p. 19.

d'Austin (« Importance is not important : truth is » [1]). Ce n'est pas seulement la vérité qui est importante, l'importance l'est aussi ; ou plutôt, et telle est l'ambition théorique ce Cavell, il s'agit de démontrer en détail que la vérité se définit aussi par ce qui importe, ce qui compte.

Arriver à décrire, cela nécessite en effet de faire confiance en son expérience, d'avoir les mots pour en rendre compte. Bref, avoir confiance en son langage pour dire les choses, trouver une adéquation entre les mots et ce qu'ils décrivent : c'est cette définition du langage ordinaire qu'Austin propose dans « Plaidoyer pour les excuses » :

> Quand nous examinons ce que nous dirions quand, quels mots employer dans quelle situation, nous ne regardons pas *seulement* les mots, mais également les réalités dont nous faisons usage des mots pour parler ; nous nous servons de la conscience affinée que nous avons des mots pour affiner notre perception, mais pas comme arbitre ultime, des phénomènes [2].

Cavell écrit à ce propos dans *Dire et vouloir dire* : « La clarté qu'Austin recherche en philosophie est à atteindre par l'établissement de la carte des champs de conscience qu'éclairent les occasions d'un mot ». Le réalisme se définit à partir de cette clarté, cette capacité d'élucidation de soi par les choses, projet reformulé pratiquement dans les mêmes mots dans *La projectiondu monde* à propos de la « technique » qui consiste à parler des films à partir des souvenirs qu'on en a : « Ce qui m'intéresse, c'est de mettre en lumière par la réflexion les causes de ma conscience des films telle qu'elle existe ».

Il s'agit encore pour Cavell, dans la lignée d'Austin, d'établir et de clarifier le lien entre le langage et les choses, non dans les termes analytiques traditionnels du réalisme ou de la correspondance mais en fonction de notre adéquation à nos mots, et de nos mots à la description de ce que nous voyons. Arriver à reconstruire un véritable réalisme à partir de cela, c'est l'ambition de Cavell : à savoir, montrer par l'examen du langage ordinaire, et de l'ontologie du cinéma, ce qu'il nomme, dans *À la recherche du bonheur* (p. 194), « l'intériorité réciproque des mots et du monde ». Austin demandait, dans « Truth », « percevons-nous l'image ou le cuirassé ? », « Définissons-nous le mot (« éléphant ») ou la chose ? Comprendre que c'est *la même chose* (et dans les deux cas la même

1. « Pretending », *Philosophical Papers*, Oxford University Press, 1962, p. 271 ; *Écrits Philosophiques*, trad. fr. par XXXX, Paris, Seuil, p. 228. Voir aussi M. Cerisuelo, « L'importance du cinéma », dans S. Laugier et M. Cerisuelo (éd.), *Stanley Cavell : cinéma et philosophie*, *op. cit.*, Pagination article.

2. J. L. Austin, « A Plea for Excuses », *Philosophical Papers*, p. 182, trad. fr. p. 144.

question), c'est avancer vers la définition d'un réalisme du cinéma, et du réalisme.

S'intéresser à nos énoncés ordinaires, à ce que nous *disons* et *voulons dire*, offense à la fois la tradition philosophique "classique", qui veut le plus souvent dépasser le sens ordinaire, et la tradition analytique, qui veut analyser et corriger les propositions ordinaires. La question centrale de *Dire et vouloir dire* n'est plus celle du contenu (objectif, sémantique, ou empirique) des propositions, ni celle du non-sens, mais celle des heurs et malheurs de l'expression ordinaire. Le problème n'est plus ce que *signifien*t les propositions (*meaning*), ni même ce qu'elles *font*, mais de *vouloir dire ce qu'on dit*. Savons-nous ce que nous voulons dire? Et *qui* peut alors le savoir?

Cavell a un mot d'ordre, pris à Wittgenstein : ramener les mots de leur usage métaphysique à leur usage ordinaire, chez eux (*Recherches Philosophiques*, § 116[1]). Ce retour aux usages ordinaires est réellement *critique*. Une des affirmations de Cavell dans *Dire et vouloir dire* est que nous ne savons pas ce que nous pensons ni ce que nous voulons dire et que la tâche de la philosophie est de nous ramener à nous-mêmes – ramener nos mots à leur usage quotidien, ramener la connaissance du monde à la connaissance ou à la proximité de soi. Or la « voix de l'ordinaire » ne prend son sens qu'en réponse au risque du scepticisme – à cette perte ou à cet éloignement du monde, ce défaut de la parole qui est également le sujet du cinéma, comme le montre l'ouvrage contemporain, *La projection du monde*[2]. L'appel à l'ordinaire et à nos usages n'est pas une évidence, il est traversé par ce scepticisme, ce que Cavell définit comme l'« inquiétante étrangeté de l'ordinaire » (*the uncanniness of the ordinary*). Ainsi l'ordinaire n'est pas le sens commun dont se réclame parfois la philosophie, et n'a rien à voir avec une version rationalisée de la philosophie du langage ordinaire où le langage ordinaire proprement analysé serait une source fiable de connaissances. L'ordinaire est perdu ou au loin, que ce soit chez Austin et Wittgenstein. L'originalité de Cavell est ainsi de définir l'ordinaire à partir du langage ordinaire, et la pensée de l'ordinaire à partir de la philosophie du langage ordinaire. Une telle approche de l'ordinaire est rendue possible par une lecture d'Austin, la première à mettre en évidence son « réalisme ». Parler du langage, c'est simplement parler de ce dont il parle, dit Cavell :

1. L. Wittgenstein, *Recherches Philosophiques*, trad. fr. É. Rigal, Fr. Dastur, J.-L. Gautero et M. Elie, Paris, Gallimard, 2004.

2. S. Cavell, *La Projection du monde*, *op. cit.*

> La philosophie du langage ordinaire ne concerne pas le langage, en tout cas pas dans un sens où elle ne concernerait pas aussi le monde. La philosophie du langage ordinaire concerne tout ce que peut concerner le langage ordinaire.

L'examen du langage ordinaire nous offre une « perception affinée des phénomènes » ; c'est cet affinage (*sharpened*) de la perception, visuelle et auditive, que Cavell recherche dès *Dire et vouloir dire*, où l'enjeu de la philosophie du langage ordinaire est, comme il dit dans *À la recherche du bonheur*, « l'intériorité réciproque des mots et du monde » [1]. Intériorité qui ne peut être démontrée ni posée par une thèse « réaliste », mais seulement mise en évidence, chez Austin, par l'examen de nos usages et l'attention aux différences tracées par le langage. « Quand nous examinons ce que nous dirions quand, quels mots employer dans quelles situations, nous ne regardons pas seulement les mots, mais également les réalités dont nous parlons avec les mots ». [2] Austin, en explorant nos usages, recherche cette relation naturelle (et limite « ennuyeuse ») des mots et du monde, et s'oppose aux thèses (même wittgensteiniennes) qui valideraient cette relation en termes de structure commune au langage et au monde :

> Si l'on admet (*si*) que cette relation plutôt ennuyeuse mais satisfaisante entre les mots et le monde existe pour de bon, pourquoi l'expression « est vrai » ne serait-elle pas notre moyen de la décrire ? [3]

Austin fait, de l'examen (« de terrain ») des usages, un moyen de retrouver la naturalité du rapport du langage au monde. Pour lui les philosophes ont échoué à trouver un accord, et se sont perdus dans des discussions « insensées » [4]. Leur problème n'est pas, contrairement à ce qu'on affirme classiquement, d'arriver à se mettre d'accord sur une opinion : c'est de se mettre d'accord sur un point de départ, un *donné*. Ce donné c'est *le langage*, non comme corps constitué d'énoncés ou de mots, mais accord sur *ce que nous dirions quand*. Dirions, ou *devrions* dire : l'accord est normatif. Il est possible parce que le langage ordinaire « contient toutes les distinctions que les humains ont jugé utile de faire, et toutes les relations qu'ils ont jugé utile de marquer au fil des générations » [5]. C'est cette capacité à marquer des différences qui intéresse alors Cavell :

1. S. Cavell, *À la recherche du bonheur*, *op. cit.*, p. 194.
2. J. L. Austin, *Philosophical Papers*, Oxford, Oxford University Press, 1962, p. 182 ; trad. fr. par L. Aubert et A. L. Hacker, *Ecrits Philosophiques*, Paris, Seuil, 1994, p. 144.
3. *Ibid.*, p. 133.
4. J. L. Austin, *Sense and Sensibilia*, *op. cit.*, p. 5 ; trad. fr., p. 25.
5. J. L. Austin, *Philosophical Papers*, *op. cit.*, p. 182 ; trad. fr., p. 144.

pour que nous ayons quelque chose à dire et vouloir dire, il faut des différences qui nous accrochent et nous *importent*.

> De plus, le monde doit manifester (nous devons observer) des ressemblances et des différences (les unes ne pourraient exister sans les autres). S'il était impossible de différencier quoi que ce soit, ou, au contraire, si rien ne ressemblait à autre chose, il n'y aurait rien à dire [1].

Cavell suit dans *Dire et vouloir dire* le principe énoncé par Austin dans le passage énigmatique du « Plaidoyer pour les excuses ».

> Nous nous servons de la conscience affinée que nous avons des mots pour affiner notre perception, mais pas comme arbitre ultime, des phénomènes [2].

C'est dans cette conception des différences et des ressemblances (thème commun avec Wittgenstein) que se constitue le « réalisme » d'Austin. Cavell insiste sur le caractère *réel* qu'ont chez lui les distinctions, par contraste avec les distinctions habituellement établies par les philosophes.

> Il est évident qu'Austin se soucie bien en permanence d'établir des distinctions de mots, et plus elles sont fines, plus il est content, de même qu'il explique et justifie souvent ce qu'il est en train de faire en faisant l'éloge des vertus des distinctions naturelles par rapport à celles que l'on fabrique soi-même. (...) meilleures non seulement parce qu'elles sont plus fines, mais parce qu'elles sont plus massives, qu'elles ontun plus grand poids naturel ; qu'elles apparaissent normales, et même inévitables, quand les autres sont sinistrement arbitraires ; utiles quand les autres semblent tordues ; réelles quand les autres sont académiques [3].

LE RÉALISME DU *PITCH*

C'est ce type de fin ajustement entre le langage et le réel qui va nous redonner le monde, pas la recherche d'une correspondance métaphysique ou quelque réalisme « dur ». Pour Austin, "vrai" ne désigne qu'une des façons possibles de dire l'harmonie entre le langage et le monde. *Fitting* désigne pour lui un concept qui n'est plus la correspondance ou même la correction, mais désigne le caractère approprié, convenable de l'énoncé en la circonstance (*proper*). « L'énoncé s'ajuste aux faits de manière plus ou moins relâchée, de différentes manières à des occasions différentes ». [4]

1. J. L. Austin, *Philosophical Papers*, *op. cit.*, p. 121 ; trad. fr., p. 97.
2. *Ibid.*, p. 182 ; trad. fr., p. 144.
3. S. Cavell, *Dire et vouloir dire*, *op. cit.*, p. 204.
4. *Ibid*, p. 130 ; trad. fr., p. 108.

Wittgenstein a aussi son mot à dire dans la formulation de ce qui, d'emblée et dans toute son œuvre, est l'obsession de Cavell, la recherche de ce *ton juste*[1], justesse à la fois conceptuelle, morale et sensible – qu'il évoque, dans son premier essai autobiographique, à propos du talent musical de sa mère et des blagues de son père.

Il s'agit de trouver au sein des usages ordinaires, la sensibilité fine aux choses et l'ajustement des mots. La nouveauté introduite par Cavell – ce sera l'objet de sa réflexion sur la voix, mais elle est déjà présente dans *Dire et vouloir dire* – est d'articuler la justesse du ton, l'expression adéquate, à la connaissance de soi (la confiance en soi). Il lui faut alors naviguer entre la critique austinienne de l'expression (comme relevant de la psychologie et non pertinente) et les formes caricaturales de l'émotivisme, qui séparent le contenu de nos paroles de l'émotion qui leur est « associée ». D'où son intérêt pour ce qu'il nomme dans *Dire et vouloir dire* le problème « esthétique ». On peut lire chez le premier Cavell la proposition d'une théorie du *meaning* qui articule l'éthique et l'esthétique (dans une lignée wittgensteinienne) tout en revenant à la lettre du second Wittgenstein : « C'est ce que les humains *disent* qui est vrai et faux ». Wittgenstein et Austin montrent la nécessité de prendre en compte, dans la signification, tout ce qui est « dit ».

LE RÉALISME DE LA PERTINENCE

Comme Cavell le dit en ouverture de son premier essai, « l'idée que ce que nous disons et voulons dire d'ordinaire puisse avoir un contrôle direct et profond sur ce que nous pouvons dire et vouloir dire en philosophie » a un enjeu qui dépasse le cadre de la philosophie du langage; c'est bien la question de notre rapport au réel, pas affaire de correspondance ou de savoir mais de niveau de langage, de précision. Sans Thoreau, auquel il consacre *Sens de Walden*, il n'y aurait pas chez Cavell ce passage de l'ordinaire austinien à la question wittgensteinienne du critère, cette nécessité d'un changement dans l'écoute du langage, dans la sensibilité musicale à ce qui est dit. C'est la tâche que se donnait *Walden* : « Notre lecture, notre conversation et notre pensée sont tous d'un très bas niveau, seulement dignes de pygmées et de nabots ». C'est ce que dit aussi Emerson dans une apostrophe célèbre, souvent citée par Cavell : « Leur vérité jamais n'est tout à fait vraie. Leur deux n'est pas le véritable deux,

1. « Pense simplement à l'expression et à la signification de l'expression "le mot juste" » (*das treffende Wort*) *Recherches Philosophiques*, *op. cit.*, IIe partie, p. 215.

leur quatre pas le véritable quatre; de sorte que chacun des mots qu'ils disent nous chagrine». Cette fausseté ou inadéquation *désespérante* de ton, de langage, ne sont pas explicitées par la notion analytique de vérité, ou par la correspondance à la réalité que proposent les approches sémantiques, prolongées par le représentationalisme contemporain. Contre ces approches mythologiques ou métaphysiques Cavell propose son propre réalisme (que Diamond appellera ensuite « realistic »), ancré dans l'attention à l'adéquation (ou à l'inadéquation) de nos expressions *à nous-mêmes*.

Il s'agit alors de remplacer, ou disons de compliquer, dans la lignée d'Austin, la vérité par la pertinence, plus exactement de définir la vérité par notre perception de ce qui est pertinent pour nous, de ce qui compte. Cavell reprend cette thématique (la découverte de sa propre pertinence et son rapport au réel) à propos de notre expérience du cinéma dans *La projection du monde*. Ce qui va constituer le donné, dit-il dans « Qu'advient-il des choses à l'écran? » [1], est :

> L'apparition (*appearance*) et la signification (*significance*) des objets et des personnes qui se trouvent précisément dans la suite des films ou passages de films qui comptent (*matter*) pour nous [2].

Il reste à déterminer la nature de ces apparitions, de ces significations, de cette importance (*mattering*). On voudrait appeler cela pertinence, ce qui définirait une ligne de réflexion austinienne sur la pertinence qui devrait rivaliser avec la version orthodoxe : la pertinence étant l'adéquation de ce qu'on dit à ce qu'on veut dire, non par rapport à quelque contenu mental mais par rapport à ce qui compte.

La définition de la pertinence est ne peut se faire, pour Cavell, sans l'examen de ce qui est important. Alors, pointe le risque de subjectivisme ou du narcissime : ce qui est important pour soi ne l'est pas, ou pas toujours, pour les autres. Mais là est tout le propos conjugué des essais de *Dire et vouloir dire* et des essais contemporains de Cavell sur Thoreau et le cinéma : montrer comment s'articulent et s'expriment mutuellement l'importance pour l'un et les autres, comment ce qui est important pour soi peut et doit être important pour d'autres et inversement. On retrouve le parallèle entre le langage ordinaire (la sensibilité à ce que nous devrions dire et quand) et le jugement esthétique (le discours de la critique comme détermination de l'importance). Pas de pertinence sans

1. Dans S. Cavell, *Themes out of School*, San Francisco, North Point Press, 1984, p. 183; trad. fr. par Chr. Fournier dans *Le cinéma nous rend-il meilleurs? op. cit.*

2. S. Cavell, *Le cinéma nous rend-il meilleurs?*, *op. cit.*, p. 121; trad. fr., p. 97.

importance, sans investissement de « ce qui compte ». La philosophie du langage ordinaire opère ainsi par Cavell un tournant dans la philosophie analytique en mettant l'exactitude comme acuité, la justesse en rivalité avec le concept de vérité, non comme versions affaiblies ou subjectives mais comme exigence réaliste plus forte; ce moment indissociablement social et perceptif où l'on est certain d'avoir, ou d'entendre le mot juste – où se révèle *l'accord dans le langage* – à l'ajustement de l'action, de l'expression et de la perception qui constitue cette certitude. De même on a la certitude aussi, en d'autres circonstances, que quelque chose ne va pas, « sonne faux » comme dit Emerson. La notion de justesse articule ainsi le ton, le vrai et le bien dans les termes inédits, ni représentationalistes, ni subjectivistes, de ce qu'Austin, puis Goffman, nomment l'*appréciation* de la situation. Les différents usages du langage ordinaire nous permettent de mieux connaître les variétés, imperceptibles par le prisme grossier des catégories philosophiques, de l'ajustement au réel. Un tel ajustement pragmatique n'est pas seulement affaire de vérité comme correspondance/ vérification, mais d'habileté conceptuelle, de tour de main du langage, et de sensibilité aux usages. Le génie de Wittgenstein est d'articuler cette adéquation « sociale » à la description du réel. Wittgenstein décrit ce moment indissociablement social et perceptif où l'accord *dans* le langage est affaire de d'ajustement de l'action, de coordination, mais aussi de découverte – comme si la contingence et la rencontre du « tomber juste » (*treffen*), encore une fois, définissait le vrai [1].

> Pense simplement à l'expression et à la signification de l'expression « le mot juste » (*Denke nur an den Ausdruck und die Bedeutung des Ausdrucks "das treffende Wort"*).

Mais c'est aussi ce qu'il entend par les sens d'« harmonie » : harmonie entre le langage et le monde, harmonie dans le langage commun, harmonie avec soi, la sonorité juste qui est aussi bien celle de la voix chantée, de la blague, de la phrase bien envoyée ou de la déclaration touchante : cela renvoie à la voix et au *pitch*, fondamentaux pour la compréhension et l'expression. L'harmonie est alors liée à la justesse de ton, à la circulation (celle du langage « courant », véhiculaire), et à la voix, à la tonalité : trouver le ton, c'est trouver sa voix, et l'adhésion à soi dans le choix des mots.

> Comment trouvé-je le mot juste ? Comment est-ce que je le choisis parmi tous les mots ? Tout à fait comme si je les comparais entre eux avec de fines

1. L. Wittgenstein, *Recherches Philosophiques*, *op. cit.*, IIe partie, XI, p. 226.

différences de goût. Celui-ci est trop… celui-là est trop… Voilà le mot juste. Mais il n'est pas toujours nécessaire que je juge, que j'explique pourquoi tel ou tel mot ne va pas (*nicht stimmt*). Il ne va pas, c'est tout [1].

Il y a des moments où dans ses propres remarques, Wittgenstein note à propos d'une de ses propres expressions : ça ne marche pas tout à fait (*das stimmt nicht ganz*). Ce qui « va » se dit chez Wittgenstein : *es stimmt*. Ce *stimmen* ou parfois *gelten* – vocabulaire qui désigne l'adéquation et la valeur, du début à la fin chez Wittgenstein – renvoie à la fois à un accord commun et une sensibilité morale et esthétique. La philosophie de Wittgenstein – philosophie de l'esprit, et du langage inséparablement – permet ainsi de conjuguer la capacité de voir, d'entendre, et donc de *dire*, ce qu'il en est, et la capacité à vouloir dire.

Le réalisme, c'est revenir à la réalité concrète de nos usages, à l'examen de nos mots et au souci de leur pertinence (de notre responsabilité, dira Diamond, envers nos mots et expressions, qui sont un bien commun dont chacun doit prendre soin). Ici la question est de prendre soin ensemble de nos actions et paroles, de ce que nous disons.

> La force de ce que nous sommes capables de dire dépend de sa relation à la vie des mots que nous utilisons, à la place de ces mots dans nos vies ; et nous pouvons faire parler les mots au moyen d'un argument, d'une image, d'un poème, d'une redescription socratique, d'un aphorisme, de l'ironie humienne, de proverbes, et toutes sortes de choses anciennes et nouvelles [2].

LE RÉALISME DU *MOVIEGOING*

Le réalisme de la valeur, de ce qui compte, constitue le caractère démocratique de l'expérience cinématographique, et il sert aussi de point de départ à Cavell. C'est un caractère qui le distingue aussi des (autres) arts : tout le monde s'en préoccupe, s'en soucie (au sens exact du mot anglais : *care*) :

> les riches et les pauvres, ceux qui ne se soucient d'aucun (autre) art et ceux qui vivent de la promesse de l'art, ceux qui s'enorgueillissent de leur éducation et ceux qui s'enorgueillissent de leur pouvoir ou de leur esprit pratique – tous se soucient de cinéma, attendent la sortie des films, y

1. L. Wittgenstein, *Remarques sur la Philosophie de la Pyschologie*, I, § 362, trad. fr. G. Granel, Mauvezin, T.E.R., 1989, p. 90.

2. C. Diamond, *L'esprit réaliste*, trad. fr. E. Halais et J. -Y. Mondon, Paris, P.U.F, 2004, p. 40.

réagissent, se souviennent de ces films, en parlent, en détestent certains et sont reconnaissants pour d'autres [1].

Le caractère de compagnonnage (*cf.* le premier chapitre de *La projection du monde*) que revêt l'expérience du cinéma est au centre de l'analyse de Cavell. « Il est dans la nature de ces expériences de films d'être tapissées de lambeaux de conversations, de réactions d'amis avec lesquels je suis allé au cinéma ». On n'a pas le même souvenir, la même expérience d'un film selon la personne avec qui on y a été. C'est dire si l'importance et la signification (*significance*) du film sont « sensibles au contexte ». À l'exploration de l'expérience s'ajoute une nouvelle définition du privé. « On apportait avec soi à l'intérieur de la salle ses fantasmes, ses camarades et son anonymat, et on repartait avec sans qu'il ne leur soit rien arrivé ». C'est cette *compagnie* intime qui détermine notre vision et notre mémoire du film : on y va avec les siens, ses amis, son privé (car c'est cela qui peut définir proprement le privé, pas le langage privé, mythologique, que critique Wittgenstein).

Cavell ne parle pas de *voir* un film, mais d'« aller au cinéma » (*moviegoing*). Il ne s'agit pas de perception mais de pratique et c'est cela qui va consolider le réalisme. Le cinéma est réaliste, comme l'a dit Emmanuel Bourdieu, par son intrication dans notre vie quotidienne, notre expérience ordinaire :

> Le cinéma c'est l'expérience esthétique commune et ordinaire, partagée, impliquée, intriquée dans la vie quotidienne (le cinéma après ou avant le dîner et avant le retour à la maison, la nuit passée éventuellement à en rêver, le petit-déjeuner, etc.) [2].

Le cinéma ne nous donne pas une certaine perception de notre monde : il nous retire de ce monde. L'expérience que nous procure le cinéma a pour particularité de nous confronter à des projections successives du monde, d'un monde dont nous sommes nécessairement absents. Emmanuel Bourdieu prend l'exemple de *La Vie est belle* (F. Capra, 1946), où le héros est confronté à un monde identique en tout point au monde réel, à ceci près qu'il en est radicalement absent. La signification morale du film est tout entière dans ce moment sceptique ; le héros voit un monde de cauchemar d'où son action (positive) a été retirée. Il réintègre et accepte le monde à partir de cette expérience. Notre expérience du cinéma nous met en

1. S. Cavell, *La projection du monde*, *op. cit.*, p. 28-29.

2. E. Bourdieu, « S. Cavell – pour une esthétique d'un art impur », dans M. Cerisuelo et S. Laugier (dir.), *Stanley Cavell, Cinéma et philosophie*, *op. cit.*, p. 57.

présence d'une réalité dont nous ne sommes pas et qui n'est plus ; mais par cette expérience même, par le caractère mécanique de la projection du monde, elle permet de surmonter le scepticisme, *en le vivant*. On a pu remarquer que cette structure sceptique (de plongée dans le doute puis de résurrection) était au centre de la comédie hollywoodienne dite « du remariage » auquel est consacré *À la recherche du bonheur* : un couple se sépare, puis se retrouve, cette réconciliation étant une figure de l'acceptation de la finitude ordinaire et de la différence des êtres, une forme de pardon et d'oubli. Les êtres et objets qui sont projetés sur l'écran sont là, « *trouvés* », « c'est-à-dire que nous, en tant que spectateurs, sommes toujours déjà déplacés devant eux » [1].

Ce qui crée le scepticisme est précisément ce qui nous en fait sortir, et qui nous mène à une autre forme de réalisme : le réalisme de ce qui compte.

> Pour répondre à la question « qu'advient-il des objets quand ils sont filmés et projetés ? » – et à la question : « qu'advient-il à des personnes données, à des lieux précis, à des sujets et à des motifs ? » il n'existe qu'une seule source de données… [2].

Pour explorer cette source, comme en philosophie du langage ordinaire, il faut « déterminer la nature de ces apparitions, de ces significations, de cette importance » (*mattering*). Cela signifie se laisser éduquer par l'expérience du film, et retrouver une *passivité* de l'expérience, de l'impressivité, qui est (comme le montre Cavell d'une autre façon dans *Les Voix de la raison*) ce que la philosophie veut constamment dépasser pour atteindre le réel, et le perd ainsi le plus sûrement. Pour Cavell, qui reprend Emerson, le problème du réalisme n'est pas notre capacité d'interpréter ou de dépasser l'expérience, mais de l'avoir *tout court*.

L'expérience du cinéma permet de surmonter le scepticisme, non par une nouvelle certitude, mais par la reconnaissance de notre condition et la volonté de se transformer, de se laisser changer.

Les films qu'étudie Cavell constituent un « laboratoire » de la conversation morale, le lieu où se trouve, *réellement*, la morale. Le réalisme consiste alors à regarder les choses telles qu'elles sont, à les accepter (en un sens du réalisme qui est aussi celui que propose Cora Diamond) : non pas l'affirmation ou la connaissance d'une réalité mais

1. *Le cinéma nous rend-il meilleurs ?*, *op. cit.*, p. 81.
2. *Ibid.*, p. 78-79.

l'acceptation du fait que nous faisons partie de cette réalité, que nous sommes dedans. Il s'agit de

> voir dans le laboratoire du cinéma la démocratisation du perfectionnisme, reconnaître ce dont nous sommes capables dans les confrontations quotidiennes, répétées, non dramatiques sur lesquelles le cinéma attire notre attention. Nous verrons alors que les affronts que nous nous infligeons, une pensée méchante inexprimée ou déguisée, un regard dur, une mauvaise foi délibérée, une fluctuation de notre loyauté, une louange ou un blâme aveugle ou désinvolte – les innombrables signes de notre scepticisme à l'égard de la réalité, de la séparation, de l'autre – nous font courir le risque de souffrir, ou d'endurer, des petites morts quotidiennes [1].

Être réaliste, c'est alors simplement accepter que des choses, des moments, des gens *s'inscrivent* en nous. Le cinéma nous éduque à cette acceptation – qui n'a rien de facile, comme le montre la tentation du scepticisme. Pour comprendre ce qu'est être réaliste (*realistic*), il faut comprendre cette variété de réalisme moral.

C'est la connexion de la monstration de l'importance et de l'expression qui constitue la capacité d'éducation du cinéma. Comment pouvons-nous percevoir ce qui est important dans notre vie ? L'expérience se révèle définie par notre capacité d'attention. Cette attention est une capacité à voir le détail, le geste expressif, même si ce n'est pas forcément une vision claire et nette, ni exhaustive – une attention à l'importance (*what matters*), à ce qui compte dans les expressions et les styles d'autrui – ce qui fait et exprime les différences entre personnes.

> Reconnaître les gestes, les manières, les habitudes, les tours de langage, les tours de pensée, les styles de visage, comme moralement expressifs – d'un individu ou d'un peuple. La description intelligente de ces choses fait partie de la description intelligente, aiguisée, de la vie, de ce qui *importe*, de ce qui fait la différence, dans les vies humaines [2].

Proposer, comme le fait Cavell, que l'ontologie du film soit définie en terme d'importance ne suffit pas. Qu'est-ce qui va constituer l'importance d'un film ou d'un moment d'un film ? C'est la perception fine des manières d'êtres et de l'expressivité propre des personnages et la façon dont elles se tissent dans notre vie quotidienne, s'intègrent à notre vie ordinaire.

De même que les films s'inscrivent dans des genres, et que la reconnaissance des genres crée une compétence, les rôles qu'incarnent

1. *Ibid.*, p. 98.
2. C. Diamond, *L'esprit réaliste*, *op. cit.*, p. 507.

les acteurs de cinéma ou de série se rangent sous des types non pas préexistants, mais constitués par « ressemblance familiale » par l'interprétation que donne l'acteur. « Au cinéma, le type n'est pas avant tout le personnage, mais l'acteur »[1]. Dans le cinéma classique, au même titre que tel ou tel film ou que telle œuvre d'un auteur, on peut voir émerger un objet spécifique, à savoir le type *moral* (rassemblé par un air de famille, une texture) constituée par les différents rôles endossés par un acteur. La texture morale ainsi créée fait la matière et la réalité du réalisme moral. On pourrait analyser en ce sens le rôle des acteurs de series télévisées et des personnages qu'ils incarnent, qui s'inscrivent en nous au fil du temps et comptent pour nous. En ce sens, les effets d'attachement que créent les transformations physiques des acteurs au fil des saisons des séries télévisées sont plus pertinents pour penser le réalisme que les différentes tentatives (profondément sceptiques en fait) produites dans le cinéma contemporain (*Matrix, Inception*) pour créer des mondes inexistants ou faire traverser des niveaux de réalité. L'attachement à des personnages qui nous affectent et nous concernent (manifesté sur le net, pages wikipedia des personnages…) se fonde sur la réalité physique enregistrée. La récurrence d'un personnage articule un ensemble de variations physiques : vieillissement (Arya dans *Game of Thrones*, Jack Bauer dans 24, Carter dans *ER*), prise / perte de poids (Betty Draper dans *Mad Men*, Angel dans *Buffy, Angel*), changements de coiffure… Ces éléments traduisent à la fois l'ontologie de ce qui compte (les personnages sont réels parce qu'ils comptent pour nous) et la pression du réel (nous nous attachons à des acteurs, personnes physiques qui se transforment et dont les changements nous attachment à eux).

LE RÉALISME DE LA PRESSION DU RÉEL

Cavell, dans la *Projection du monde*, au lieu de poser la question abstraite et normative de la légitimité du cinéma en tant qu'art s'est demandé s'il ne fallait pas d'abord inventer un langage esthétique et philosophique adapté à ce nouveau médium qu'était le cinéma, pour comprendre comment le cinéma pouvait répondre à l'appétence pour le réel qui s'exprime (parfois négativement) en philosophie. Il démontre que le cinéma a une « ontologie propre », qu'il partage, en partie, avec un autre art jeune, la photographie, et qui est différente de celle des beaux-arts « traditionnels », musique, littérature, sculpture et peinture.

1. S. Cavell, *La projection du monde*, *op. cit.*, p. 228.

Une des caractéristiques de cette ontologie cinématographique est son « impureté » fondamentale au regard des canons de pureté des autres arts, liée à son « réalisme » constitutif : le film semble être inévitablement asservi à la réalité qui s'imprime mécaniquement sur la pellicule et que son réalisateur n'est pas, par conséquent, libre de modifier à son gré. Les arts photographiques ont une connexion particulière avec le réel, reposant sur le fait que l'image photographique est reliée à la réalité saisie par l'objectif par une chaîne causale mécanique, le processus de production de l'œuvre se faisant, pour une part seulement, mais une part *irréductible*, de façon mécanisée ou automatisée. On peut parler alors réalisme naturel du cinéma.

> Les *media* qui se fondent sur des successions de projections du monde automatiques n'ont pas à poser l'être-présent du monde et au monde : le monde est là. Ils n'ont pas à nier leur public ou à lui faire face : ils sont projetés sur un écran. Et ils n'ont pas à vaincre ou proclamer la présence de l'artiste : l'objet a toujours été hors de ses mains [1].

L'expérience que nous procure le cinéma a la particularité de nous confronter à des projections successives du monde (à la différence de la photographie), un monde où nous ne sommes pas.

> Pour Cavell, cette expérience nous renvoie à une expérience à la fois métaphysique et très commune, à savoir la conscience que nous avons de la contingence de notre existence dans le monde. Celle-ci consiste en cela que nous éprouvons que nous pourrions aussi bien ne pas exister et que nous sommes comme "étrangers" à ce monde qui pourrait aussi bien exister sans nous. La distance que le cinéma établit entre son spectateur et les projections du monde en quoi il consiste reproduit la distance au monde lui-même qu'implique notre « étrangeté » fondamentale [2].

Ce sens de la réalité que nous procure le cinéma n'est pas un « effet » esthétique mais le fondement du réalisme, la résistance du réel contre la théâtralisation de la culture.

> Dès lors que la société est devenue entièrement théâtralisée (consciente de ses règles, mais inaccessible à leur appui, dupe de son propre artifice, de ses pactes particuliers), le cinéma réinstaure notre sens de la réalité en affirmant ses propres pouvoirs dramatiques.

1. S. Cavell, *La projection du monde*, *op. cit.*, p. 163.

2. E. Bourdieu, « S. Cavell – pour une esthétique d'un art impur », art. cit., p. 57. Voir sur ces questions H. Clémot, *La philosophie d'après le cinéma : Une lecture de* La projection du monde *de Stanley Cavell*, Rennes, Presses Universitaires de Rennes, 2014.

Cavell ne nie pas le caractère obscur de cette formulation du réalisme et réaffirme son lien avec le scepticisme. Il veut en finir avec la banalité selon laquelle « le cinéma a changé nos manières de regarder le monde » ; pour lui l'invention du cinéma n'est pas un accident :

> le cinéma est entré dans un monde dont les manières de se regarder – les *Weltanschauungen* – avaient déjà changé, comme en préparation à la projection du cinéma.

C'est un élément important de l'analyse du réalisme, car cela signifie que la question n'est pas quelque « pouvoir » du cinéma, l'« image » du monde qu'il nous donne etc. Le cinéma correspond à un moment de l'histoire où nous sommes séparés du monde.

> La façon dont le cinéma rend présent le monde en nous en absentant paraît comme la confirmation de quelque chose qui est déjà vrai de notre stade de l'existence. Le déplacement du monde qu'il opère confirme, explique même, l'aliénation qui nous en a séparés préalablement. Le « sens de la réalité » que procure le cinéma est le sens de *cette* réalité, une réalité à l'égard de laquelle nous ressentons déjà une distance. Sinon la chose dont il nous offre un sens ne compterait pas pour réalité auprès de nous [1].

En cela le cinéma s'oppose au *retrait de la réalité* ou sa mise à distance ou de côté qui est opéré dans toutes sortes de formes philosophiques, culturelles et esthétiques contemporaines, notamment dans l'illusion de l'art « pur », la conceptualisation comme écart, ou dans l'absence de compromission de l'intellectuel avec le réel ordinaire. Cavell parle à ce propos de pression de la réalité sur l'art.

> Il y a moins une double cause qui fait que l'on juge aujourd'hui naturel de s'opposer à la pression de la réalité sur l'art : il y a une mode intellectuelle plus ou moins vague et générale, que sanctionnent apparemment l'histoire de l'épistémologie et la montée de la science moderne, selon laquelle nous ne voyons jamais vraiment et nous ne pouvons jamais vraiment voir la réalité telle qu'elle est ; et il y a une interprétation de l'histoire des arts de la représentation, en particulier de l'histoire de la peinture et du roman contemporains de l'invention de la photographie et de l'avènement du cinéma, selon laquelle l'art avait commencé à se retirer de la représentation de la réalité comme étant une tâche vaine [2].

La tâche que se donne alors Cavell, lui-même éduqué dans et par son expérience du cinéma, est de « s'opposer à ces causes d'opposition à la

1. S. Cavell, *La projection du monde*, p. 281.
2. *Ibid.*, p. 218.

pression de la réalité » : en ce sens sa philosophie du langage ordinaire, comme sa théorie du cinéma, opèrent un renversement des hiérarchies épistémiques et esthétiques, pour défendre et décrire le « pouvoir de conviction » du réel.

> Ne serait-ce que pour la raison qu'un rejet général de la réalité dépend de théories (de la connaissance, de la science, de l'art, de la réalité, du réalisme) dont le pouvoir de conviction n'est pas supérieur (et de loin) à celui de la réalité.

C'est bien dans l'articulation du langage ordinaire et de l'expérience cinématographique du « monde vu » qu'on peut aujourd'hui réinventer le réalisme.

CHAPITRE IX

LE SENS ROBUSTE DES RÉALITÉS

L'expression de « sens robuste de la réalité » se trouve chez Russell dans ses écrits de 1918 – *La philosophie de l'atomisme logique*, notamment. Il emploie aussi l'expression de « sens vif de la réalité », et même celle « d'instinct de la réalité », en réminiscence, probablement, des impressions vives de Hume. L'expression est, dans ce texte, au pluriel pour renforcer le pluralisme de l'atomisme logique, la diversité immédiate des choses qui sont mises en relation. Reste que le mot de réalité est considéré par Russell comme « vague et impropre ». Il est de ceux qui donnent des « crampes mentales » car on présente un mot commun pour des jeux de langages bien distincts. Le mot renvoie à « tout ce qu'il faudrait mentionner dans une description complète du monde »[1]. Frege, avant Russell, avait orienté toute réflexion autour de « la réalité » vers le « royaume de la référence »[2] : « On ne peut se demander quels sont les types de choses qui existent dans la réalité sinon en se demandant quels sont les types de choses auxquels nous nous référons »[3].

En défendant « un sens de la réalité », Russell ne cherche certes pas à assumer un réalisme naïf, mais plutôt un réalisme scientifique, une reconnaissance des *sense-data*, comme seul intermédiaire possible entre « nous » et « les choses » qui les causent. Mais là encore, le langage nous trompe, on ne devrait pas dire « les choses » (toujours entre guillemets chez Russell) mais les « sources de stimuli » causant des stimuli. La causalité

1. B. Russell, *The Philosophy of logical atomism* (1918) ; « Philosophie de l'atomisme logique », trad. fr. J.-M. Roy dans B. Russell, *Écrits de logique philosophique*, Paris, P.U.F., 1989, p. 383.

2. M. Dummett, « Realism », dans *Interpretation of Frege's philosophy*, London, Duckworth, 1981, p. 431.

3. *Ibid.*

est intrinsèquement liée à la théorie des *sense data*. Russell distingue le niveau du sens commun qui nous fait croire que Christophe Colomb a découvert l'Amérique en 1492 car on nous l'a appris, à la fois du niveau logique : Qu'est ce qui est logiquement simple – à savoir des propositions indépendantes les unes des autres et portant sur des particuliers – et du niveau physique : Qu'est ce qui est primitif, premier, épistémologiquement parlant dans une théorie de la connaissance.

Le sens commun, le logique et le physique

Ces trois niveaux d'analyse sont mobilisés car il ne nous suffit pas de croire « qu'il y a d'autres personnes » que nous, « qu'il y a des chats, des chiens, des chaises, des tables, et même le côté non perçu de la lune ». « Mon vrai problème », ajoutait Russell « est celui-ci : quel est le minimum d'assomptions qui vont justifier de telles croyances ? » [1].

Du point de vue logique, le travail majeur mené par Frege et par Russell sur le caractère insaturé des concepts, la description définie comme symbole incomplet, la conception de l'existence comme propriété de concept et non des choses, avait signé le glas de tout réalisme naïf ou direct et orienté le réalisme à se placer à l'échelle des jugements et non des choses. De plus l'idée frégéenne d'aborder la réalité à partir de la référence met au premier plan la structure logique des propositions où interviennent les expressions qui se réfèrent aux universaux et aux objets, pour éviter de prendre les uns pour les autres. Le réalisme de Frege ne repose donc pas sur un isomorphisme entre structure logique et structure physique de l'univers, ou entre structure de la pensée et structure du réel.

Le § 47 des *Grundlagen der Arithmetik* prend acte de cet abord logique du réalisme : « À première vue, la proposition : « Toutes les baleines sont des mammifères » semble porter sur des animaux et non sur des concepts. Mais quand on demande de quels animaux on parle : on ne saurait en montrer un. À supposer qu'une baleine soit devant nous, notre proposition n'en affirme rien ». Les propositions universelles, trop estimées par la tradition kantienne, font oublier qu'elles ne sont qu'hypothétiques, conditionnelles, disant en un sens moins que ce que disent les propositions existentielles car elles ne supposent aucune instanciation et donc ne disent rien de la baleine devant nous. D'un autre côté, les propositions existentielles sont des généralisations existentielles ; et tout

1. B. *Russell*, « Reply to criticisms », *in* P. A. Schilpp (ed.), *The Philosophy of Bertrand Russell*, 4e éd., La Salle (Ill.), Open Court, 1971, p. 707.

ce que nous pouvons dire c'est une proposition de la forme : « Quelque chose qui a le nom de « Jules César » existe » mais non « Jules César existe », autrement dit quelque chose de la forme « il existe *x*, *x* est égal à *a* » et non « il existe *a* », x étant une variable et *a* une constante descriptive, un nom propre pour Frege.

La justification des croyances selon laquelle il y a des baleines, des tables, des chaises suppose aussi une prise en compte du physique et non simplement du logique, une épistémologie et pas seulement une logique : c'est par les *sense-data* que Russell met fin à cette idée selon laquelle on aurait « un accès immédiat et inanalysable aux objets matériels » [1]. Là encore, Russell est très critique à l'égard du réalisme naïf : c'est ce qui lui fait adopter le point de vue épistémologique sur la priorité des percepts. Entre les objets matériels et nous, il y a les données sensorielles : ce que nous percevons ce ne sont pas les choses, mais ce qui est causé par les choses, selon une ressemblance entre les sources des stimuli et les stimuli : c'est à ce titre seulement que le perçu (voir le soleil) est source de connaissance de ce qui est (le soleil). « Les excitations nerveuses déclenchées par les stimuli ont des ressemblances formelles avec les sources des stimuli » [2]. Il y a là une confiance de Russell en un mode physique de la pensée, constitué de ces *sense-data*. Toute connaissance qui compte épistémologiquement suppose de tels stimuli.

Le réalisme fort de Russell consiste dans la distinction entre les stimuli et ce qui est le résultat d'une habitude ou d'une interprétation, entre ce qu'il appelle « le donné » (*what is given*) et ce qui est inféré. La mention du nom propre dans une proposition est déjà le début d'une interprétation car le nom propre est une description tronquée, ou une abréviation de description. Ne convient pas à Russell ce que Neurath dit, à savoir que : « Dans cette chambre à 3h15 il y a une table perçue par Otto », pas plus que ne lui conviendrait le « L.W. » de Wittgenstein dans *De la certitude*, car Wittgenstein, par cette indication de L.W., se place d'emblée dans l'apprentissage et non dans les données sensorielles immédiates, et accorde aux règles d'apprentissage une priorité épistémique que Russell leur refuse : « Si mon nom n'est pas L.W. comment puis-je me fier à ce qui est « vrai » ou « faux » ? » [3].

1. J. Largeault, *Enigmes et controverses de quelques problèmes en théorie de la connaissance*, Paris, Aubier, 1981, p. 106.

2. *Ibid.*, p. 106.

3. L. Wittgenstein, *De la certitude*, trad. fr. D. Moyal-Sharrock, Paris, Gallimard, 2006, § 515, p. 144.

Le noyau sensible (« *sensible core* ») suppose un « *je* » pour Russell, non un nom propre. Il consiste en un « *stuff* » (matériau) non préalablement arrangé, d'où la séduction momentanée de Russell pour le monisme neutre et pour le principe de Berkeley selon lequel « la matière est ce qui est objet de perception ». Quand il a eu à s'expliquer sur son rapport au « *stuff* » de William James, Russell dit qu'il entend par là le « particulier » au sens logique de ce terme. Pourquoi ce refus obstiné du nom propre de sa part ? C'est qu'un nom propre comme « *Otto* » peut être utilisé faussement sous l'effet de drogues, ou n'être qu'un nom propre apparent, *einen Schein eigennamen*, comme aurait dit Frege. À la proposition « Dans la chambre d'à côté, à 3h15 il y a une table perçue par Otto », Russell substitue la proposition suivante : « Si je me rendais dans la chambre d'à côté, je verrais une table ». Il ne s'agit pas d'un phénoménalisme [1], comme on a pu le dire à propos de Russell, car cette attitude réduit les objets matériels aux *sense-data* alors que le réalisme de Russell pense que les objets matériels en tant que sources de stimuli *causent* les *sense-data* mais ne s'y réduisent pas.

LE CONCRET MAL PLACÉ

Ce que Russell entend par *sense-datum* est clair, mais ce qui l'est moins c'est la place du *sense datum* dans la théorie de la connaissance [2], autrement dit la question de la justification de la croyance reste, comme il le dit si bien, le vrai problème.

Que signifie par exemple causer des stimuli ? C'est en fait reconnaître que les qualités secondes des objets matériels causent en nous des percepts à partir des propriétés que projettent sur elles les qualités premières. La théorie des *sense-data* a donc pour présupposé la dualité des qualités premières et des qualités secondes [3]. Cette dualité est cependant peu adaptée à l'ère électronique que nous vivons. Certes, on peut dire, comme Russell, que les électrons sont des suites d'événements et en tant que suites, ce sont des fictions logiques, des élaborations théoriques, mais le présupposé de la dualité des qualités et celui du grain trop grand du perçu, grain conforme aux théories classiques de l'empirisme et du sensualisme

1. M. Dummett, « Realism », dans *Truth and other enigmas*, London, Duckworth, 1981, p. 158.

2. R. M. Chisholm, « Russell on the Foundations of Empirical Knowledge », *in* P.A. Schilpp (ed.), *The Philosophy of Bertrand Russell*, *op. cit.*, p. 419-444, p. 426.

3. J. Largeault, « Que faire de nos idées de hasard et d'ordre », dans *Enigmes et controverses*, *op. cit.*, p. 106.

classique, limitent le champ de la justification épistémique des croyances que Russell entend promouvoir pour une théorie de la connaissance qui soit sinon complète, du moins conséquente. D'un côté « Aux entités atomiques qui n'engendrent pas de sensation, il n'est associé aucun acte perceptif » [1], car à ces entités, on n'attribue ni forme, ni solidité ; d'un autre côté on peut difficilement suivre Russell qui nous dit que quand on voit une table, c'est une illusion de croire qu'on voit une table ; il ne s'agirait que d'une fiction logique, comme un électron (quoiqu'une fiction logique d'une autre nature), faite d'une suite d'apparences de la table. En fait, ce malaise que nous éprouvons *et* pour les entités atomiques *et* pour les objets comme les tables, vient de ce que Russell télescope les trois niveaux : du sens commun, de la physique et de la logique. Or, on doit pouvoir continuer à dire que quand on voit une table, c'est bien une table qu'on voit ou que notre corps heurte et non une fiction logique.

Certes, comme le souligne Whitehead, quand on dit voir une table on place mal le concret (*the fallacy of misplaced concretness*) mais cela reste cependant adapté à nos facultés perceptives [2]. Même, peut-on ajouter, qu'à supposer que nous soyons outillés pour percevoir des atomes, nous n'aurions plus la possibilité de les connaître, Schrödinger estimait « que les organismes qui percevraient par les sens le déplacement des atomes seraient sûrement incapables de développer les éléments de pensée indispensables à l'élaboration même du concept d'atome » [3].

Nous savons que nous prenons plaisir à caresser notre chien mais que pour le soigner afin de continuer à le caresser en toute quiétude, il faut passer au niveau moléculaire et voir avec le vétérinaire s'il n'est pas diabétique. Notre cerveau est adapté à la perception sensible du chien, mais cette perception manque beaucoup de choses du chien, en particulier ce qui peut le sauver. « Le biologiste nous dit que de nos deux chiens, le véritable est « le chien moléculaire ». « Le chien familier » n'en est qu'un pâle reflet, l'aspect accessible à nos sens. Avec l'équipement dont nous a dotés l'évolution, nous pouvons percevoir la tête, les pattes, la croupe de notre chien. Non les grappes de cellules et les paquets de molécules dont la biologie affirme que, comme nous, est fait le chien » [4].

1. *Ibid.*, p. 107.
2. E. Nagel, « Russell's philosphy of science », *in* P.A. Schilpp (ed.), *The Philosophy of Bertrand Russell, op. cit.*, p. 319-349, p. 338-339.
3. J. Largeault, « Popper, objectivité et troisième monde », dans *Enigmes et controverses, op. cit.*, p. 73.
4. Fr. Jacob, *La souris, la mouche et l'homme*, Paris, Odile Jacob, 1997, p. 123.

C'est pourquoi Whitehead – plus proche d'une cosmologie que d'une épistémologie – n'a cessé de dénoncer nos habitudes langagières, comme l'avaient fait avant lui, Frege et Russell : limite de la forme Sujet-prédicat qui donne un privilège indu à l'idée d'une substance durable, limite des propositions universelles que l'on prend pour catégoriques alors qu'elles sont hypothétiques, limite, dit encore Whitehead, du sensualisme et de l'empirisme de Hume et de Locke qui en restent aux perceptions sensibles alors qu'on devrait parler de préhensions. L'empirisme pèche par excès d'intellectualisme : « La perception par les sens, quel que soit son caractère dominant dans l'expérience consciente, fait partie de la dimension superficielle de l'expérience » [1].

Whitehead a insisté sur les difficultés de la localisation spatio-temporelle dans la physique classique; un bon exemple en est le géométrisme de Descartes. En raison de l'extrême isolement où la science classique a confiné la matière, nous nous méprenons sur la localisation de celle-ci, ce qui donne lieu à « une localisation fallacieuse du concret » [2]. Cette localisation simple consiste en effet à considérer la matière comme « indifférente à la division du temps » [3] en passé, présent, futur; le temps dès lors n'est considéré que comme un accident et non comme un élément essentiel de la matière : celle-ci n'est pas considérée comme une matière en évolution. La matière est simplement localisée, dans la physique classique, dans l'espace et le temps, sans interférence avec eux ni avec l'esprit qui l'appréhende.

Le *sense-datum* de Russell tombe sous la même critique que celle qui est adressée ici à l'empirisme de Hume et de Locke. Il est vrai qu'elle est menée au nom d'une expérience élargie alors que Russell n'aimait pas le mot d'expérience qu'il considérait vague et confus, comme il n'aimait pas le mot de réalité. Mais la critique de Whitehead rencontre d'autres critiques adressées à Russell. La pleine réalité des données sensorielles se heurte en effet à une forme de solipsisme. L'idée selon laquelle une fois

1. A. N. Whitehead, *Adventures of ideas*, New York, Free Press, 1967, p. 361. « Dans le langage courant le verbe "percevoir" est utilisé régulièrement dans le sens d'appréhension cognitive. Il en va de même du mot "appréhension", même en l'absence de l'adjectif "cognitive". J'emploierai donc le mot de "préhension" dans le sens d'appréhension non cognitive, c'est-à-dire d'une appréhension qui peut être ou non de type non cognitif » (A. N. Whitehead, *La Science et le monde moderne*, trad. fr. P. Coururiau, Monaco, Éditions du Rocher, 1994, p. 89).

2. A. N. Whitehead, « *The fallacy of misplaced concreteness* », *in* A. N. Whitehead *Process and Reality*, New York, Free Press, 1978, p. 18, trad. fr.par D. Charles, M. Élie, M. Fuchs, J.-L. Gautero, D. Janicaud, R. Sasso et A. Villani, *Procès et réalité*, Paris, Gallimard, 1995, p. 68.

3. A. N. Whitehead, *La science dans le monde moderne*, *op. cit.*, p. 68.

corrélées, ces données ne gagnent pas en réalité, pose problème : il n'y a pas plus de réalité, dit Russell, à l'état de veille qu'à l'état de rêve, les hallucinations en tant que données sensorielles sont tout aussi réelles que les impressions sensibles de l'état de veille. La différence n'est que de corrélation : il manque aux hallucinations une corrélation entre différents sens, mais ne leur manque aucune réalité [1]. Enfermement solipsiste qui fait du « *je* » un point coordonné à toute la réalité, mais de quel sujet s'agit-il ? Russell dit que toute théorie de la connaissance doit partir de la proposition : Qu'est ce que je sais ? Et non de la question : Qu'est ce que l'humanité sait ? [2] Dans la proposition : « Je vois du rouge maintenant », le « je maintenant » est équivalent à un « ici », mais non équivalent à Otto, Karl ou Rudolf. Est-ce équivalent à : « il y a quelque chose qui est du rouge et qui est ici » ? Pas plus, car on serait alors en accointance avec l'universel « rouge ». Là est l'interprétation de Chisholm. Mais Russell la refuse. Pour lui, dire, la proposition « ceci est rouge » ne contient aucune variable. Cette proposition équivaut pour Russell à « du rouge est ici » et « ici » est le nom propre d'un faisceau de qualités co-présentes (« *bundle of compresent qualities* ») [3].

Si je débarque dans une ville et que je vois des drapeaux en berne – élément non verbal selon Russell – je m'informe et apprends qu'un personnage public est mort. Mais Russell oublie de dire que voir un drapeau en berne c'est déjà interpréter, car il peut très bien arriver qu'on ne sache rien à propos d'un drapeau en berne, qu'on ne sache pas que c'est un signe de deuil. Nous vivons au milieu d'une circulation de signes. Il a bien fallu un temps où j'ai appris qu'un drapeau en berne était un signe de deuil. Mais pour Russell, ce souvenir d'apprentissage est un risque majeur de faire perdre à la connaissance la base perceptible qui est le donné non interprété. La circulation de signes est pour lui ce type de propositions mises en cohérence les unes avec les autres et qui risquent de nous enfermer tantôt dans le souvenir verbal, tantôt dans le langage. On ne doit pas oublier que « les mots sont destinés à traiter d'autre chose

1. B. Russell, *La philosophie de l'atomisme logique*, huitième conférence : « Les fantômes et les hallucinations pris en eux-mêmes sont, comme je l'ai expliqué dans les conférences précédentes, exactement sur le même niveau que les *sense-data* ordinaires. Ils ne diffèrent des *sense-data* ordinaires que par le fait qu'ils n'ont pas avec les autres choses les corrélations habituelles. En eux-mêmes, ils ont la même réalité que les *sense-data* ordinaires » (B. Russell, *Écrits de logique philosophique*, *op cit.*, p. 434).

2. B. Russell, *Signification et vérité*, trad. fr. Ph. Devaux, Paris, Flammarion, 1969, p. 161.

3. B. Russell, « *Reply to Criticisms* », *in* P.A. Schilpp (ed.), *The Philosophy of Bertrand Russell*, *op. cit.*, p. 714.

que des mots »[1]. Au commencement était, non le mot, mais ce que le mot signifie, ajoute-t-il. Ayer dénonce là un paradoxe : « Si un énoncé doit exprimer une proposition, il ne peut pas se contenter de nommer une situation; il doit dire quelque chose à son sujet. Et en décrivant une situation, on ne fait pas qu'enregistrer le contenu d'un *sense-datum* ; on le classe d'une manière ou d'une autre, et cela signifie aller au-delà de ce qui est immédiatement donné »[2]. Reichenbach avait présenté une objection similaire : si une proposition basique, primitive ne réfère pas à quelque chose qui va au-delà du *sense-datum*, ce n'est pas une proposition, et si elle réfère à quelque chose qui va au-delà du *sense-datum*, elle n'est plus primitive[3].

OBSERVER, TRADUIRE, INTERPRÉTER

D'autres problèmes apparaissent avec la théorie des *sense-data* comme celui-ci : Qui est le « je » qui perçoit? La perception est-elle acte, est-elle objet? Est-elle comme le sentiment, quelque chose de diffus, sans référent précis, comme quand on dit : « Je suis ému », sans rapporter mon émotion à quelque chose de précis, au sens d'une référence précise. Pour Russell conformément au principe occamien, seul le *sensum* est supposé, ou plus exactement l'occurrence du *sensum* et « l'occurrence », elle-même, n'est pas « une apparition »[4].

Il y a un versant critique de la théorie des *sense-data* venu des neurosciences. Les moyens actuels de l'IRMf reposent la question de la place des *sense-data* dans la connaissance, notamment dans la connaissance des mécanismes cérébraux.

À première vue, les résultats de l'IRMf semblent aller dans le sens de Russell, car cet outil permet la visualisation de modifications d'activation ou d'inhibition métabolique, visualisation qui explique les rouages du fonctionnement ou du dysfonctionnement neuronal à l'origine d'un comportement attendu et privilégié, ou insolite et catastrophique. Mais ce n'est pas pour autant qu'on peut y lire un état de pensée, une représentation mentale, une sémantique ou le contenu cognitif véhiculé par le circuit de

1. B. Russell, *Signification et vérité*, *op. cit.*, p. 166.

2. A. Ayer, *Language, Truth, Logic*, XXX, XXX, p. 127, cité par R. Chisholm, « The Foundations of Empirical Knowledge », art.cit, p. 434.

3. *Cf.* H. Reichenbach, « Bertrand Russell's Logic » *in* P.A. Schilpp (ed.), *The Philosophy of Bertrand Russell*, *op. cit.*, p. 23-54.

4. J. Laird, « On certain of Russell's view concerning the human Mind », *in* P.A. Schilpp (ed.), *The Philosophy of Bertrand Russell*, *op. cit.*, p. 295-316, p. 302.

neurones impliqué. L'image recueillie n'est qu'une image, comparable à un donné.

Mais l'image n'est pas qu'un donné neutre, isolé, extérieur à toute inférence. Elle suppose une règle de traduction et d'interprétation qui est dépendante d'un contexte d'apprentissage et celui-ci est relatif à un monde [1] dans son ensemble et non à un simple cerveau.

La configuration des images observées traduit des décharges neuronales, phénomènes matériels, mais même si ce n'est pas un état mental, c'est bien un contexte d'apprentissage des outils informatiques et médicaux qui lui donne un statut, un peu comme une radiographie des poumons qui reste lettre morte, ou devrait-on dire, image morte, tant qu'elle n'est pas investie par une connaissance précise.

Cet exemple pose de manière cruciale le problème de la traduction au cœur de l'observation. Que traduit-on par l'IRMf? Dès qu'on pose la question de la traduction, on est en peine d'isoler un donné pur qui se tiendrait en dehors de ce que la théorie dit être un donné. Cela ne veut pas dire que le donné se dissout dans l'interprétation, mais que ce sont bien des dispositifs techniques qui aident à intégrer au champ de la réalité des objets nouveaux : voir la perte de la substance blanche chez un sujet qui peut d'ailleurs n'être pas un patient, mais un volontaire non malade participant à la cohorte d'une recherche cognitive, ou encore parvenir par un système d'assentiment imagé à des propositions entendues pour permettre à des neurologues de détecter une activité cérébrale, ces deux percepts supposent l'outil de l'IRMf.

« Si voir n'était qu'un processus optique, aucune observation ne serait significative » [2]. Cette intégration du voir à l'interprétation n'est pas une simple réfutation de l'indépendance du *sense datum* dans le réalisme russellien, elle est aussi l'indication d'un réalisme flexible qui permet aux manières de voir que sont les théories scientifiques de ne pas s'exclure forcément, d'être traductibles les unes dans les autres. Ainsi, en physique classique, on peut aussi bien dire que la force comme indication de la variation de la quantité de mouvement par rapport au temps est une définition, qu'une vérité empirique, ou une manière d'organiser les faits de manière cohérente, ou une convention, ou une règle d'inférence,

1. M. S. Pardo, D. Patterson, « *Minds, Brains, and Norms* », in *Neuroethics*, publié en ligne le 19 juin 2010 : « Suivre une règle se fait dans une grande variété de contextes, chacun d'eux a ses propres caractéristiques. Ces contextes ne sont pas « dans l'esprit » (ou « dans le cerveau ») mais dans le monde ».

2. J. Largeault, « Physique ou philosophie de la nature », dans *Enigmes et controverses*, *op. cit.*, p. 82.

ou un moyen de mesurer les forces par des appareils appropriés, ou un énoncé factuel réfutable par l'expérience[1]. On peut dire la même chose des constances universelles : sont-elles des constantes universelles de la physique ou des constances physiques de l'univers ? À chaque fois on a des possibilités conceptuelles différentes, des jeux de langage différents, dont beaucoup sont traductibles les uns dans les autres.

LE RÉALISME RÉÉVALUÉ : DU SENS DE RÉALITÉ AU SENTIMENT DE RÉALITÉ

Il y a donc différentes objections à la valorisation d'un *sense datum* distinct par lui-même des habitudes d'apprentissage et de toute interprétation. On peut maintenant, compte tenu, de cette discussion, réévaluer la position réaliste. D'abord, il importe de reconnaître que ce qui s'oppose au réalisme, c'est l'antiréalisme, ce n'est ni l'idéalisme, ni l'instrumentalisme, ni le constructivisme. On peut dire de plus qu'on ne peut pas être réaliste « *tout court* » comme le souligne si bien Michaël Dummett en français, on peut être réaliste concernant certaines choses, comme les mathématiques, vouloir distinguer le nombre 2 de notre idée du nombre 2, et ne l'être pas pour d'autres aspects comme c'est le cas pour Russell qui l'est pour les sense-data et l'est moins quand il aborde les questions relatives au temps et à la mémoire.

Concernant la réalité du passé, Russell reconnaît des difficultés : comment distinguer, avoue-t-il, entre habitude langagière et un donné de la mémoire ? Plus le souvenir est lointain, reconnaît-il, moins il est possible de le distinguer de la manière dont on en parle. Si l'association avec le présent est ce qui cause le souvenir, c'est qu'il est difficile d'isoler le passé en soi, comme séparé du présent[2]. Mais alors le critère le plus distinctif du réalisme tombe. Ce critère a été sans cesse revendiqué par Frege : distinguer entre ce qui est vrai et ce qui est tenu pour vrai, ou reconnu comme vrai. Il s'accompagne d'un corollaire important : comme, on se place au niveau du vrai, le réalisme se place à l'échelle des propositions et des jugements. D'où la formulation du réalisme donnée par Michael Dummett : « Tout jugement, déterminé comme vrai ou non vrai indépendamment de notre connaissance, l'est par quelque réalité objective dont l'existence et la constitution est aussi indépendante de

1. J. Largeault, « Physique ou philosophie de la nature », *op. cit.*, p. 86.
2. B. Russell, *Signification et vérité*, *op. cit.*, p. 172.

notre connaissance »[1], ou encore : le réalisme consiste en « la croyance que les énoncés ont une valeur de vérité indépendante de notre moyen de la connaître. Il y aurait du vrai et du faux en vertu d'une réalité existant indépendamment de nous »[2]. La version russellienne de ce crédo réaliste affirme que « Les faits sont ce qu'ils sont quoique nous puissions penser d'eux »[3].

Tout antiréalisme est du coup un réductionnisme car aller vers le constructivisme, l'idéalisme ou le behaviorisme c'est chercher à réduire le fossé entre ce qui est vrai et ce qui est reconnu tel. Pour l'antiréaliste, la valeur de vérité des énoncés ne peut leur être attribuée qu'en vertu de ce que nous pouvons connaître d'eux.

La position réaliste est très à l'aise avec toute perspective extensionnaliste ou tout ce qui peut valoriser la perception spatiale : les relations spatiales sont de nature atomique dit Russell. La position réaliste est moins à l'aise dans le cas des croyances fausses et des propositions temporelles. Descartes et son géométrisme par exemple, n'ont pas suffisamment pris en compte la loi galiléenne selon laquelle l'accélération est une variation de la vitesse par rapport au temps, loi que Leibniz convoquera contre Descartes aux § 17 et 18 du *Discours de métaphysique* pour rétablir la vérité de ce qui se conserve : la force et non la quantité de mouvement. Il y a un simplisme cartésien qui consiste à tout étaler dans l'étendue, comme a pu le noter Koyré : « Il est plus facile, et plus naturel de voir, c'est-à-dire d'imaginer, dans l'espace que de penser dans le temps »[4]. Russell avait noté que concernant les propositions relatives à la croyance, il était difficile de les étaler de manière extensionnelle et dire que, dans la proposition de croyance « Othello croit que Desdémone aime Cassio », la croyance portait sur un objet isolé de cette croyance, à savoir l'amour de Desdémone pour Cassio.

D'un autre côté, la difficulté, concernant les propositions temporelles, tourne au paradoxe : la proposition réaliste selon laquelle le passé est une réalité indépendante de qui le tient pour tel finit par le rendre irréel. « L'antiréaliste prend plus sérieusement le fait que nous sommes immergés dans le temps : étant ainsi immergés, nous ne pouvons pas proposer de description du monde comme ce qui pourrait apparaître à quelqu'un qui ne serait pas dans le temps, mais on peut seulement le décrire comme

1. M. Dummett, « Realism », art. cit., p. 434. *Cf.* note 2, p. 187.
2. *Ibid.*, p. 146.
3. B. Russell, « Philosophie de l'atomisme logique », art. cit., p. 341.
4. Koyré cité par Largeault, p. 83.

il est, c'est-à-dire comme il est maintenant »[1]. Pour l'antiréaliste, « le passé n'existe que dans les traces qu'il laisse sur le présent, alors que pour le réaliste, le passé existe toujours comme passé, exactement comme il était quand il fut un présent »[2]. La notion de trace vient compenser les incertitudes de la mémoire, car la trace peut être indélébile tout en étant trace reliant le passé et le présent, comme le sont les traces sur le corps des déportés durant la seconde guerre mondiale. Le livre de Renée David, « *Mémoire incertaine, trace indélébile* », par cette distinction entre mémoire et trace, répond à la polémique des années 1998-1999 quand Lucie Aubrac, se fiant seulement à sa mémoire, racontait des faits dont cinquante ans la séparaient et que sa mémoire, au gré des interviews, restituait de manière parfois contradictoire, jusqu'à jeter le discrédit sur son action de résistante durant la seconde guerre mondiale.

Le réaliste ne se fie ni à la mémoire, ni à la trace. Il continue à objecter ceci, s'adressant à l'antiréaliste : « Vous voulez seulement dire comment nous disons maintenant que quelque chose a été ou sera ». Il a du mal à penser que la proposition « X s'est produit à la place P au temps T » est équivalente à la proposition suivante : « Si quelqu'un a été à la place P au temps T, il se serait dit que X se produit ».

On voit dans cet exemple qu'il s'agit bien de la mise en cause ou de la défense du critère réaliste selon lequel le vrai est indépendant de ce qui est tenu pour vrai. Combler le fossé entre le vrai et le tenir pour vrai c'est sortir du réalisme. C'est, dans le cas présent, renoncer au sens robuste des réalités pour un « sentiment de réalité », sentiment bien réel, car il permet de se penser dans le temps et non en position de surplomb par rapport à lui, à supposer que ce soit possible. Proust dit que sa grand-mère était morte en réalité bien après l'avoir été en fait, mesurant ainsi la réalité du passé à la manière qu'il a de convoquer ce passé.

L'idée que les vérités mathématiques comme le théorème de Pythagore restent les mêmes, même dans le cas où l'humanité hibernerait cinq cents années et qu'il n'y aurait personne pour le penser, cette idée déréalise paradoxalement le théorème qu'elle veut à tout jamais fixer dans le temps. Cette pensée qui saisit le vrai en lui-même, ou le passé en lui-même, et qui n'est pas prise dans le flux des processus de pensée, est bien aussi pensée et non seulement une pensée. Frege nous laisse avec cette énigme qu'il traduit par l'image du cordonnier lavant le cuir : on ne peut pas laver le cuir sans le mouiller, autrement dit la raison comme faculté est bien

1. M. Dummett, , « The reality of the past », in *Truth and other enigmas*, *op. cit.*, p. 369.
2. *Ibid.*, p. 370.

engagée d'une manière ou d'une autre dans la saisie d'une pensée. Mais, pour Frege, la pensée c'est comme du cuir séché, puis sec et non du cuir dans le processus de constitution qui le rend tel, encore moins de celui qui est encore vivant sur le dos de la bête. Perspective purement logique sans une once d'épistémologie.

Contre cette idée d'hibernation du vrai, il y a l'idée darwinienne selon laquelle « l'homme est à lui-même ses archives organiques » [1]. On ne bascule pas pour autant dans l'idéalisme en disant cela, mais on prend au sérieux l'immersion dans le temps, y compris pour des vérités mathématiques que la tradition platonicienne a voulu soustraire au temps : « Aux niveaux supérieurs de la cognition, l'extension du paradigme évolutionniste suggère que le cerveau fonctionne sur le mode projectif en produisant en permanence des ébauches de représentations ou pré-représentations variables dans l'espace et le temps que l'organisme retient ou rejette sur la base de leur adéquation au monde extérieur » [2].

Les propositions sur les croyances fausses posent aussi un vrai problème au réaliste. Russell parle d'énigme à leur sujet car il lui semble impossible que la proposition crue soit comme une entité indépendante, détachable de la croyance, et aussi impossible de réduire le verbe de la proposition subordonnée dans « Othello croit que Desdémone aime Cassio » comme un terme de même ordre que les autres termes que sont Desdémone et Cassio. Par conséquent, Russell demande qu'on classe les croyances comme une nouvelle espèce du zoo. « *There is not a single thing that you are believing* » [3]. Les croyances fausses n'ont pas le même statut que les propositions fausses. Autant ces dernières menacent l'instinct de réalité, autant les croyances fausses font partie de la « réalité » dit Russell, ou plutôt, vu que ce terme est impropre et vague, de « tout ce qu'il faudrait mentionner dans une description complète du monde » [4].

Prendre au sérieux la croyance à des choses qui ne sont pas : c'est là un phénomène que les neuropsychiatres connaissent bien. Dans l'extrême variété des symptômes schizophrènes, il y a l'explication neurologique des hallucinations auditives : il y a bien une activation de la zone frontale

1. G. Canguilhem, « L'homme et l'animal du point de vue psychologique selon Charles Darwin », dans *Études d'histoire et de philosophie des sciences*, Paris, Vrin, 1994, septième édition, p. 116.

2. S. Dehaene et J.-P. Changeux, « Pensée logico-mathématique et modèles neuronaux des fonctions cognitives », dans O. Houdé et D. Miéville (éd.) *Pensée logico-mathématique*, Paris, P.U.F, 1993, p. 126.

3. B. Russell, « Philosophie de l'atomisme logique », art. cit., p. 384.

4. *Ibid.*, p. 383.

comme dans le cas de paroles internes imaginées. Mais la croyance fausse commence quand certains pensent que la voix vient de l'extérieur; leur cortex préfrontal oublie d'informer les aires d'association impliquées. Je renvoie aux travaux du neurologue Chris Frith : selon lui les schizophrènes ont des croyances erronées sur le monde extérieur, mais qu'ils considèrent comme vraies. On peut entendre des voix, voir des choses sans que le monde physique soit engagé, par seule aptitude de notre cerveau. Dans le cas de schizophrènes, « Si leurs expériences sont improbables, ils vont changer d'idée sur la façon dont fonctionne le monde plutôt que de nier la réalité de leurs expériences. (…) Ces patients ne font pas que voir des couleurs et entendre des sons. Leurs hallucinations concernent le monde mental. Ils entendent des voix commenter leurs actions, faire des suggestions et donner des ordres. Notre cerveau peut tout aussi bien créer un monde mental erroné » [1]. Il y a dernièrement une personne qui à Tours s'est mise à rayer toutes les voitures grises de la ville et à la question pourquoi posée par des agents de police, elle a répondu qu'elle en avait reçu l'ordre par Harry Potter.

Dans le cas des personnes non malades, il peut arriver que les croyances fausses résistent même quand on les sait fausses : notre cerveau ne percevant pas immédiatement la réalité, il la reconstruit, la déforme. À propos du triangle de Kanizsa, « la plupart des gens disent voir apparaître une forme triangulaire bien distincte et estiment que la luminosité apparente est plus forte au sein du triangle. Cela ne correspond à aucune des caractéristiques de l'image physique » [2] : je peux continuer à former de fausses représentations même si je sais qu'elles sont fausses. Le cerveau construit des modèles du monde et ce sont ces modèles que je perçois : « Il ne s'agit pas vraiment du monde, mais pour nous c'est aussi bien. Vous pourriez dire que notre perception est un fantasme qui coïncide avec la réalité » [3].

On peut dire que ce sens robuste de la réalité, qui pour Russell manquait complètement à quelqu'un comme Meinong, n'équivaut pas simplement à adopter une position réaliste : la réalité du passé est bien plus sauvée par

1. Chr. Frith, *Comment le cerveau crée notre univers mental*, trad. fr. M. Pessiglione, Paris, Odile Jacob, 2010, p. 62.

2. G. M. Edelman, *Plus vaste que le ciel*, trad. fr. J.-L. Fidel, Paris, Odile Jacob, 2004, p. 54. *Cf.* aussi les illusions de Hering : même si nous savons que les deux lignes horizontales sont droites, nous les voyons comme incurvées, p. 72.

3. Chr. Frith, *Comment le cerveau crée notre univers mental*, *op. cit.*, p. 188. On n'a pas un accès privilégié à la connaissance de notre corps : « il y a beaucoup de choses à mon sujet que mon cerveau me cache et beaucoup de choses qu'il fabrique » (*ibid.*, p. 114).

l'antiréaliste que par celui qui maintient le fossé entre le vrai et ce qui est tenu pour vrai, ou le passé comme temps indépendant du temps de celui qui le reconnaît tel. Il en va de même pour les propositions relatives à la croyance. Les paradoxes de la position réaliste forte, paradoxes auxquels nous sommes conduits par l'analyse du langage, paradoxes selon lesquels on ne peut dire ni des choses du monde qu'elles sont, ni qu'elles ne sont pas car on ne peut attribuer l'existence aux choses – l'existence se disant que des concepts –, ces paradoxes couplés à l'idée que l'existence du passé transcende la connaissance que nous en avons, tous ces paradoxes peuvent être amendés en renonçant à cette position réaliste forte sans renoncer cependant au sens robuste des réalités. Il n'y a pas un réalisme *tout court*, comme dit Dummett. On doit pouvoir continuer à dire qu'il y a des tables, des chaises et des baleines, sans menacer notre sens de la réalité, sans succomber ni à un réalisme naïf, ni à un réalisme de l'indépendance absolue des valeurs de vérité par rapport à un contexte épistémologique. Ce sont les embarras de Frege à propos de la saisie des pensées, ceux de Russell sur les croyances fausses, ou sur la réalité du passé qui renforcent au lieu d'affaiblir le sens des réalités, même sans position unitairement réaliste.

INDEX NOMINUM

ABDELMADJID S., 10
ALLAIS L., 85
ANNE-BRAUN A., 11
ARISTOTE, 8, 28, 36, 37, 51, 74, 124
AUBRAC L., 196
AUGUSTIN (saint), 61
AUSTIN J.L., 7, 72, 86, 160, 161, 163, 166, 167, 169-175
AYER A., 192

BARBEROUSSE A., 109
BARDOUT J.-C., 31, 38, 39
BARTHES R., 139-141
BENMAKHLOUF A., 12, 22, 24, 199
BENOIST J., 25, 142
BIMBENET E., 16, 58
BLANKENBURG W., 47
BLOOR D., 19, 104-115
BOGHOSSIAN P., 83-88
BONITZ H., 51
BOULNOIS O., 31
BOURDIEU E., 177, 181
BOURDIEU P., 7, 157
BOUVERESSE J., 7
BRANDOM R., 82
BRUNSCHWIG J., 132
BURGE T., 47
BURNYEAT M., 124, 128, 131

CALAN (DE) R., 8, 21, 158
CANGUILHEM G., 48, 197
CANTOR G., 93
CAPLAN B., 96
CAPUTO S., 65
CARNAP R., 96
CAVELL S., 22, 159-182
CAVENDISH H., 105
CERISUELO M., 161, 169, 177
CHANGEUX J.-P., 197
CHISHOLM R., 188, 191, 192
CLÉMOT H., 181

DARWIN C., 58, 197
DAVID R., 19, 104, 106, 196
DEHAENE S., 197
DENNETT D., 72
DERRIDA J., 48, 61, 72
DESCARTES R., 39, 49, 67, 82, 190, 195
DESCOLA P., 101
DE SOTO H., 142, 143, 150-153
DEWEY J., 167
DIAMOND C., 174, 176, 178, 179
DIXSAUT M., 123
DOUGLAS M., 157
DUMMETT M., 22, 81, 82, 185, 188, 194-196, 199
DURKHEIM E., 143, 154-158

ECO U., 59, 60, 67
EDELMAN G., 198
EL MURR D., 11, 14, 20, 123, 138, 205
EMERSON R.W., 163, 164, 167, 173, 175, 178
EVANS-PRITCHARD E., 104
EYCHENIÉ M., 15, 16, 41

FALKENBURG B., 88
FERRARIS M., 13, 17, 18, 23, 59, 61, 67, 76, 83, 84, 141, 145, 148-150, 155
FLAUBERT G., 140
FREGE G., 8, 22, 81, 90, 91, 108, 116, 185-188, 190, 194, 196, 197, 199
FRITH C., 198
FRUTEAU DE LACLOS F., 19, 21, 102, 116, 117

GABRIEL M., 10, 18, 19, 25, 78, 80-84, 93, 94, 98
GALILÉE, 48, 63
GARCIA T., 15
GEHLEN A., 52
GENETTE G., 139
GNASSOUNOU B., 106
GOFFMAN E., 46, 47, 175

HABERMAS J., 83
HACKING I., 100, 115
HAMAWAKI A., 91
HEGEL G.W.F., 72, 73
HEIDEGGER M., 28, 33, 35-37, 40, 52, 56, 63, 96
HENRI DE GAND, 32
HERDER J.G., 52
HOMÈRE, 30, 31, 69, 70
HUME D., 185, 190
HUSSERL E., 45, 49, 50, 52

JACOB F., 189, 198
JAMES W., 46, 188
JOHNSTON M., 91

KANIZSA G., 198
KANT E., 36, 59-61, 72, 75, 83, 85, 93, 105, 130, 146, 149
KIERKEGAARD S., 58
KIEŚLOWSKI K., 91
KISTLER M., 106, 109
KOYRÉ A., 195
KREIS G., 81, 82, 93
KRIPKE S., 95
KRISTEVA J., 139
KUHN T., 107, 112

LABOV W., 46
LACROIX J.-Y., 120
LAIRD J., 192
LAKS A., 130
LARGEAULT J., 187-189, 193-195
LATOUR B., 102, 110
LAUGIER S., 21, 159, 161, 164, 167, 169, 177, 183
LAVOISIER A., 103, 105, 106
LEIBNIZ G.W.F., 195
LÉVI-STRAUSS C., 57
LÉVY-BRUHL L., 104
LOCKE J., 49, 190
LUDWIG P., 109

MACHEREY P., 121, 122
MALINOWSKI B., 149
MARCONI D., 62
MARX K., 150-152
MATTHIEU D'AQUASPARTA, 39
MCDANIEL K., 96-98
MCGINN C., 73
MEILLASSOUX Q., 12, 83, 84
MEINONG A. VON, 198
MEYERSON E., 102, 103, 105, 112, 116
MICHEL-ANGE, 73
MILL J.S., 108, 111, 114, 116
MOLIÈRE, 105
MOORE A.W., 81, 83
MORAN R., 79
MOREAU P.-F., 121, 122
MORE T., 120, 121
MUMFORD L., 119

NAGEL E., 189
NAGEL T., 81
NEURATH O., 147, 187
NEWTON I., 63
NIETZSCHE F., 76

ONG-VAN-CUNG K. S., 39

PANOFSKY E., 162
PARDO M.S., 193
PAREYSON L., 59, 61, 62
PASCAL, 51
PATTERSON D., 193
PEIRCE C.S., 65, 66
PIAGET J., 47, 53, 54
PLATON, 20, 21, 52, 72, 74, 119, 120, 122, 124, 126-130, 132, 133, 135, 136
POPPER K., 148, 189
PRIEST G., 93
PRIESTLEY J., 105
PROUST M., 140
PUTNAM H., 60, 91, 92

REICHENBACH H., 192
REINACH A., 148
RIMBAUD A., 58
RORTY R., 49, 50
RUSSELL B., 12, 185-192, 194, 195, 197-199
RUYER R., 119, 120, 122

SARTRE J.-P., 115, 141
SCHAFFER J., 80
SCHEELE C.W., 105
SCHRÖDINGER E., 93, 189
SCOT D., 15, 27-41
SEARLE J., 56, 60, 81, 141, 142, 146-149, 152, 154-156
SEDLEY D., 129
SELLARS W., 45
SERVIER J., 120
SMITH B., 141, 142, 147-149, 152
SOCRATE, 20, 123-136, 159
SONDAG G., 27, 34, 38
STAHL G.E., 105
STARNES C., 120
STENGERS I., 103

THOMAS D'AQUIN, 32, 36, 37, 41
THOREAU H.D., 163, 166, 173, 174
TIERCELIN C., 56, 103, 146
TODOROV T., 139
TURNER J., 96-98

UEXKÜLL J. VON, 47

VAN INWAGEN P., 97
VATTIMO G., 59, 61, 62
VYGOTSKY L., 53
WALLON H., 47, 53

WARSHOW R., 165, 166
WHITEHEAD A.N., 189, 190
WILLIAMS B., 82
WILLIAMSON T., 82
WITTGENSTEIN L., 8, 20, 45, 161, 163, 166-168, 170, 172, 173, 175-177, 187
WRIGHT C., 77, 79, 81

LISTE DES AUTEURS

Ali BENMAKHLOUF est Professeur à l'université Paris-Est Créteil, membre de l'Institut Universitaire de France

Jocelyn BENOIST est Professeur à l'université Paris 1 Panthéon-Sorbonne

Etienne BIMBENET est Professeur à l'université Bordeaux-Montaigne

Ronan DE CALAN est Maître de Conférences à l'université Paris 1 Panthéon-Sorbonne

Dimitri EL MURR est Professeur à l'École Normale Supérieure

Mathieu EYCHENIÉ est doctorant à l'université Paris 1 Panthéon-Sorbonne

Maurizio FERRARIS est Professeur à l'université de Turin

Frédéric FRUTEAU DE LACLOS est Maître de Conférences à l'université Paris 1 Panthéon-Sorbonne

Markus GABRIEL est Professeur à l'université de Bonn

Sandra LAUGIER est Professeure à l'université Paris 1 Panthéon-Sorbonne, membre de l'Institut Universitaire de France

TABLE DES MATIÈRES

INTRODUCTION par Jocelyn BENOIST 7

CHAPITRE PERMIER : *La double présence de l'objet. Une lecture heideggérienne de Duns Scot* par Mathieu EYCHENIÉ 27

CHAPITRE II : *L'attitude « naturelle » : une question d'apprentissage ?* par Etienne BIMBENET 43

CHAPITRE III : *Faire la vérité : proposition d'une herméneutique néo-réaliste* par Maurizio FERRARIS 59

CHAPITRE IV : *Pour un réalisme neutre* par Markus GABRIEL 77

CHAPITRE V : *Le réalisme sauvage. Logique et ontologie chez les Azandé* par Frédéric FRUTEAU DE LACLOS 99

CHAPITRE VI : *Le possible, le réalisable et l'idéal : en lisant la* République *de Platon* par Dimitri EL MURR 119

CHAPITRE VII : *L'effet de réel : les ambiguïtés politiques du réalisme social* par Ronan DE CALAN 139

CHAPITRE VIII : *Le réalisme de ce qui compte* par Sandra LAUGIER.. 159

CHAPITRE IX : *Le sens robuste des réalités* par Ali BENMAKHLOUF 185

INDEX NOMINUM 201
LISTE DES AUTEURS 205
TABLE DES MATIÈRES 207

Achevé d'imprimer par Corlet Numéric, Z.A. Charles Tellier, 14110 Condé-en-Normandie
N° d'Imprimeur : 151826 - Dépôt légal : octobre 2018 - *Imprimé en France*